统计学原理
学习指导与习题解析

（第二版）

邢西治 编著

南京大学出版社

编写说明

统计学原理是高等院校经济管理类各专业的一门基础必修课程。根据该课程教学的需要和学生学习的要求,专门编写了《〈统计学原理〉学习指导与习题解析》一书。本书是根据教材《统计学原理》修订本(吴可杰原著、邢西治修订,南京大学出版社1999年2月版)编写的。编写本书的目的,是为了帮助学生更好地掌握统计学原理的基本理论、概念和方法,加深对课程内容的理解,增强经济数量分析的能力。本书是学习该课程必备的参考书,一般经济管理类专业学习统计学原理课程的学生均可使用。

本书由三部分组成:一、学习方法指导(包括各章的教学目的与要求、各章内容提要及图示、各章练习题与答案);二、统计学原理综合测试题与答案;三、各章计算题及综合测试题选析。本书内容覆盖了统计学原理课程各章节的主干内容,练习题题量充足、难易结合、题型多样,包括复习思考题、填空题、判析题、单项和多项选择题、计算题等,并提供了对该课程水平检测的综合测试题5套,便于学生进行自测。

本书在编写过程中,注意吸取国内外统计研究的有益成果和实践经验,对统计学原理中的重点和难点着重阐述和深入剖析,以加深学生对疑难部分的理解和把握。由于编者水平和能力的限制,书中不当之处在所难免,敬请广大读者惠予指正。

编 者

2020年6月

目 录

第一部分　学习方法指导 ··· 1

　　第一章　总　论 ·· 1

　　第二章　统计调查 ··· 14

　　第三章　统计整理 ··· 22

　　第四章　综合指标 ··· 38

　　第五章　时间数列 ··· 65

　　第六章　统计指数 ··· 88

　　第七章　抽样调查 ··· 106

　　第八章　相关与回归分析 ·· 125

　　第九章　统计推算和预测 ·· 140

第二部分　综合测试题（1～5） ·· 156

　　　　　　参考答案（1～5） ·· 175

第三部分　各章计算题及综合测试题选析 ·· 179

第一部分　学习方法指导

第一章　总　论

教学目的与要求

　　本章是《统计学原理》一书的开篇。学习本章，应了解统计的实践与发展，掌握统计学发展史上三大学派的学派观点及分歧，认识统计学的性质与研究对象、统计学与统计工作的关系。了解社会经济统计学的分类以及和其他科学的关系，掌握统计研究分析的三大基本方法，了解社会主义统计实践活动的过程与基本特征，认识统计的整体功能。准确把握统计研究中的基本概念，明确各概念之间的区别和联系，为以后各章的学习奠定基础。

本章内容提要图示

- 总论
  - 统计的产生和发展
    - 统计实践史
    - 统计学说史
      - 政治算术学派
      - 国势(记述)学派
      - 数理统计学派
    - 社会主义统计理论的发展
  - 统计的含义——统计活动、统计学、统计资料
  - 统计的研究对象
    - 统计研究对象的特点——数量性、社会性、总体性
    - 统计工作的研究对象——实质性科学
    - 统计学的研究对象——方法论科学
  - 社会经济统计学的分科
    - 社会经济统计学原理
    - 国民经济统计学
    - 部门统计学
    - 统计史
  - 统计学与其他科学的关系
    - 与政治经济学的关系
    - 与哲学的关系
    - 与数理统计学的关系
  - 统计研究的方法
    - 大量观察法——大数定律
    - 综合指标法
      - 综合指标法
      - 统计分组法
    - 模型推断法
  - 社会主义的统计实践
    - 统计工作体系
    - 统计的基本任务
    - 统计的职能
      - 统计信息功能
      - 统计咨询功能 —— 统计整体功能
      - 统计监督功能
  - 统计研究中的基本概念
    - 统计总体和总体单位
      - 总体的分类
        - 有限总体与无限总体
        - 静态总体与动态总体
      - 总体的基本特征
        - 大量性
        - 同质性
        - 变异性
      - 总体与总体单位的关系(随研究目的不同而变换)
    - 标志和变量
      - 标志和标志表现
        - 品质标志与数量标志
        - 不变标志与可变标志
      - 变量(可变的数量标志)
        - 连续变量与离散离量
        - 确定性变量与随机变量
    - 统计指标和统计指标体系
      - 统计指标
        - 定义
        - 构成要素
        - 特点
        - 分类
        - 指标与标志的区别和联系
      - 统计指标体系
        - 基本统计指标体系;全国的;地区部门的;基层单位的
        - 专题统计指标体系;如工业企业
        - 经济效益指标体系等

本章内容提要

第一节 统计的产生和发展

本节介绍了统计产生和发展的历史,主要包括统计实践史、统计学说史以及社会主义统计理论的发展等问题。

一、统计实践史

统计实践已有几千年的历史。最早的统计实践始于原始社会末期,是随着国家管理职能的产生而出现的,并逐步得到发展,它从人口、土地及各项社会统计起源,直至现代统计实践。统计不仅是认识的工具,也是管理的工具。

二、统计学说史

当统计实践活动发展到一定阶段时,人们开始总结统计活动的经验,这样就逐渐形成了比较系统的统计理论知识。17世纪,产生过不同的学派渊源,主要有两大体系三大学派。即① 政治算术学派;② 国势(记述)学派;③ 数理统计学派。政治算术学派和国势学派又统称为社会经济统计学派,它与数理统计学派构成统计学派渊源的两大体系。对上述三大学派,应重点了解各学派的主要代表人物、代表作、学派特点以及对本学科产生和发展的影响与贡献。

三、社会主义统计理论的发展

19世纪中叶,马克思列宁主义理论的创立,奠定了社会主义统计学的科学理论基础。马克思、列宁为社会主义统计理论的发展做出了重要贡献。应了解马克思、恩格斯、列宁对社会主义统计理论的创立与发展所做的重要论述。

第二节 统计的研究对象

本节论述了统计的含义,统计的研究对象及特点,统计工作与统计学在研究对象上的区别以及对统计学研究对象的不同观点。学习本节,要注意把握统计学研究对象的观点分野,从而加深对统计研究对象的认识和理解。

一、统计的含义

统计一词从词意理解为计数汇总,进而延伸为用数字表述事实。从不同角度还可将其分别理解为:

(1) 统计活动;
(2) 统计学;
(3) 统计资料。

统计的三种含义之间是紧密结合,相互联系的。

二、统计的研究对象及特点

社会经济统计的研究对象是社会经济现象总体的数量方面,具有数量性、社会性、总体性的特点。社会经济统计的研究是在"定性——定量——定性"的辩证统一中认识和揭示事物规律的。

三、统计工作与统计学在研究对象上的区别

统计学与统计工作是理论与实践的辩证关系。两者最终都是以社会经济现象总体的数量方面为研究客体，但由于两者的研究层次不同而发生分野。社会经济统计工作是以社会经济现象总体的数量方面为研究客体，在质与量的辩证统一中，研究大量社会经济现象的数量表现、数量关系以及数量规律。社会经济统计学的研究对象为：侧重于研究在社会经济统计工作中，如何搜集、整理、分析统计资料的原理、原则和方式方法。是一门指导实际统计工作的方法论体系，是认识实质规律的手段。

四、有关统计学研究对象的不同观点

统计学的研究对象一直是统计学研究与发展中的热点问题之一。综合归纳起来，大致有三种观点：

（1）实质性科学派；

（2）特定对象方法论派；

（3）通用方法论派。

我们认为，统计学属于社会科学中的方法论和应用性的学科，是一门有特定对象的方法论科学，既区别于实质性的统计科学，又不同于通用的方法论科学。

第三节 社会经济统计学和其他科学的关系

本节阐述了社会经济统计学的分科，统计学和马克思主义哲学、政治经济学以及数理统计学的关系。

一、社会经济统计学的分科

社会经济统计学在其发展过程中形成了一门多科性的社会科学，其基本分科为：① 社会经济统计学原理；② 国民经济统计学；③ 部门（专业）统计学；④ 统计史。各分科之间相互联系、相互渗透。

二、统计学和其他科学的关系

统计学作为一门多科性的科学，它与其他科学，特别是与马克思主义哲学、政治经济学以及数理统计学有着更为紧密的联系。运用统计方法研究某一领域的实际问题，必须以该领域的理论为指导。统计学是研究社会经济现象的数量关系，这就要求它必须以马克思主义的哲学和政治经济学作为其理论和方法论基础。数理统计学是以概率论为基础，研究随机现象的数量关系和变化规律，它从数量方面体现了偶然与必然、个别与一般、局部与总体的辩证关系。它所提供的原理和方法对于社会经济统计学的数据整理、综合分析，对于安排统计试验，制定抽样方案，建立经济数学模型，进行统计预测和决策等等都有重要的作用。

第四节 统计研究的方法

统计学是一门方法论的科学,本节主要介绍统计研究的方法体系,其中大量观察法、综合指标法以及模型推断法构成了统计分析方法体系的核心。

一、大量观察法

大量观察法是指对所研究现象的全部或足够数量的单位进行调查观察和综合分析的方法。严格地讲,大量观察法不是一种具体的应用方法,而是统计研究的重要方法论指导原则。大量观察法遵循大数定律的要求,从数量关系上揭示出现象的统计规律性,即以平均数形式表现的规律,说明了偶然与必然的关系,具有统计认识论上的指导意义。

二、综合指标法

借助统计指标,对社会经济现象总体的数量特征进行描述、分析和评价的方法,称为综合指标法。从分析的角度看,综合指标方法还包括统计分组方法,它是综合指标分析的继续,是认识现象内在本质的重要工具之一。

三、模型推断法

在综合指标分析的基础上,以数学模型为手段对现象总体的数量特征进行归纳、推断和预测的方法,称为模型推断法。借助数学模型可进行各种统计推断,如从已知推断未知,从过去推断未来,从局部推断全局等等。在统计研究中,统计推断方法具有重要的地位,它是描述统计的继续,是统计研究的深入和发展。

运用各种统计方法时,应注意:在调查方法上要将大量观察法和典型调查结合起来;在分析方法上要将综合分析和具体情况分析结合起来。多种方法结合应用,可以提高认识能力,有助于全面深入地分析问题。

第五节 社会主义的统计实践

本节讲述了社会主义的统计实践活动,社会主义统计的基本任务以及统计的整体功能。

一、社会主义的统计活动

一项统计活动过程,通常由以下几个环节构成:统计任务的确定、统计设计、统计调查、统计整理、统计分析和统计预测与决策等。它是由统计网络组织实施的,统计工作网络系统是统计实践活动的主体。我国采用集中统一的统计系统,实施"统一领导,分级管理"的管理体制,建立"条块结合,以块为主"的统计实施网络。

二、社会主义统计的基本任务

1983年12月颁布实施的《中华人民共和国统计法》标志着我国统计工作进入法制管理阶段。统计法中明确规定:"统计的基本任务就是对国民经济和社会发展情况进行统计调查、统计分析,提供统计资料,实施统计监督。"

三、统计的整体功能

实现社会主义统计的基本任务,必须充分地发挥统计的整体功能。统计的整体功能,就是指统计三种职能即统计信息功能、统计咨询功能、统计监督功能的协调与统一,这表明统计工作已从简单的信息提供向深层次统计服务方向发展,反映出统计影响决策、参与决策的重要作用。

第六节　统计中的几个基本概念

本节阐述了统计学的基本范畴,范畴是人们对客观事物的不同方面进行分析归类而得出的基本概念。掌握一个学科的基本范畴,是全面认识该学科科学体系的基础环节,也是该学科学习的基础入门知识。统计学的基本范畴主要有统计总体和总体单位、标志和变量、统计指标和统计指标体系等。本节理论性较强,一些概念比较抽象,学习中应注意理解的深度,切忌局限于书面学习的理解,可结合一些实例补充分析,多思考,多练习。同时可将各个概念联系起来对照比较,搞清楚其异同及关系,这样才能加深理解,准确地掌握这些概念。

一、统计总体和总体单位

统计总体就是客观存在的、具有某种共同性质的许多个别单位所构成的整体,简称总体。它是由特定研究目的而确定的统计研究对象,可分为有限总体与无限总体,静态总体与动态总体。总体单位就是构成总体的每个基本单位,随着研究目的的不同,统计总体和总体单位可以相互转换。

统计总体具有大量性、同质性和变异性三个基本特征,三者的统一是构成统计总体的必要条件。

一、标志与变量

标志是指表明总体单位属性或特征的名称。标志按其性质可分为品质标志和数量标志。凡是反映品质标志的总体称为属性总体;凡是反映数量标志的总体称为变量总体。标志按变异情况可分为不变标志和可变标志。一个统计总体必须至少有一个不变标志,使各单位结合起来,构成总体同质性的基础。同时必须至少有一个可变标志,才使得统计研究成为必要。

标志表现是标志特征在各单位的具体表现。如果标志是统计所要调查的项目,那么标志表现就是调查所得的结果。总体单位、标志、标志表现三者有密切联系,但又是不同的概念。标志是总体单位的特征,总体单位是标志的直接承担者,而标志表现则是标志的实际体现者。

变量是指可变的数量标志,而不变的数量标志则称为常量。变量的具体表现称为变量值或标志值。按变量取值的连续与否,变量可分为连续变量和离散变量,前者可用小数表示,后者只能用整数表示。变量按其性质可分为确定性变量和随机变量。

三、统计指标和统计指标体系

统计指标是反映社会经济现象总体的数量特征的概念和数值。应注意统计指标的含义可以从不同的角度来理解。统计指标一般包含有六个要素:即指标名称、计量单位、核算方法、时间限制、空间限制、指标具体数值。它具有数量性、综合性、具体性三个特点。

统计指标从不同的角度可分为数量指标和质量指标;描述型指标、分析评价型指标和决策型指标；投入指标、活动指标和产出指标。上述分类中，数量指标和质量指标是最基本的分类，后两种分类则是前者的延伸和扩展。在实际应用中，要注意数量指标是以总量指标的形式表现，质量指标是以相对指标或平均指标的形式表现。

设置统计指标的基本要求是：正确的理论依据；明确的统计口径和范围；科学的计算方法。

标志与指标既有区别又有联系。区别主要表现为：① 反映的范围大小不同；② 表述形式不同。联系主要表现为：① 具有对应关系；② 具有汇总关系；③ 具有变换关系。可结合实例，通过比较分析，分清异同，加深理解。

统计指标体系是由若干个相互联系的统计指标所组成的整体，用以说明所研究的社会经济现象各个方面的特征、相互关系和发展过程。统计指标体系的种类很多，大体上可分为基本统计指标体系和专题统计指标体系两大类。

基本统计指标体系是反映国民经济和社会发展及其各个组成部分基本情况的指标体系，从社会投入、活动、产出及效益等方面全面描述，根据所研究问题的范围大小，可分为三个层次，即全国的、各地区（部门）的、基层企事业单位的统计指标体系。

专题统计指标体系是根据某一专题分析的需要，针对某一个社会或经济问题而专门设置的统计指标体系。如工业企业经济效益统计指标体系、国民经济宏观预警统计指标体系等。需要指出，专题统计指标体系的使用，并没有统一的模式，这需要我们在实践中不断探索，深入研究，使之完善。

本章练习题

一、思考题

1. 试从统计活动和统计学的历史发展，阐明和论证统计是一门什么性质的科学。
2. "统计"一词有几种含义？各种含义的关系如何？
3. 在早期统计发展史上曾出现过三大统计学派，他们对统计的发展做出了重要的贡献，请回答下列问题：
   (1) 政治算术学派的主要特点是什么？
   (2) 为什么将国势学派称为有名无实学派？
   (3) 数理统计学属于应用数学的一个分支，你对此有何看法？
4. 统计的研究对象是什么？如何认识统计研究对象的特点？统计工作与统计学的研究对象有什么区别和联系？
5. 社会经济统计既然是研究社会经济现象的数量关系，为什么不能"纯数量"地研究，而必须在质与量的辩证统一中来研究现象的数量关系呢？
6. 怎样认识社会现象的随机性质？它和社会经济统计研究的特点有何关系？
7. 为什么说统计研究的对象及特点决定了统计研究的方法？综合指标法与统计分组法的关系如何？
8. 什么是统计规律？为什么说大量观察法可以揭示统计规律？

9. 在统计研究过程中,为什么要强调正确的理论指导?为什么要以马克思主义的哲学和政治经济学作为社会经济统计的方法论基础和理论基础?

10. 简述统计实践活动的主要环节及任务。

11. 社会主义统计工作的基本任务是什么?如何认识统计的整体功能?怎样才能更好地发挥?

12. 什么是统计总体和总体单位?二者关系如何?试举例说明。

13. 怎样理解统计总体的基本特征?如从5000个工业企业中抽选出200个企业,这200个工业企业能不能构成一个统计总体?为什么?

14. 什么是标志?它有几种?分别举例说明。什么是标志表现?什么是变量?

15. 什么是统计指标?它有哪些特点?有哪些分类?

16. 举例说明标志与指标的区别与联系。

17. 社会经济统计中,为什么要应用统计指标体系?

18. 什么是基本统计指标体系?它可分为哪几个层次?

19. 如何构建专题统计指标体系?

二、填空题

1. 社会经济统计是在_____的辩证统一中,研究社会经济现象总体的_____方面。

2. 马克思、恩格斯和列宁对统计作用的理论阐述中,将其概括为_____、_____和_____。

3. 17世纪中叶,英国的威廉·配第的代表作_____的问世,标志着的_____诞生。

4. "社会经济统计是社会认识的最有力的武器之一",这一论断是由_____提出的。

5. 统计一词有三种含义,即_____、_____和_____。这三种含义是密切联系的。其中,_____和_____是理论和实践的关系。

6. 社会经济统计的研究对象的特点可以概括为_____、_____和_____。

7. 社会经济统计对社会经济现象数量方面的认识过程,必须是由_____和_____再到_____的认识过程。

8. 统计研究的基本方法主要有_____、_____和_____。

9. _____颁布实施的_____标志着我国统计工作进入法制管理阶段。

10. 统计规律一般是指以_____形式表现的规律。

11. 统计的整体功能是指_____、_____、_____三者的协调与统一。

12. 统计总体中的各个单位都具有某一个共同的标志表现,称为_____。

13. 随着_____的不同,总体和_____是可以相互转化的。

14. 总体单位的数量综合成为统计指标的前提条件是_____。

15. 可变的数量标志和各种统计指标都可称为_____,它的数值表现称为_____或_____。

16. _____指标的数值随总体范围的大小而增减，_____指标的数值不随总体范围的大小而增减。

17. 变量按_____分，可分为连续变量和离散变量，年龄、工龄属于_____变量，职工人数、工业企业数属于_____变量。变量按其性质分，可分为_____变量和_____变量。

18. 一个统计指标主要是由_____和_____两部分构成，这两部分的有机结合，也就是现象_____和_____有机联系的表现。

19. 统计指标按所反映的现象总体的数量特点和内容的不同，可分为_____和_____。其中，_____在统计实践中是以总量指标的形式出现的，_____则是以相对指标和平均指标的形式出现的。

20. 指标与标志的主要区别在于：(1) 指标是说明_____数量特征的，而标志则是说明_____数量特征的；(2) 标志有不能用_____表示的_____和能用_____表示的_____，而指标都可以用_____表示的。两者的联系主要表现为：(1) 具有_____关系；(2) 具有_____关系；(3) 具有_____关系。

21. 若干个相互联系、互为补充的统计指标所构成的整体，称为_____，它可分为_____和_____两大类。

三、判析题

1. 统计研究现象总体的量，是从个体、从定性认识开始研究的。（　　）
2. 统计学与统计工作的研究对象是完全一致的。（　　）
3. 国势学派是对国家宏观经济现象的定性描述，故又称为有名无实学派。（　　）
4. 运用大量观察法，必须对研究对象的所有单位进行观察调查。（　　）
5. 大量观察法、统计分组法和综合指标法分别用于统计调查阶段、统计整理阶段和统计分析阶段。（　　）
6. 统计总体可分为同质总体和不同质总体，有限总体和无限总体。（　　）
7. 统计总体除了具有大量性、同质性和变异性三个基本特征外，还具有客观性、相对性等特点。（　　）
8. 一般而言，指标总是依附在总体上，而总体单位则是标志的直接承担者。（　　）
9. 如果把总体理解为标志值的集合体，由连续变量值组成的统计总体都是无限总体。（　　）
10. 数量指标是由数量标志值汇总来的，质量指标是由品质标志值汇总来的。（　　）
11. 综合为统计指标的前提是总体的同质性。（　　）
12. 品质标志不能用数值表示，质量指标能用数值表示。（　　）
13. 某学生英语考试成绩90分，这里成绩就是统计指标。（　　）
14. 统计研究中的变异是指总体单位质的差别。（　　）
15. 单位产品原材料消耗量是数量指标，其值大小与研究的范围大小有关。（　　）

四、单项选择题

1. 西方统计学认为近代统计学之父的是（　　）。

A. 威廉·配第　　　　　　　　　　B. 阿道夫·凯特勒
C. 海尔曼·康令　　　　　　　　　D. 约翰·格朗特

2. 社会经济统计学运用的侧重点主要在于（　　）。
   A. 微观社会经济现象的定性分析　　B. 微观社会经济现象的定量分析
   C. 宏观社会经济现象的定性分析　　D. 宏观社会经济现象的定量分析

3. 社会经济统计认识社会经济现象的数量方面，是指（　　）。
   A. 可变的可以统一度量的量　　　　B. 可变的不可以统一度量的量
   C. 不变的量　　　　　　　　　　　D. 不变的可以统一度量的量

4. 社会经济统计（　　）。
   A. 是改造世界的活动　　　　　　　B. 是社会意识活动
   C. 是社会实践活动　　　　　　　　D. 是主体反映客体的活动

5. 社会经济统计活动中运用大量观察法，其根据在于（　　）。
   A. 个体数量足够多　　　　　　　　B. 实事求是反映事实，不产生偏差
   C. 个体偶然偏差趋于抵消　　　　　D. 个体产生偏差不予考虑

6. 统计总体的同质性是指（　　）。
   A. 总体各单位具有一个共同的品质标志或数量标志
   B. 总体各单位具有若干个各不相同的品质标志或数量标志
   C. 总体各单位具有某一个共同的品质标志属性或数量标志数值
   D. 总体各单位具有若干个各不相同的品质标志属性或数量标志数值

7. 有15个企业全部职工每个人的工资资料，如要调查这15个企业职工的工资水平情况，则统计总体是（　　）。
   A. 15个企业的全部职工　　　　　　B. 15个企业
   C. 15个企业职工的全部工资　　　　D. 15个企业每个职工的工资

8. 一个统计总体（　　）。
   A. 只能有一个标志　　　　　　　　B. 可以有多个标志
   C. 只能有一个指标　　　　　　　　D. 可以有多个指标

9. 某班二名学生数学考试成绩分别为80分、90分，这两个数字是（　　）。
   A. 指标　　B. 标志　　C. 变量　　D. 变量值

10. （　　）表示事物质的特征，是不能用数值表示的。
    A. 品质标志　　B. 数量标志　　C. 质量指标　　D. 数量指标

11. 以一等品、二等品和三等品来衡量某产品的质量好坏，则该产品等级是（　　）。
    A. 质量指标　　B. 数量指标　　C. 品质标志　　D. 数量标志

12. 研究某市工业企业生产工人状况，某工业企业的生产工人数是（　　）。
    A. 数量指标　　B. 数量标志　　C. 数量标志值　　D. 标志总量

五、多项选择题

1. 在统计史上，被认为有统计学之名而无统计学之实的统计学派是（　　）。
   A. 政治算术学派　　　　　　　　　B. 国势学派
   C. 记述学派　　　　　　　　　　　D. 数理统计学派

E. 社会经济统计学派
2. 社会经济统计学原理是(   )。
   A. 阐述有关统计活动各阶段的一般理论和方法的学科
   B. 学习部门统计学的基础
   C. 一门方法论的学科
   D. 研究社会经济现象数量变动规律的实质性学科
   E. 研究与事物质量密切相关的个体事物特征的数量分析学科
3. 社会经济统计产生和发展的客观基础是(   )。
   A. 社会生产力发展的需要   B. 社会经济发展的需要
   C. 社会管理的需要   D. 社会生产活动发展的需要
   E. 社会经济统计学产生和发展的需要
4. 社会经济统计工作的认识对象是社会经济现象的数量方面,它包括(   )。
   A. 具体事物数量多少   B. 现象之间的数量关系
   C. 数据资料的搜集手段   D. 抽象的数量规律
   E. 事物质量互变的数量界限
5. 下列各项中,属于连续变量的是(   )。
   A. 每千锭时产量   B. 劳动生产率
   C. 企业职工人数   D. 资金产值率
   E. 平均工资
6. 下列各项中,属于统计指标的是(   )。
   A. 1996年江苏省人口出生率为12.11‰
   B. 某工业企业2000年计划产值7000万元
   C. 某职工月工资800元
   D. 某地区2002年棉花产量预计为12万吨
   E. 商品零售额1亿元
7. 下列哪些指标是质量指标(   )。
   A. 实物劳动生产率   B. 产品一等品率
   C. 人口密度   D. 产值比上年增长的百分比
   E. 产品单位成本
8. 下列标志中,数量标志是(   )。
   A. 文化程度   B. 学生出勤人数
   C. 产品等级   D. 产品产量
   E. 耕作深度
9. 统计指标从不同角度可理解为(   )。
   A. 反映社会经济现象数量特征的范畴
   B. 反映社会经济现象本质的范畴
   C. 是社会经济现象概念的数量表现
   D. 由指标名称和指标数值两部分构成

E. 一般应包含六个构成要素

10. 在某校 1000 名学生每个人的统计学考试成绩资料中（　　）。

　　A. 总体单位是 1000 名学生

　　B. 统计标志是学生考试成绩

　　C. 统计指标是学生平均考试成绩

　　D. 学生考试成绩是变量

　　E. 有 1000 个变量值

11. 统计总体与总体单位之间、统计指标与数量标志之间都因研究目的变化存在变换关系，其变换方向（　　）。

　　A. 两者相同　　　　　　　　　　B. 两者相反

　　C. 两者无关

　　D. 当统计总体变为总体单位，指标则转为标志

　　E. 当总体单位转为统计总体，指标则变为标志

本章练习题参考答案

一、思考题（略）

二、填空题

1. 质与量、数量
2. 认识工具、斗争工具、管理工具
3. 政治算术、资产阶级统计学
4. 列宁
5. 统计活动（工作）、统计学、统计资料、统计学、统计活动（工作）
6. 数量性、社会性、总体性
7. 定性、定量、定性
8. 大量观察法、综合指标法、模型推断法
9. 1983 年 12 月、《中华人民共和国统计法》
10. 平均数
11. 统计信息功能、统计咨询功能、统计监督功能
12. 总体的同质性
13. 研究目的、总体单位
14. 这些单位必须是同质的
15. 变量、变量值、标志值
16. 数量、质量
17. 变量值的连续性、连续、离散、确定性、随机
18. 指标名称、指标数值、质的规定性、量的规定性
19. 数量指标、质量指标、数量指标、质量指标
20. 总体、总体单位、数值、品质标志、数值、数量标志、数值、对应、汇总、变换
21. 统计指标体系、基本统计指标体系、专题统计指标体系

三、判析题

1. √ 2. × 3. √ 4. × 5. × 6. × 7. √ 8. √ 9. √ 10. × 11. √ 12. √ 13. × 14. × 15. ×

四、单项选择题

1. B 2. D 3. A 4. C 5. C 6. C 7. A 8. D 9. D 10. A 11. C 12. B

五、多项选择题

1. B,C 2. A,B,C 3. A,B,C,D 4. A,B,E 5. A,B,D,E 6. A,E 7. A,B,C,D,E 8. B,D,E 9. A,C,D,E 10. B,C,D,E 11. A,D

第二章 统计调查

教学目的与要求

统计调查是向客观实际搜集资料的工作过程,是整个统计工作的基础阶段,也是决定整个统计工作质量的重要环节。

学习本章,应了解统计调查的概念、基本要求以及统计调查的各种分类,了解统计调查方案的设制,掌握统计报表和各种统计调查方法的内容、特点与应用,能结合统计实践进行统计调查的案例分析。

本章内容提要图示

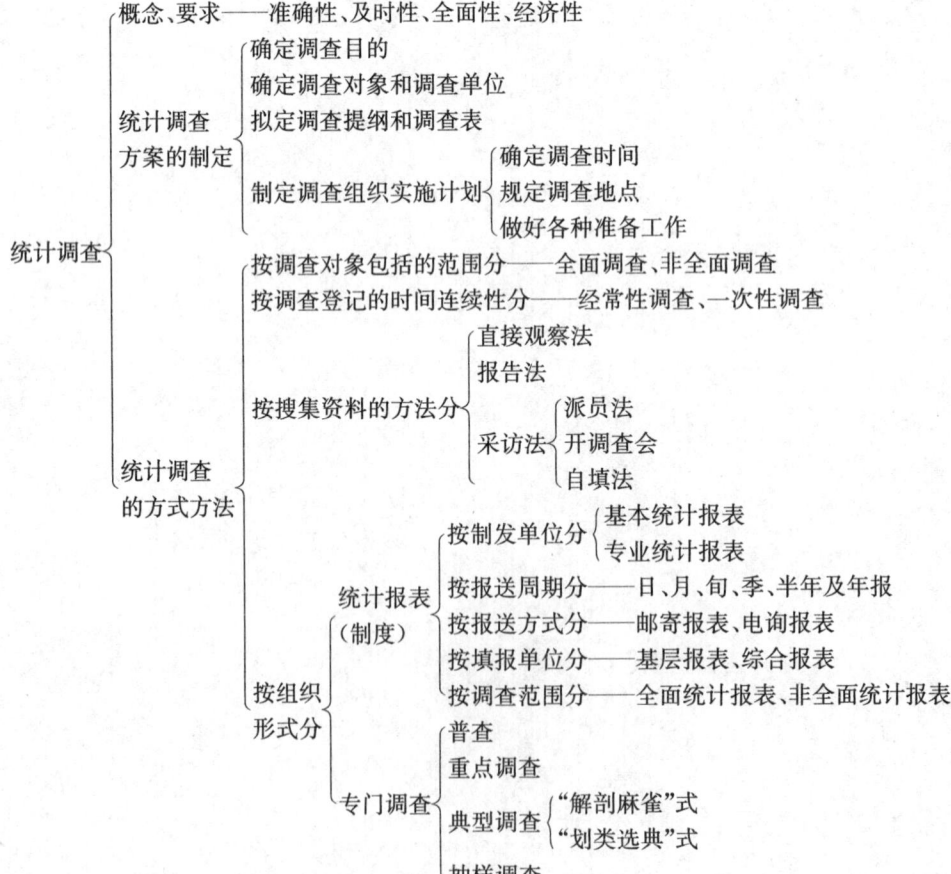

本章内容提要

第一节 统计调查的概念和分类

本节主要介绍统计调查的概念与要求以及统计调查的不同类别。

一、统计调查的概念和要求

统计调查就是根据统计研究的目的和任务,运用科学的调查方式与方法,有组织、有计划地向社会搜集资料的工作过程。统计调查是统计工作的基础,在整个统计研究中占有十分重要的地位。

对一项统计调查的基本要求是:准确性、及时性、全面性和经济性。

二、统计调查的分类

统计调查可以从不同的角度进行分类。

(1) 按组织方式不同,可分为统计报表(制度)和专门调查;
(2) 按调查对象包括的范围不同,可分为全面调查和非全面调查;
(3) 按调查登记的时间是否连续,可分为经常性调查和一次性调查;
(4) 按搜集资料的具体方法,可分为直接观察法、报告法和采访法。

上述统计调查的四种分类,实际上是从不同角度对同一个对象统计调查进行划分的结果,各种分类之间是密切联系、相互交叉的。例如,某一个电视节目的收视率调查,从不同角度观察,既是非全面调查(抽样调查),又是专门调查,也是一次性调查,采用问卷法(自填法)取得调查资料。

第二节 统计调查方案

本节主要阐述统计调查方案设计的基本内容。学习本节,要求在掌握统计调查理论的基础上,结合实例设计一个统计调查方案(包括目的、内容、调查对象、调查单位、调查项目、调查表格、实施计划等内容),完成统计调查的全过程工作,将统计调查的理论应用于实际。

为了保证统计调查的有序进行,必须事先制订出一个统一的、周密的统计调查方案。一个科学的统计调查方案,是保证一项统计调查取得成功的基础。

一个完善的统计调查方案主要包括:① 确定调查目的;② 确定调查对象和调查单位;③ 确定调查项目和设计调查表;④ 确定调查时间和调查期限;⑤ 制订调查的组织实施计划。

本节学习中,应注意准确把握下列几个概念,搞清楚各个概念之间的区别与联系。即调查对象、调查单位与报告单位;单一表与一览表;调查时间与调查期限等。

第三节 统计报表制度

本节介绍了统计报表制度的概念、特点和分类,统计报表制度的基本内容以及统计报表的资料来源。

一、统计报表制度的概念

统计报表制度是一种重要的统计调查方式。它是基层企事业单位和各级主管机关按国家统一规定的表格形式、指标内容、报送时间和程序,自下而上地定期向上级和国家提供统计资料的一种报告制度。它是我国目前搜集全面统计资料的主要形式之一,具有统一性、及时性、广泛性、经常性和相对可靠性等特点。

统计报表可从不同的角度进行分类:
(1) 按制发单位的不同,分为国民经济基本统计报表和专业统计报表;
(2) 按报送周期长短的不同,分为日报、旬报、月报、季报、半年报和年报;
(3) 按报送方式的不同,分为邮寄报表和电讯报表;
(4) 按调查范围的不同,分为全面统计报表和非全面统计报表;
(5) 按填报单位的不同,分为基层报表和综合报表。

二、统计报表制度的基本内容

统计报表制度的基本内容包括两个方面:
(1) 表式(即统计报表的形式);
(2) 填表说明,具体包括① 填报范围;② 分类目录;③ 指标解释等。

三、统计报表的资料来源

统计报表的资料来源于基层单位的原始记录和统计台账。原始记录是基层单位采用一定的表格形式对生产、经营活动的过程和成果所做的最初记录,是未经加工整理的初级资料。对原始记录按时间、类别进行系统登录的表册,称为统计台账。它既是填报统计报表的直接依据,又是积累历史资料的手段。原始记录、统计台账、统计报表之间密切联系,逐层递进。

第四节 普 查

普查是为了完成某项调查任务而专门组织的一次性的全面调查,主要用来调查时点现象。普查的主要作用在于:可以全面系统地掌握某些关系到国情国力方面的重要数据,为党和政府制订重大方针政策、编制国民经济和社会发展的长远规划提供依据。

普查的组织方式基本上有两种:
(1) 组织专门的普查机构,派出调查人员对调查单位直接进行登记;
(2) 利用调查单位的原始记录和核算资料,由这些单位按调查表要求自行填报。

组织普查应遵循的原则是:
(1) 规定统一的普查时点;
(2) 正确选择普查的时期;

（3）确定统一的普查期限，力争在最短期限内完成；

（4）统一规定普查的项目和指标。有时为了完成某项特殊紧急的调查任务，可采用快速普查，它能缩短传递和汇总时间。

第五节 重点调查和典型调查

一、重点调查

重点调查是指在全部调查单位中，只选择其中的重点单位进行调查，借以了解总体基本状况的一种非全面调查方法。

正确选择重点单位，是组织重点调查的关键。所谓重点单位，是指这些单位的数目少，而其标志值所占的比重大。由于重点单位与一般单位的差别很大，因此重点调查不具备推断总体指标的条件。

二、典型调查

典型调查就是从总体中有意识地选取若干具有代表性的典型单位进行调查研究，用以概括说明同类现象发展变化的一般情况及趋势的一种非全面调查方法。

典型调查的关键在于正确选择典型单位，保证其有充分的代表性。所谓典型单位，是指同一事物中最充分、最突出地体现总体共性的代表单位。

典型调查有"解剖麻雀"式和"划类选典"式两种。前者是对个别典型单位进行调查；后者是在对调查对象进行分类钓基础上，从各类中按比例选取少数典型单位进行调查，再加以综合研究。许多典型调查的结果往往只具有定性的意义，一般情况下，不宜用来推断总体的数量特征。

抽样调查是一种应用最为广泛的非全面调查方法。它是按照随机原则，从总体中抽取部分单位构成样本进行调查，用以对总体的数量特征做出估计与推断。

上述讨论了统计调查的各种方式和方法的内容特点，应注意各种调查方式方法之间不能相互替代，而只能是相互配合、交叉运用。可从每种调查方式和方法的特点、作用、调查单位、局限性等方面加以对照比较、分析理解，就能准确地把握、灵活地运用。

本章练习题

一、思考题

1. 什么是统计调查？它在整个统计研究中占有什么地位？
2. 什么是统计调查方案？它包括哪些内容？如何理解调查目的、调查对象、调查单位及调查项目之间的关系？
3. 试就高等学校的学生学习现状拟定一份调查表。
4. 统计调查有哪些分类和方法？它们有什么不同特点和作用？
5. 统计报表有哪些特点、作用和局限性？它与普查有什么区别？
6. 什么是原始记录和统计台账？它们有哪些作用？与统计报表的关系如何？

7. 为什么要进行普查？须遵守哪些基本原则？

8. 什么是重点调查？应如何选择重点单位？

9. 典型调查有哪些特点和作用？怎样选择典型单位？如何进行典型调查？

10. 为什么说抽样调查是非全面调查中最为科学的调查方式？

11. 试述重点调查、典型调查和抽样调查的区别。

12. 如何理解多种调查方式和方法的结合运用？

二、填空题

1. 统计调查是统计工作过程中的_____阶段,其基本任务就是取得反映有关调查对象各个单位的_____。

2. 对一项统计调查的基本要求是：_____、_____、_____和_____。

3. 统计调查按组织方式的不同,可分为_____和_____；按调查对象包括的范围不同,可分为_____和_____；按调查时间的连续性不同,可分为_____和_____；按搜集资料的方法,可分为_____、_____、_____。

4. 全面调查包括_____和_____；非全面调查主要有_____、_____和_____。

5. 制定统计调查方案的首要问题是_____。

6. 对某省科研机构进行调查,调查对象是_____,调查单位是_____,填报单位是_____。

7. 调查表有_____和_____两种形式,它是统计调查方案的核心部分。

8. 调查项目包括调查单位的_____和_____以及_____。

9. 统计报表的主要特点是_____、_____、_____和_____。

10. 统计报表资料的取得,要经过_____、_____和_____三个环节。

11. 统计台账的形式大致有_____和_____两种。

12. 普查是一种_____的_____的全面调查,它调查的对象一般为_____,它对调查对象的_____单位进行调查。

13. 进行普查,首先必须规定一个_____,这样可避免_____,保证普查资料的准确性。

14. 对在全国钢产量中占很大比重的十大钢铁企业进行钢产量生产调查,这种调查方式属于_____。

15. 典型调查有两种类型,即_____和_____,前者用于调查总体各单位之间_____的情况,后者用于调查总体各单位之间_____或研究的问题_____的情况。

16. 在非全面调查中,_____是最完善最有科学依据的一种调查方式,它是按照_____来抽取调查单位的。

17. 统计误差有＿＿＿＿＿＿和＿＿＿＿＿＿两类，其中＿＿＿＿＿＿在全面调查和非全面调查中都可能产生。

三、判析题

1. 统计报表是一切国家搜集统计资料的一种主要方式。（　）
2. 对变化较小、变动较慢的现象应采用一次性调查来取得资料。（　）
3. 调查对象就是统计总体，而统计总体不都是调查对象。（　）
4. 统计调查中，调查对象可以同时又是调查单位，调查单位可以同时又是总体单位。（　）
5. 一般当调查项目较多而调查单位较少时，应采用一览表形式。（　）
6. 以原始记录和核算资料为依据，逐级向上提供资料的方法称为采访法。（　）
7. 直接观察法不能用于对历史资料的搜集。（　）
8. 重点调查中的重点单位是标志值较大的单位。（　）
9. 进行全面调查，只会产生登记性误差，没有代表性误差。（　）
10. 为了解某县主要农产品生产成本可进行经常性调查。（　）

四、单项选择题

1. 搜集统计资料的方法有（　　）。
   A. 采访法、统计报表和抽样调查　　B. 直接观察法、报告法和采访法
   C. 报告法、普查和典型调查　　　　D. 采访法、典型调查和重点调查
2. 统计调查中的专门调查有（　　）。
   A. 统计报表、重点调查和抽样调查　B. 经常性调查和一次性调查
   C. 全面调查和非全面调查　　　　　D. 普查、重点调查和典型调查
3. 统计调查方案中的调查期限是指（　　）。
   A. 调查工作的起讫时间　　　　　　B. 搜集资料的时间
   C. 时期现象资料所属的时间　　　　D. 时点现象资料所属的时间
4. 某些产品在检验和测量时常有破坏性，一般宜采用（　　）。
   A. 全面调查　　　　　　　　　　　B. 典型调查
   C. 重点调查　　　　　　　　　　　D. 抽样调查
5. 对某市基本建设项目投资效果进行调查，宜采用（　　）搜集资料。
   A. 直接观察法　　　　　　　　　　B. 采访法
   C. 问卷法　　　　　　　　　　　　D. 报告法
6. 调查单位和报告(填报)单位（　　）。
   A. 是同一个概念　　　　　　　　　B. 是毫无关系的两个概念
   C. 有区别，但有时也一致　　　　　D. 不可能是一致的
7. 下列调查中，属于定期调查的是（　　）。
   A. 劳动者时间支出调查
   B. 由户籍登记处登记人口自然变动(出生和死亡)
   C. 按每年 1 月 1 日登记的牲畜状况
   D. 某企业固定资产按 1990 年、1993 年和 1999 年年底的状况重估

8. 一次性调查是指（　　）。
    A. 只做过一次的调查　　　　　　B. 间隔较长时间进行一次的调查
    C. 间隔较短时间进行一次的调查　　D. 间隔一年进行一次的调查

五、多项选择题

1. 人口普查属于（　　）。
    A. 经常性调查　　　　　　　　　　B. 一次性调查
    C. 专门调查　　　　　　　　　　　D. 定期调查
    E. 不定期调查

2. 第四次人口普查中（　　）。
    A. 调查单位是每一个人　　　　　　B. 填报单位是每一个人
    C. 调查对象是每一户家庭　　　　　D. 调查对象是全国所有人口
    E. 填报单位是每一户家庭

3. 下列情况的统计调查中，属于经常性调查的是（　　）。
    A. 职工家庭收入与支出变化　　　　B. 全国实有耕地面积
    C. 清仓核资实物盘点　　　　　　　D. 交通事故造成的后果与善后处理
    E. 职工人数与工资总额统计

4. 典型调查（　　）。
    A. 是一种专门组织的调查　　　　　B. 其调查单位少、调查范围小
    C. 调查单位是随机选取的　　　　　D. 可用采访法取得资料
    E. 一般情况下，不宜用来推断总体指标

5. 人口普查表是一种（　　）。
    A. 一览表　　　B. 单一表　　　C. 调查表　　　D. 分析表
    E. 统计表

6. 原始资料是指（　　）。
    A. 尚需汇总整理的资料　　　　　　B. 已经过初步加工整理的资料
    C. 需要由个体过渡到总体的资料　　D. 能够说明总体特征的资料
    E. 初级资料

本章练习题参考答案

一、思考题（略）

二、填空题

1. 最初（开始）、原始资料
2. 准确性、及时性、全面性、经济性
3. 统计报表、专门调查；全面调查、非全面调查；经常性调查、一次性调查；直接观察法、报告法、采访法
4. 统计报表、普查；重点调查、典型调查、抽样调查
5. 确定调查目的和任务

6. 该省所有科研单位、每一个科研单位、每一个科研单位

7. 单一表、一览表

8. 品质标志、数量标志、其他有关情况

9. 统一性、全面性、经常性、可靠性

10. 原始记录、统计台账、企业内部报表

11. 多指标的综合台账、单指标的分组台账

12. 专门组织、一次性、时点现象、全部

13. 标准时间(普查时点)、重复或遗漏

14. 重点调查

15. "解剖麻雀"式、"划类选典"式、差异较小、差异较大、比较复杂

16. 抽样调查、随机原则

17. 登记性误差(调查误差)、代表性误差、登记性误差

三、判析题

1. × 2. √ 3. √ 4. × 5. × 6. × 7. √ 8. × 9. √ 10. ×

四、单项选择题

1. B 2. D 3. A 4. D 5. D 6. C 7. C 8. B

五、多项选择题

1. B,C,D 2. A,D,E 3. A,E 4. A,B,D,E 5. A,C,E 6. A,C,E

第三章 统计整理

教学目的与要求

统计整理是对取得的资料进行加工整理的工作过程。它是统计调查的继续,又是统计分析的前提。统计整理的质量,会直接影响到对社会经济现象总体数量描述的准确性和分析的真实性,因此需要深入地探讨。

学习本章,要求了解统计整理的意义和内容;明确统计分组的思路方法及原则要求;掌握变量数列的概念与编制方法;能熟练地绘制各种统计图表;了解洛伦茨曲线形式及思路,能运用实例计算基尼系数,并用于经济分析;熟悉各种次数分布的形式及分布特征;了解统计汇总的组织形式与技术方法。

本章内容提要图示

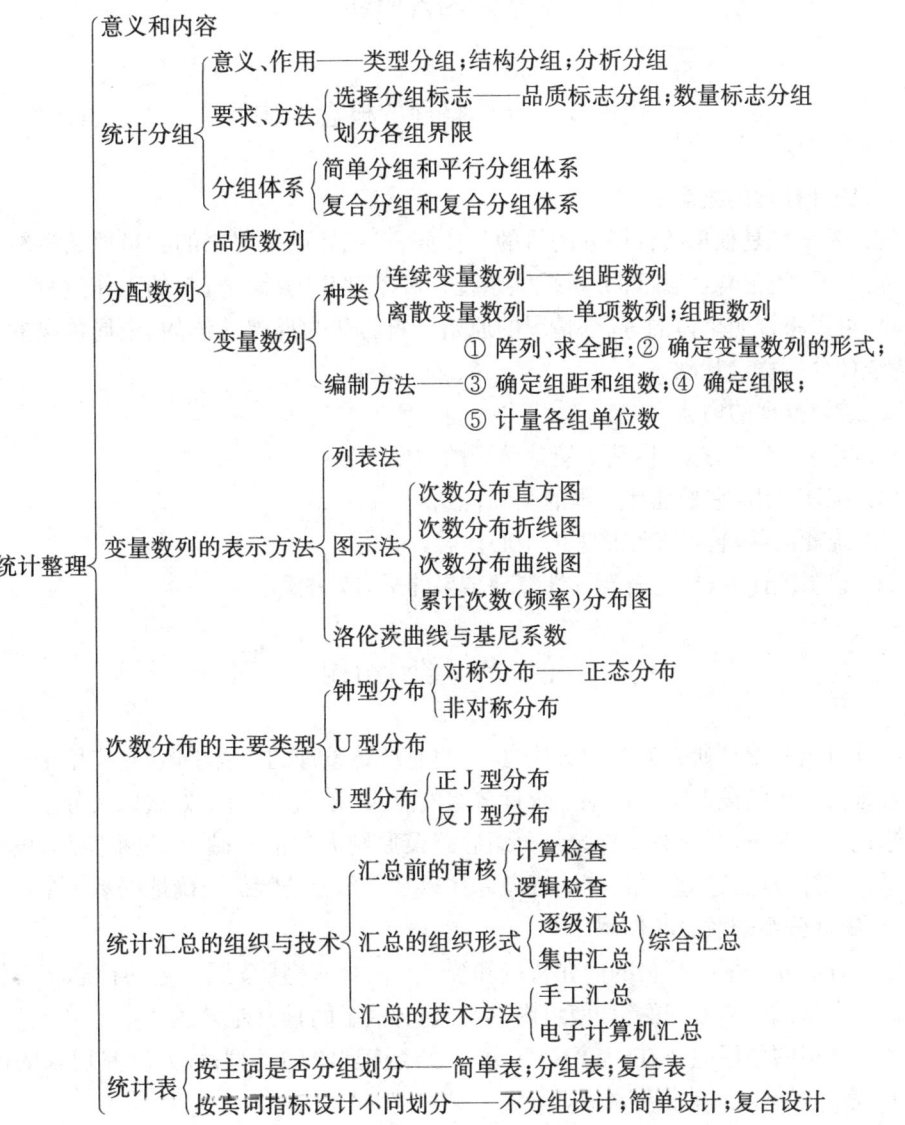

本章内容提要

第一节　统计整理的概念和内容

一、统计整理的概念

统计整理就是根据统计研究的目的和任务,对统计调查得来的大量原始资料进行科学的加工和分类汇总,为统计分析提供系统化和条理化的综合资料的工作过程。通过统计整理,可以将说明个体的、局部情况的原始资料转化为反映总体的、全局情况的综合资料,为统计分析奠定基础。

二、统计整理的内容

整理纲要(汇总方案)体现了统计整理的主要内容:
(1) 统计分组,它是统计整理的基础;
(2) 统计汇总,它是统计整理的中心内容;
(3) 编制统计表,它是表现统计整理结果的最有效的形式。

第二节　统计分组

统计分组是统计研究的基本方法之一,也是统计整理的重要手段,它应用于整个统计工作过程的各个阶段。本节讨论了统计分组的意义、作用、要求与方法以及分组体系等问题。通过本节学习,要求在掌握统计分组思路及原则方法的基础上,联系实际,设计一个实例进行统计分组,通过分组,能将现象总体以及各部分的特征准确地揭示出来。

一、统计分组的意义和作用

统计分组就是根据事物的内在特点和统计研究的任务,按照一定的标志将总体区分为不同的类型或性质不同的组,使组内具有同质性、组间具有差异性。

统计分组的作用主要在于:(1) 区分社会经济现象的类型;(2) 研究现象的内部结构;(3) 分析现象之间的依存关系。

二、统计分组的要求和方法

统计分组的三个要素是:① 母项;② 子项;③ 分组标志。统计分组的三个技术要求是:① 周延性;② 互斥性;③ 分组标志的同一性。

统计分组的关键在于正确选择分组标志和合理划分各组界限。

选择分组标志时,应遵循下述原则:
(1) 根据研究目的的选择;
(2) 选择最能反映事物本质特征的重要标志;
(3) 结合具体条件动态地选择。

确定各组界限时,应将不同类的单位归入不同的组,每一个单位只能归入一组。其次要注意按品质标志分组与按数量标志分组时,各组界限划分上的差异与区别。

三、简单分组、复合分组和分组体系

简单分组和复合分组。

采用一系列相互联系、相互补充的标志对同一个总体进行多种分组形成的体系,称为统计分组体系。它有两种形式:平行分组体系和复合分组体系。

第三节 变量数列

变量数列的编制技术与方法是本章的重要内容,应着重了解。可围绕变量数列编制的五个步骤以及每个步骤中需要注意的方面,结合案例来加深理解。

一、变量数列的概念

将总体按某一个标志分组,同时按顺序列出各组的总体单位数,形成一个说明总体各单位分布状况的统计数列,称为分配数列(次数分布)。分配数列按分组标志不同,分为品质数列和变量数列。前者是按品质标志分组编制的分配数列,后者是按数量标志分组编制的分配数列。

变量数列由各组变量值和各组单位数两要素构成。按变量类型不同,可分为连续型变量数列和离散型变量数列;按形式不同,可分为单项数列和组距数列。

二、变量数列的编制

编制变量数列的主要步骤为:① 阵列,求全距;② 确定变量数列的形式;③ 确定组距和组数;④ 确定组限;⑤ 计量各组单位数。

编制过程中应注意:

(1) 研究的变量为连续变量,只能编制组距数列;如为离散变量,当变量值较少及变异幅度较小时,可编制单项数列;当变量值较多且变异幅度较大时,应编制组距数列。

(2) 组距与组数是相互制约的,任意缩小或扩大组距,增加或减少组数都不能准确真实地反映客观现象。确定组距与组数时,应尽可能反映出总体内部结构分布,揭示出总体的分布特征及规律性。

(3) 应用斯特奇斯经验公式求组距与组数,需注意其应用条件及局限性。

(4) 要根据所研究现象变化的特点,正确地选用等距数列和异距数列。

(5) 次数密度和标准组距次数是反映异距数列实际分布状况的两个指标,其实质是相同的,而且在计算上也有着一定的联系。

(6) 要注意连续变量与离散变量组限的表示方法及区别,名义组限与实际组限的区别。

第四节 变量数列的表示方法

本节讲述了描述次数分布的两种方法,洛伦茨曲线与基尼系数的意义及分析方法以及次数分布的三种主要类型及特征。

一、列表法和图示法

列表法就是用统计表格形式来描述次数分布的方法。为便于分析次数分布状况,通

常需要计算累计次数和累计频率,其计算方法有较小制累计和较大制累计两种。

图示法就是利用各种统计图形来描述次数分布的方法。统计图主要有次数分布直方图、次数分布折线图、次数分布曲线图和累计次数(频率)分布图。绘制统计图时,要注意区分各种统计图的不同绘制方法,搞清各种统计图的特点及制图要求,这样才能正确地绘制。

二、洛伦茨曲线和基尼系数

洛伦茨曲线就是将居民收入数累计百分比与居民家庭户数累计百分比结合起来绘制的实际分配曲线,可以揭示居民收入分配的公平程度,进而可用于分析其他社会分配的平均程度。

洛伦茨曲线的意义及绘制方法。

基尼系数是根据洛伦茨曲线提出的一个定量测定收入分配公平程度的统计指标。它的基本公式为:

$$G=\frac{S_A}{S_A+S_B}, 0 \leqslant G \leqslant 1。$$

基尼系数是联合国规定的一种用于社会经济发展测量的重要指标,用于社会收入公平程度的比较与测量。基尼系数狭义上专用于收入分配问题的研究,实际上可拓宽到对一切分配均衡程度的测量,是一种广义均衡分析的工具。

计算基尼系数的方法有多种。不同思路的计算方法所得的结果不完全相同,但差别不大。实际运用中,可根据具体资料和条件灵活选用合适的方法。下述方法计算简便是最常用的计算方法,计算公式为:

$$G = \sum_{i=1}^{n-1}(M_i V_{i+1} - M_{i+1} V_i)。$$

三、次数分布的三种主要类型及分布特征

钟型分布　其分布特征为"中间大、两头小"。它可分为对称分布和非对称分布,正态分布就是一种理想的标准的对称分布,是最常见的一种概率分布形式,在实际应用中有着广泛的用途,它也是进行抽样推断的重要依据。因此,对正态分布的意义、分布特征等应着重了解。

U 型分布　其分布特征为"中间小、两头大"。

J 型分布　又分为正 J 型分布和反 J 型分布。

第五节　统计汇总的组织与技术

本节介绍了统计汇总的主要内容,即汇总前的审核,汇总的组织形式和汇总的技术方法三个问题。

一、汇总前的审核

为了保证统计汇总的质量,应对资料预先审核,即检查资料是否及时、完整和准确,资料准确性的审核包括计算检查与逻辑检查两种方法。

二、统计汇总的组织形式

统计汇总的组织形式有逐级汇总、集中汇总以及综合汇总。

三、统计汇总的技术方法

统计汇总方法主要有手工汇总(划记法、过录法、折叠法、卡片法)和电子计算机汇总。广泛运用电子计算机汇总,建立起电子计算机的网络系统,是实现统计工作现代化的一个重要标志。

第六节 统计表

统计表是表现统计资料的主要形式。本节阐述了统计表的概念、结构、种类以及编制规则等内容。通过本节学习,要求能正确区分不同类别的统计表,熟悉统计表的编制规则和要求,能根据实际资料设计编制统计表。

一、统计表的概念和结构

统计表是表现统计资料最有效的形式。将数字资料按照一定的顺序,在表格上加以系统表现,这种表格称为统计表,它有广义和狭义之分。

统计表的结构:从形式上看,分为总标题、横行标题、纵栏标题和指标数值四部分;从内容上看,分为主词和宾词两部分。

二、统计表的种类

统计表按照主词是否分组及分组的程度,可分为简单表、分组表和复合表三种。简单表是指表的主词未经任何分组的统计表;分组表是指表的主词按某一标志进行简单分组的统计表;复合表是指表的主词按两个或两个以上标志进行复合分组的统计表。

宾词指标的设计,按设计的繁简程度,可分为不分组设计、简单设计和复合设计三种,应注意这三种设计的区别。不分组设计对宾词指标不分组,直接平行排列;简单设计对宾词指标简单分组,再平行排列;复合设计对宾词指标复合分组,然后层叠排列。

三、统计表的编制规则(略)

本章练习题

一、思考题

1. 试述统计整理的意义和基本步骤。
2. 统计分组的意义和作用是什么?为什么说它是统计研究的基本方法?
3. 什么是分组标志?应怎样选择?
4. 确定组距和组数时,应遵循什么原则?
5. 为什么要应用统计分组体系?它有哪些形式?
6. 什么是分配数列?什么是变量数列?单项数列与组距数列有何差别?
7. 连续型变量数列和离散型变量数列有何不同?什么情况下应编制单项(或组距)数列?什么情况下应编制等距(或异距)数列?
8. 异距数列中应如何消除组距不同的影响?
9. 怎样计算累计次数和累计频率?其应用意义如何?

10. 简述洛伦茨曲线的意义、作用及绘制方法，怎样的两组变量可以采用洛伦茨曲线的形式加以反映，这一曲线说明什么问题？

11. 为什么说基尼系数是广义均衡分析的重要工具？试举一例具体说明基尼系数的计算和应用。

12. 社会经济现象的次数分布主要有哪几种类型？其分布特征如何？各举一例说明之。

13. 什么是图示法？它有哪几种？

14. 举例说明什么是简单表、分组表和复合表。

15. 简述统计表的编制规则和要求。

二、填空题

1. _____是统计工作过程的中间阶段，它是_____的继续，_____的前提，起着两个过渡的作用：(1) 使说明_____的原始资料过渡到反映_____的综合资料；(2) 使说明_____情况的材料过渡到反映_____情况的材料。

2. 在统计总体内部进行的一种定性分类方法，就是_____。

3. 统计分组的关键在于_____和_____。按分组标志形式的不同，统计总体可按_____分组，也可按_____分组。

4. 按品质标志分组形成的分配数列，称为_____，按数量标志分组形成的分配数列，称为_____，它包括_____和_____两个要素。

5. 编制组距数列时，如资料中存在个别特大或特小变量值时，其首（末）组通常采用_____形式。

6. 用_____代表各组实际变量值的一般水平，是假定变量值在本组范围内呈_____。

7. 组距数列中，组距的大小与组数的多少成_____。组距过大，容易_____；组距过小，容易_____。这两种情况都不能确切反映总体的分布特征。

8. 等距数列与不等距数列相比，其优点是：(1) 便于_____；(2) 便于_____。

9. 描述收入分配公平程度的洛伦茨曲线是一条_____的曲线，_____的程度越大，说明收入分配_____。

10. 基尼系数 G 的一般公式为_____，其取值范围在_____与_____之间，G 值越小，说明收入分配_____。

11. 确定组数的斯特奇斯公式为_____，根据经验，由上式求出的组数，当数据_____时，往往_____。

12. 反映不等距组距数列次数实际分布状况的指标有_____和_____。

13. 各种性质不同的社会经济现象各有其特殊的次数分布，主要类型有_____、_____和_____。在统计上具有重要意义的分布，称为_____。

14. 利用统计图形来描述次数分布的方法，称为_____。常用的图形有

_____、_____、_____和_____。

15. 汇总前需对资料进行审核，主要审核资料的_____、_____和_____，审核的重点是检查资料的_____，有_____和_____两种方法。

16. 统计汇总的基本组织形式有_____和_____两种，这两者的结合，就是_____。_____和_____是统计汇总的两种主要技术方法。

17. 统计表从形式上看，包括_____、_____、_____和_____；从内容上看，包括_____和_____。

18. 统计表按主词是否分组及分组的程度，可分为_____、_____和_____。

19. 设计统计表应遵循_____、_____、_____、_____的原则。

三、判析题

1. 连续变量的分组，只能是组距式的。（　　）
2. 在组距相等的条件下，次数分布和次数密度的分布是相同的。（　　）
3. 次数密度等于标准组距次数除以标准组距。（　　）
4. 较小制累计次数表示大于该组变量值下限的次数合计有多少。（　　）
5. 采用等距数列还是异距数列应取决于统计研究的目的。（　　）
6. 洛伦茨曲线是采用次数分布曲线的形式研究收入分配公平程度的一种方法。（　　）
7. 基尼系数是测定收入分配平均程度大小的指标，其算式中分子数值越接近分母数值时，说明收入分配趋于绝对平均。（　　）
8. 组距数列中，开口组与闭口组求组中值的公式是相同的。（　　）
9. 根据等距数列或异距数列绘制直方图时，均以横轴表示各组组限，纵轴代表各组次数。（　　）
10. 宾词指标的复合设计，是指将宾词指标进行简单分组后，在表中平行的排列。（　　）
11. 统计表一般采用"开口"表式。（　　）
12. 人口按年龄大小的分布呈正J型分布。（　　）

四、单项选择题

1. 统计整理（　　）。
   A. 只对原始资料整理　　　　B. 只对次级资料整理
   C. 主要对原始资料整理　　　D. 主要对次级资料整理
2. 运用于整个统计工作过程的统计方法是（　　）。
   A. 大量观察法　　　　　　　B. 模型推断法
   C. 统计分组法　　　　　　　D. 指标分析法
3. 变量数列的构成要素是（　　）。
   A. 分组标志和指标　　　　　B. 分组标志和次数
   C. 数量分组标志数值和频数　D. 品质分组标志属性和频数

4. 下列哪一种资料,适合编制单项数列( )。
   A. 连续型变量且各变量值变动比较均匀
   B. 离散型变量且各变量值变动比较均匀
   C. 连续型变量且各变量值变动幅度较大
   D. 离散型变量且各变量值变动幅度较大

5. 次数密度是指( )。
   A. 组距除以次数
   B. 单位组距内分布的次数
   C. 平均每组组内分布的次数
   D. 平均每组组内分布的频率

6. 某连续变量数列,其末组为开口组,下限为200,又知其邻组的组中值为170,则末组组中值为( )。
   A. 260
   B. 230
   C. 215
   D. 185

7. 洛伦茨曲线是根据( )绘制的。
   A. 次数分布表
   B. 频率分布表
   C. 累计次数分布表
   D. 累计频率分布表

8. 统计表从形式上看,主要由( )构成。
   A. 主词和宾词
   B. 各标题和数字
   C. 总体及分组
   D. 指标和指标数值

9. 统计表中的主词是指( )。
   A. 表中全部统计资料的内容
   B. 分布在各栏中的指标数值
   C. 描述研究对象的统计指标
   D. 各种指标所描述的研究对象

10. 广义统计表( )。
    A. 就是调查表
    B. 就是汇总表
    C. 就是分析表
    D. 包括统计各阶段的一切表格

五、多项选择题

1. 统计分组能够( )。
   A. 区分不同的经济类型
   B. 反映总体单位的分布状况和特征
   C. 深化对总体的认识
   D. 分析现象之间的依存关系
   E. 揭示总体发展变化的趋势和规律

2. 在全部企业按所有制分组的基础上,再按计划完成程度分组,这种分组是( )。
   A. 简单分组
   B. 复合分组
   C. 平行分组体系
   D. 属于复合分组体系
   E. 对资料的再分组

3. 对离散型变量分组( )。
   A. 可按每个变量值分别列组
   B. 也可采用组距式分组
   C. 相邻组的组限不能重叠,而要相互衔接
   D. 各组组距可相等也可不等
   E. 应按"上限不在本组内"的原则处理与上限相同的变量值

4. 统计分组后形成的组（　　）。
   A. 性质都相同
   B. 是一个更小的总体
   C. 同组单位所有的标志都相同
   D. 同组单位在分组标志上表现为同质
   E. 各组的总体单位在分组标志上表现为异质
5. 编制组距数列时，采用等距分组还是异距分组主要取决于（　　）。
   A. 统计研究的目的
   B. 变量的类型
   C. 现象变化的特点
   D. 组距的大小
   E. 组数的多少
6. 异距数列应根据什么来反映次数实际分布状况（　　）。
   A. 频数
   B. 频率
   C. 次数密度
   D. 概率
   E. 标准组距次数
7. 某班学生成绩分组中，70～80分一组的学生人数占总数的20%，这一数字是（　　）。
   A. 频数
   B. 频率
   C. 频数密度
   D. 相对次数
   E. 累计频率
8. 下列各项中，属于连续型变量数列次数分布的是（　　）。
   A. 工人技术等级和全部工人数
   B. 煤炭灰分程度和煤炭产量
   C. 平均劳动生产率和工人数
   D. 在校学生数和全市学校数
   E. 产品品种和全部产品产量
9. 下列哪组资料，可以用洛伦茨曲线进行分析（　　）。
   A. 家庭人口数和收入数
   B. 企业个数和企业产值数
   C. 学习分数和学生数
   D. 科技收入额和科研机构数
   E. 农业收入额和工业收入额
10. 某产品1000只按质量等级分组，分为一等品、二等品和三等品三组，这项分组（　　）。
    A. 是按数量标志分组
    B. 是按品质标志分组
    C. 形成变量数列
    D. 形成品质数列
    E. 形成组距数列
11. 下列各种组限表示方法中，哪些是正确的（　　）。
    A. 10以下　　10～20　　20～30　　30以上
    B. 0～9.9　　10～19.9　　20～29.9　　30～39.9
    C. 0～9　　10　　11～19　　20
    D. 0～9　　10～19　　20～29　　30～39
    E. 0～10　　10以上～20　　20以上～30　　30以上～40
12. 根据上题，指出哪些是连续型变量数列组限的表示方法（　　）。

六、计算题

1. 调查某工业局所属18个企业的资料如下：

企业编号	职工人数(人)	总产值(万元)	计划完成%
1	340	230	100
2	510	370	102
3	620	400	90
4	750	700	101
5	810	640	99
6	790	920	110
7	840	680	90
8	1320	1890	120
9	1140	940	95
10	100	70	104
11	90	80	100
12	140	100	102
13	150	120	98
14	200	174	99
15	1220	1420	100
16	1440	1400	100
17	1420	1760	113
18	950	1010	109

根据上表资料：

(1) 按计划完成程度分组，整理出一个统计表(组距为10%)；

(2) 按企业职工人数分组，整理出一个统计表，以表明企业规模和劳动生产率之间的关系。(可分为三组，499以下、500～999、1000以上)

2. 某车间工人的日产量(件)资料如下：

    4 15 8 20 22 10 19 30 41 50 9
    44 52 24 36 25 31 28 29 42 26 28
    17 51 21 38 13 27 21 47 9 33 28
    29 45 14 26 23 12 35

根据上述资料，试编制一个等距数列(组距为10)，并计算较小制累计次数和累计频率。

3. 根据下表计算表中空白栏，直接填入表内，并绘制次数分布曲线图。(标准组距为10)

按生产定额完成(%)分组	职工人数(人)	频率(%)	次数密度	较大制累计次数	标准组距次数
80～90	6				
90～100	18				
100～120	24				
120～150	12				

4. 我国城市人口总人数分组资料如下表：

人数分组 （万人）	频　数 （城市个数）	频　率 （％）	累计频率 （％）
10 以下			
10～30	86		44.10
30～50		21.84	
50～100	41	17.90	
100～20			94.32
200 以上			
合　计	229	100.00	

请根据频数、频率和累计频率的关系推算，并填入空格。

5. 某企业生产某种产品需经过六道工序，为提高该产品质量，检查了一季度全部废品产生的原因，结果如下：

工序名称	废品数（件）
A	2606
B	1024
C	355
D	59
E	28
F	25
合　计	4097

要求做出累计频率分布图，并进行分析。

6. 某企业职工的月工资分布如下：

月工资分组（元）	频　数（人）	频　率（％）	累计低于上限
400 以下	268		
400～500	435		
500～600	825		
600～700	316		
700～800	104		
800 以上	52		
合　计	2000		

要求：

（1）计算各组频率；

（2）计算并填充累计相对频率（累计低于上限）栏；

（3）做频数多边形曲线图；

（4）做累计频率图；

（5）根据图形推算，该企业职工月工资在 650 元以下的占百分之几？50% 的职工的月工资在多少元以内？

7. 某公司下属三个拖拉机厂某月生产情况如下表所示：

厂别	产品类型	每台马力数	产量(台)
甲厂	履带式	36	75
	履带式	18	105
	轮胎式	28	400
乙厂	履带式	75	85
	轮胎式	15	94
	轮胎式	12	150
丙厂	履带式	45	40
	履带式	75	25
	轮胎式	24	50

要求：按产品类型和马力分组，编制分配数列。（提示：各组产量用"台/马力"为单位，同时还要以 15 马力为标准台的标准实物单位表示）

8. 根据下述统计表要求说明：

(1) 表的主词和宾词。

(2) 从对主词的处理看，它属于哪种统计表？

(3) 宾词指标属哪一种设计？

某市工业企业的职工性别和工龄

企业分类	企业数	职工人数	性别		工龄			
			男	女	5 年以下	5～10 年	10～20 年	20 年以上
国有企业								
集体企业								
合　计								

9. 根据下表资料，绘制洛伦茨曲线，计算基尼系数，并分析 1988 年我国技术转让成交额在各行业研究与开发机构之间分布是否均衡？

国民经济行业分组	机构数(个)	技术转让成交额(千元)
农、林、牧、渔、水利业	1524	75931
工业	1904	1493660
地质普查及勘探业	81	14790
建筑业	116	87277
交通运输、邮电通信业	127	191576
商业、公共饮食业等	29	2047
房地产管理、公用事业等	48	3805
卫生、体育和社会福利事业	354	13137
教育、文化艺术及广播电视	34	2637
综合技术服务业	647	390339
金融、保险业	4	964
其　他	65	30090

本章练习题参考答案

一、思考题（略）

二、填空题

1. 统计整理、统计调查、统计分析；个体、总体；局部、全局
2. 统计分组
3. 选择分组标志、划分各组界限、品质标志、数量标志
4. 品质数列、变量数列、变量值、次数
5. 开口组
6. 组中值、均匀分布
7. 反比、把不同质的单位归入同一组、把同质单位归入不同组
8. （直接）比较各组次数、制图
9. 下凸、下凹、越不公平
10. $G=\dfrac{S_A}{S_A+S_B}$、0、1 越平均
11. $k=1+3.322\lg n$、较少、过多
12. 次数密度、标准组距次数
13. 钟型分布、U型分布、J型分布、正态分布
14. 图示法、直方图、折线图、曲线图、累计次数（频率）分布图
15. 及时性、完整性、准确性、准确性、计算检查、逻辑检查
16. 逐级汇总、集中汇总、综合汇总、手工汇总、电子计算机汇总
17. 总标题、横行标题、纵栏标题、指标数值；主词、宾词
18. 简单表、分组表、复合表
19. 科学、实用、简练、美观

三、判析题

1. √ 2. √ 3. √ 4. × 5. × 6. × 7. × 8. × 9. × 10. × 11. √ 12. ×

四、单项选择题

1. C 2. C 3. C 4. B 5. B 6. D 7. D 8. B 9. D 10. D

五、多项选择题

1. A,B,C,D,E 2. B,D 3. A,B,C,D 4. B,D,E 5. A,C 6. C,E 7. B,D 8. B,C 9. A,B,C,D 10. B,D 11. A,B,D,E 12. A,B,E

六、计算题

1. 解：

(1)

按计划完成程度分组（%）	企业数（个）	职工人数（个）	总产值（万元）
90～100	6	3760	2954
100～110	9	5540	5380
110～120	2	2210	2680
120～130	1	1320	1890
合　计	18	12830	12904

(2)

按职工人数分组（人）	企业数（个）	职工人数（人）	总产值（万元）	劳动生产率（万元/人）
499 以下	6	1020	774	0.76
500～999	7	5270	4720	0.90
1000 以上	5	6540	7410	1.13
合　计	18	12830	12904	1.01

说明企业规模越大，劳动生产率越高。

2. 解：

工人按日产量分组（件）	人数（人）	比率（%）	累计次数（人）	累计频率（%）
10 以下	4	10	4	10
10～20	7	17.5	11	27.5
20～30	15	37.5	26	65.0
30～40	6	15	32	80.0
40～50	5	12.5	37	92.5
50 以上	3	7.5	40	100.0
合　计	40	100.0	—	—

3. 解：

按生产定额完成(%)分组	职工人数（人）	频率（%）	次数密度	较大制累计次数	标准组距次数
80～90	6	10	0.6	60	6
90～100	18	30	1.8	54	18
100～120	24	40	1.2	36	12
120～150	12	20	0.4	12	4

4. 解：

人数分组（万人）	频数（城市个数）	频率（%）	累计频率（%）
10 以下	15	6.55	6.55
10～30	86	37.55	44.10
30～50	50	21.84	65.94
50～100	41	17.90	83.84
100～200	24	10.48	94.32
200 以上	13	5.68	100.00
合　计	229	100.00	—

5. 解：

工序名称	废品数(件)	频率(%)	累计频率(%)
A	2606	63.61	63.61
B	1024	25.00	88.61
C	355	8.66	97.27
D	59	1.44	98.71
E	28	0.68	99.39
F	25	0.61	100.00
合　计	4097	100.00	—

由上图分析可知,前三道工序废品率已达 97.27%,因此,减少废品的关键是减少前三道工序的废品率。其中,第一道工序废品率又占总废品率的 63% 以上,重点又应对 A 工序严格把关。

6. 解：

(1) 各组频率依次为：

13.4%,21.75%,41.25%,15.80%,5.20%,2.60%；

(2) 各组累计频率依次为：

13.4%,35.15%,76.40%,92.20%,97.40%,100.00%；

(3)、(4) 略

(5) 估计该企业职工月工资在 650 元以下的 85%,50% 的职工的月工资在 550 元左右。

7. 解：

履带式	产量(台)	标准台	轮胎式	产量(台)	标准台
18 马力	105	126	12 马力	150	120
36 马力	75	180	15 马力	94	94
45 马力	40	120	24 马力	50	80
75 马力	110	550	28 马力	400	747
合　计	330	976	合　计	694	1041

8. 解：

(1) 略；(2) 分组表；(3) 简单设计。

9. 解：

图略,基尼系数值 $G = \left| \sum_{i=1}^{n-1}(M_i V_{i+1} - M_{i+1} V_i) \right| = 0.19$,计算结果表明,按行业分布来看,1988 年我国技术转让成交额在各机构之间分布是均衡的。

第四章 综合指标

教学目的与要求

综合指标是统计分析的最基本指标,是进行任何经济统计数量分析的基础。它包括总量指标、相对指标和平均指标。揭示总体变量分布状况与特征的指标,除了平均指标以外,还有标志变异指标以及偏度和峰度指标,它们也是描述次数分布的重要特征值,测定这些特征有助于深入进行统计分析。本章是由总量指标、相对指标和平均指标,标志变异指标,偏度和峰度指标这三大类指标内容构成。

学习本章,要求从理论上明确总量指标、相对指标、平均指标的意义、作用、分类及运用原则,掌握各类指标的具体计算方法,并能正确熟练地加以运用。要搞清各类指标中,各种具体指标之间的联系和区别,了解指标间的数量关系。掌握标志变异指标的意义、作用及计算方法。了解偏度与峰度的概念与测定方法,并能用于实际。

本章内容提要图示

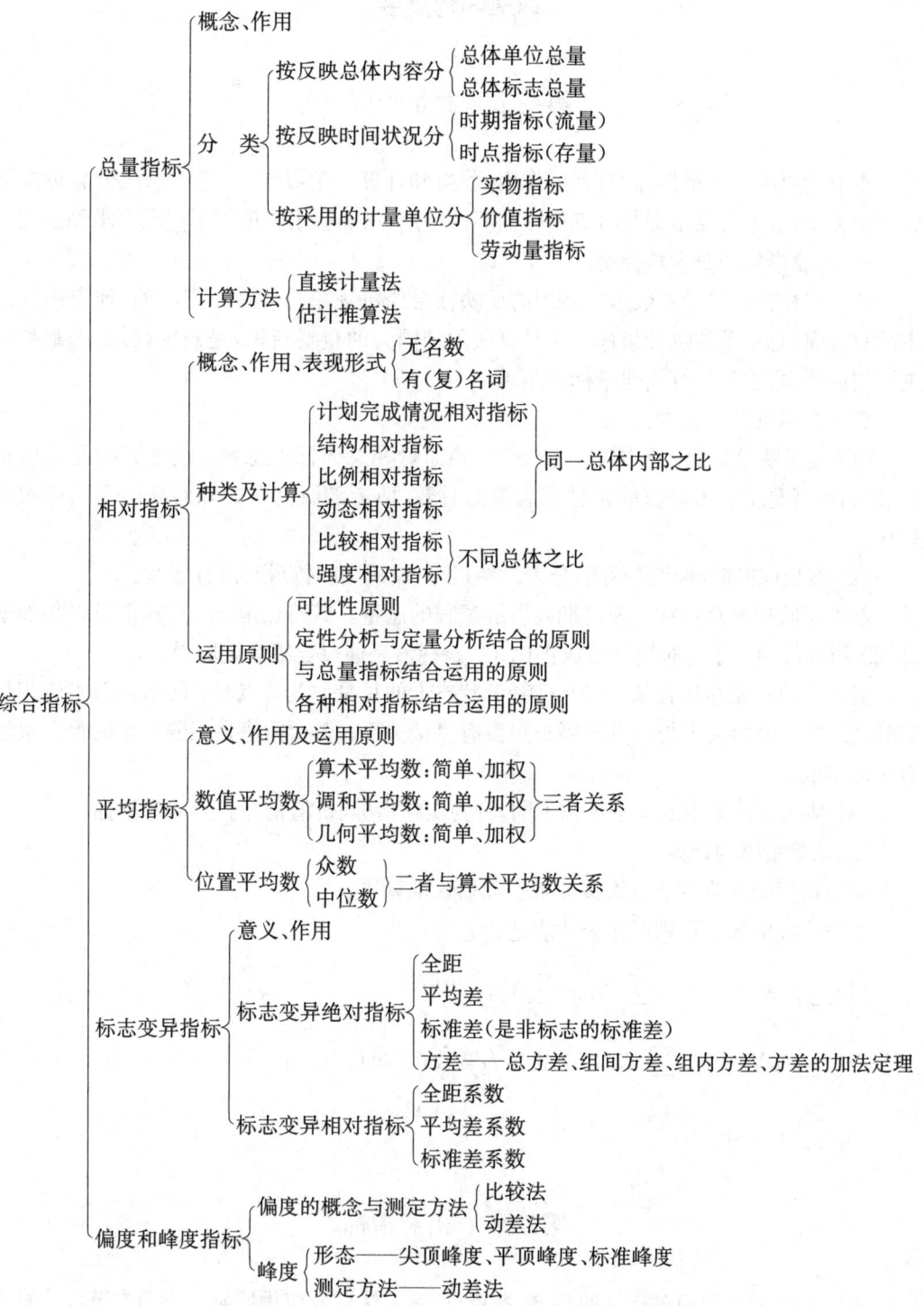

本章内容提要

第一节 总量指标

本节主要阐述总量指标的概念、作用、分类和计算。学习本节,应注意区分总量指标的不同类别,了解时期指标与时点指标的不同特点,正确应用总量指标的三个求和公式。

一、总量指标的概念与分类

总量指标是指以绝对数形式表现的反映社会经济现象总体在一定时间、地点和条件下的总规模、总水平的统计指标。它是反映国情国力的重要指标,是制定政策、编制和检查计划的依据,也是计算其他指标的基础。

总量指标有三种分类:

(1) 按反映总体内容不同,分为总体单位总量和总体标志总量。前者是指总体单位的总数,后者是指总体单位的某种标志值的总数,两者随研究目的和对象的不同可相互转化。

(2) 按反映的时间状况不同,分为时期指标(流量)和时点指标(存量)。

前者反映现象总体在一段时期内发展过程的总量。其特点是:① 指标值可以相加累计;② 指标值的大小与时期长短成正比;③ 指标值是通过连续登记取得的。

后者反映现象总体在某一时点(瞬间)状态上的总量。其特点是:① 指标值不能相加累计;② 指标值的大小与时点间隔长短没有直接关系;③ 指标值是相隔一定时点一次性登记取得的。

(3) 按指标值采用的计量单位不同,分为实物指标、价值指标和劳动量指标。

二、总量指标的计算

总量指标的计算方法有直接计量法和估计推算法。

总量指标的求和规则可用公式表达为:

(1) $\sum_{i=1}^{N}(X_i \pm Y_i) = \sum_{i=1}^{N} X_i \pm \sum_{i=1}^{N} Y_i$;

(2) $\sum_{i=1}^{N}(aX_i) = a\sum_{i=1}^{N} X_i$(式中的 a 为常数,下同);

(3) $\sum_{i=1}^{N} a = an$。

第二节 相对指标

本节介绍了六种相对指标的概念、特点、计算方法以及应用原则。学习本节应注意在掌握相对指标概念特点的基础上,要搞清楚各种相对指标之间的联系和区别,能正确地判断相对指标的类别,并能熟练计算、灵活运用。

一、相对指标的概念和作用

相对指标是指两个有联系的指标数值之比。除强度相对指标用有(复)名数表现以外,其他相对指标都用无名数表示,分为系数、倍数、成数、百分数和千分数。

正确使用相对指标:① 可以反映相关现象之间的数量联系,说明现象间的比例、结构、程度、速度和强度等。② 可以提供事物相互比较的基础。

表 4-1 相对指标的种类和主要计算公式

相对指标的类别	计算公式
计划完成情况相对指标	$\dfrac{实际完成数}{计划任务数} \times 100\%$
结构相对指标	$\dfrac{总体各组标志总量(或单位总量)}{总体标志总量(或单位总量)} \times 100\%$
比例相对指标	$\dfrac{总体某一部分数值}{总体另一部分数值} \times 100\%$
动态相对指标	$\dfrac{某现象报告期数值}{某现象基期数值} \times 100\%$
比较相对指标	$\dfrac{甲单位(部门、地区等)某类指标数值}{乙单位(部门、地区等)同类指标数值} \times 100\%$
强度相对指标	$\dfrac{某一总量指标数值}{另一个有联系而性质不同的总量指标数值}$

二、相对指标的种类及计算

相对指标根据研究目的和比较标准的不同,可分为六种。见表 4-1。

学习各种相对指标时,应注意:

(1) 计划完成情况相对指标,是反映实际数与计划数相比,基数是计划数,分子与分母不能互换。当计划数为增减率形式时,不能直接将实际与计划的增减率对比计算,而应包含原有基数(100%),即将实际完成百分数与计划完成百分数对比计算。实际工作中采用的相减的计算方法,其结果只能说明计划增减百分比任务的完成程度,而不能确切反映计划完成的程度。

检查长期计划执行情况时,如计划任务数是按计划期末应达到的水平规定的,采用水平法;如按全期累计完成量规定的,则应采用累计法。

(2) 结构相对指标,是反映部分与总体相比。一般用百分数或成数表示,各部分所占比重之和应等于 100%。要注意该指标在统计分析中的重要意义。

(3) 比例相对指标,是反映总体内部各构成部分的比例关系,应注意它与结构相对指标的联系和区别。

(4) 动态相对指标,是反映现在值与过去值的比较,可说明现象发展变化的程度,应搞清基期和报告期的含义。

(5) 比较相对指标,是反映同类指标在不同空间的比较。用于比较的指标,可以是总量指标、相对指标和平均指标。要注意它与比例相对指标的区别。

(6) 强度相对指标,是反映性质不同,但有一定联系的不同总体总量指标之间的对比,用来表明现象发展的强度、密度和普遍程度等。要注意该指标的特点以及与平均指标的区别。

三、计算和运用相对指标的原则

（1）可比性原则，是计算和运用相对指标的重要前提；

（2）定性分析与定量分析结合的原则；

（3）相对指标和总量指标结合运用的原则；

（4）各种相对指标结合运用的原则。此外，除了结构相对指标外，由于计算的基础不同，相对指标一般不能直接相加。

第三节 平均指标概述

本节论述了平均指标的意义、特点及作用。学习本节，应注意把握平均指标的性质特点以及平均数规律在经济分析中的意义与实际应用。

一、平均指标的意义、特点及作用

平均指标是统计实践中应用最为广泛的综合指标之一，它反映同质总体中某一数量标志在一定时间、地点、条件下所达到的一般水平。

平均指标具有下述三个特点：

（1）它是一种抽象化的指标，即它是将同质总体各单位标志值的差异加以抽象概括而计算的。

（2）它是一个代表值，即以一个具有代表性的数量标志值，来代表总体各单位标志值的一般水平。

（3）它是描述总体变量分布的重要特征值，可用以反映标志值分布的集中趋势或中心位置。

平均指标在统计研究中具有重要的作用：

（1）可用来比较同类现象在不同部门、地区、单位间的一般水平。

（2）可用于比较同一现象的水平在不同时间的变化。

（3）可用于分析现象之间的依存关系。

（4）可用以进行估计推算。

（5）可用来作为评价事物、编制计划的数量依据。

第四节 数值平均数

从计算方法来看，平均数可分为数值平均数和位置平均数两类。本节介绍数值平均数，包括算术平均数、调和平均数和几何平均数，它们都是根据分布数列中各单位的标志值计算而成的。通过本节学习，要掌握不同资料条件下各种平均数的计算方法，搞清各种平均数的应用条件、适用范围以及相互关系。学习中，可以算术平均数为主，掌握平均数计算的一般原理和方法，进而把握其他平均数。这不仅因为算术平均数是最常用最基本的一种平均数形式，而且与其他平均数在计算上有着密切的联系。

一、算术平均数

算术平均数的基本公式为：

$$\text{算术平均数} = \frac{\text{总体标志总量}}{\text{总体单位总数}}。$$

具体计算时，根据掌握的资料不同，按照基本公式的要求，可采用简单平均或加权平均的方法计算算术平均数。

资料未分组，应计算简单算术平均数，其算式为：

$$\overline{X}_A = \frac{X_1 + X_2 + \cdots + X_N}{N} = \frac{\sum X}{N}。$$

资料已分组，应计算加权算术平均数，其算式为：

$$\overline{X}_A = \frac{X_1 f_1 + X_2 f_2 + \cdots + X_N f_N}{f_1 + f_2 + \cdots + f_N} = \frac{\sum Xf}{\sum f},$$

式中，X 代表各组标志值（如系组距数列，则代表各组组中值），f 代表各组次数（即权数）。

计算加权算术平均数，要注意以下几个方面：

（1）权数的作用：权数对平均数的大小起着权衡轻重的作用，它可以衡量相应标志值对平均数作用的强弱程度。如各组权数相同，则权数就失去上述作用，此时加权算术平均数也就等于简单算术平均数。

（2）权数的形式：权数有两种表现形式，绝对数形式 f 和相对数形式 $\frac{f}{\sum f}$，如以后者表现，则可按下式求得加权算术平均数。即：

$$\overline{X}_A = X_1 \cdot \frac{f_1}{\sum f} + X_2 \cdot \frac{f_2}{\sum f} + \cdots + X_N \cdot \frac{f_N}{\sum f}$$

$$= \sum X \cdot \frac{f}{\sum f}。$$

根据权数的相对数形式计算的加权算术平均数更能体现出权数的实质含义。

（3）权数的选择：这是计算加权算术平均数首先要考虑的问题，除了要考虑权数的形式和大小外，还应保证各组标志值与权数的乘积等于各组的标志总量，并具有实际的经济意义。

算术平均数具有以下的数学性质：

(1) $N\overline{X} = \sum X$；

(2) $\sum(X - \overline{X}) = 0, \sum(X - \overline{X})f = 0$；

(3) $\sum(X - \overline{X})^2 = \min$；

(4) $\overline{(X+Y)} = \overline{X} + \overline{Y}, \overline{(X \cdot Y)} = \overline{X} \cdot \overline{Y}$；

(5) $\frac{\sum(X \pm A)}{N} = \overline{X} \pm A$；

(6) $\frac{\sum AX}{N} = A\overline{X}, \frac{\sum\left(\frac{X}{A}\right)}{N} = \frac{\overline{X}}{A}$。

算术平均数的简捷计算法：

第一种简捷法

简单算术平均数：$\overline{X}_A = \dfrac{\sum(X-A)}{N} + A$；　　　　　　　　　（未分组资料）

加权算术平均数：$\overline{X}_A = \dfrac{\sum(X-A)f}{\sum f} + A$；　　　　　　　（单项数列）

第二种简捷法

简单算术平均数：$\overline{X}_A = \dfrac{\sum\left(\dfrac{X-A}{i}\right)}{N} \cdot i + A$　　　　　　　（未分组资料）

加权算术平均数：$\overline{X}_A = \dfrac{\sum\dfrac{(X-A)}{i}f}{\sum f} \cdot i + A$；　　　　　（组距数列）

先进平均数的计算方法：$X_a = \dfrac{\sum X_a f_a}{\sum f_a}$。

在管理工作中被广泛应用的期望时期 M_T 的数学模型其实质就是一种加权算术平均数，公式为：

$$M_T = \dfrac{a + 4m + b}{6}。$$

二、调和平均数

调和平均数是被研究对象中各单位标志值倒数的算术平均数的倒数。根据资料是否分组，可分别计算简单或加权调和平均数，公式为：

简单调和平均数

$$\overline{X}_H = \dfrac{N}{\dfrac{1}{X_1} + \dfrac{1}{X_2} + \cdots + \dfrac{1}{X_N}} = \dfrac{N}{\sum\dfrac{1}{X}};$$

加权调和平均数

$$\overline{X}_H = \dfrac{m_1 + m_2 + \cdots + m_N}{\dfrac{m_1}{X_1} + \dfrac{m_2}{X_2} + \cdots + \dfrac{m_N}{X_N}} = \dfrac{\sum m}{\sum\dfrac{m}{X}},$$

式中，m 代表权数，即各组标志总量 Xf。

要掌握和应用调和平均数，必须搞清楚以下两个问题：

(1) 调和平均数与算术平均数的区别和联系。调和平均数从其实际应用来看，可分为两类。第一类调和平均数不仅在计算方法上不同于算术平均数，而且计算结果及说明的问题也是不同的，这表明调和平均数具有独立应用的意义。第二类调和平均数在统计实践中是作为算术平均数的变形形式来使用的。因为实际工作中，往往由于资料的限制，如缺少总体单位数的资料，无法直接计算算术平均数，这就需要将算术平均数公式加以改变而成为另一种计算平均数的公式，这就是调和平均数。由此可见，它与算术平均数的区别仅在于因掌握的资料不同，所以采用的权数以及计算形式有所不同，实际上它仍然是同一总体的标志总量与单位总数之比,因此计算结果、经济内容两者完全相同。

(2) 调和平均数的应用范围,作为算术平均数的变形使用的调和平均数可用于以下两种情况。第一,由绝对数计算平均数时,如掌握各组标志总量而缺少各组单位数的资料,可采用调和平均数。第二,由相对数或平均数计算平均数时,如掌握的权数资料是比值的分母数值,采用加权算术平均数;如掌握的权数资料是比值的分子数值,则采用加权调和平均数。

三、几何平均数

几何平均数是 n 个变量值连乘积的 n 次方根。可分为简单几何平均数和加权几何平均数,计算公式为:

简单几何平均数

$$\overline{X}_G = \sqrt[n]{X_1 \cdot X_2 \cdot \cdots \cdot X_N} = \sqrt[n]{\prod X};$$

加权几何平均数

$$\overline{X}_G = \sqrt[\Sigma f]{X_1^{f_1} \cdot X_2^{f_2} \cdot \cdots \cdot X_N^{f_N}} = \sqrt[\Sigma f]{\prod X^f}。$$

计算几何平均数,应注意:

(1) 几何平均数的应用范围。它适用于反映特定现象的一般水平,即现象的标志总量不是各单位标志值的总和,而是各单位标志值的连乘积。对于这类现象,既不能采用算术平均数,也不能采用调和平均数反映其平均水平。统计实践中,它主要用来计算平均发展速度和平均比率。

(2) 用以计算几何平均数的各项数值应大于零。

四、三种数值平均数之间的关系

算术平均数、调和平均数和几何平均数的关系是:

(1) 根据同一标志值数列计算有 $\overline{X}_A \geq \overline{X}_G \geq \overline{X}_H$。

(2) 当标志值数列中的每一标志值相等时有 $\overline{X}_A = \overline{X}_G = \overline{X}_H$。

幂平均数 $\overline{X}_K$ 是各种平均数的一般形式,其公式为:

$$\overline{X}_K = \sqrt[K]{\frac{\sum X^K}{N}}。$$

第五节 位置平均数

本节介绍位置平均数,包括众数和中位数,它们是根据分布数列中某些单位标志值所处的位置来确定的。学习本节,要注意位置平均数与数值平均数的异同,掌握不同资料条件下众数和中位数的计算方法,以及位置平均数与算术平均数的关系。

一、众数

众数是指总体中重复出现次数最多的标志值。

确定众数的方法。未分组资料或单项数列中,次数出现最多的标志值就是众数。组距数列条件下,先确定次数最多的一组为众数组,再按下列公式求得众数 M。

$$M_o = X_L + \frac{f_2 - f_1}{(f_2 - f_1) + (f_2 - f_3)} \times i \quad (\text{下限公式})$$

众数只适用于单位数较多且具有明显集中趋势的总体。

二、中位数

中位数就是将总体各单位的标志值按大小顺序排列后,处于数列中间位置的标志值。

(1) 确定中位数的方法。① 未分组资料条件下,可按公式 $\frac{N+1}{2}$ 确定中位数位置,并求得中位数。② 单项数列条件下,可按公式 $\frac{\sum f + 1}{2}$ 确定中位数组位置,并通过计算累计次数(或频率),加以对照求得中位数。③ 组距数列情况下,可按公式 $\sum f / 2$ 确定中位数组,并按下列公式求得中位数 M_e。

$$M_e = X_L + \frac{\frac{\sum f}{2} - S_{m-1}}{f_m} \times i \,。 \quad (\text{下限公式})$$

(2) 中位数的重要性质:

$$\sum |X_i - M_e| = \min; \sum |X_i - M_e| f = \min 。$$

三、众数、中位数与算术平均数的关系

众数、中位数不受极端变量值的影响,仅与数列所处的位置有关。算术平均数、众数和中位数的关系与分布的特征有关:

正态分布条件下: $\overline{X}_A = M_e = M_o$;

右偏分布条件下: $\overline{X}_A > M_e > M_o$;

左偏分布条件下: $\overline{X}_A < M_e < M_o$;

适度偏态情况下: $\overline{X}_A - M_o = 3(\overline{X}_A - M_e)$。

第六节 应用平均指标的基本原则

正确计算和应用平均指标必须遵循以下几个基本原则:
(1) 平均数只适用于同质总体。
(2) 应根据研究目的和资料特点正确选用各种平均数。
(3) 用组平均数补充说明总平均数。
(4) 用分配数列和典型资料补充说明平均数。

第七节 标志变异指标

本节介绍了标志变异指标以及偏度与峰度指标。学习本节,应掌握标志变异指标的经济分析与应用,特别是标准差的数学性质及其应用,分组条件下总方差的分解分析方法,了解标准差、平均数与标志变异系数的联系分析以及偏度与峰度的测定方法。学习

中,要注重原理公式的推导和实际应用两方面能力的训练。

一、标志变异指标的意义和作用

反映总体各单位标志值之间变异程度的指标,称为标志变异指标,又称之为离中量数。运用标志变异指标,可用来衡量平均数的代表性大小;反映社会经济活动过程的均衡性;揭示总体变量分布的离中趋势。

二、标志变异绝对指标

标志变异绝对指标有全距(R)、平均差(A.D)和标准差(σ)。

全距,又称极差,是总体各单位标志值中的最大值与最小值之差。

$$R = X_{\max} - X_{\min}。$$

平均差,是指总体各单位标志值与其算术平均数离差绝对值的算术平均数。由于其采用绝对值的离差形式,应用中有局限性。

简单平均差 $\qquad$ A.D $= \dfrac{\sum |X - \overline{X}|}{N}$。

加权平均差 $\qquad$ A.D $= \dfrac{\sum |X - \overline{X}| f}{\sum f}$。

标准差,又称均方差,是指总体各单位标志值与其算术平均数离差平方的算术平均数的平方根。由于标准差采用了离差值平方的方法,消除了离差中的负值并避免了取绝对值的缺点,具有数学性质上的优点,使其成为标志变异指标中最重要的一种。

简单标准差

$$\sigma = \sqrt{\dfrac{\sum (X - \overline{X})^2}{N}}; \qquad \text{(定义式)}$$

$$\sigma = \sqrt{\dfrac{\sum X^2}{N} - \left(\dfrac{\sum X}{N}\right)^2}。 \qquad \text{(简化式)}$$

加权标准差

$$\sigma = \sqrt{\dfrac{\sum (X - \overline{X})^2 f}{\sum f}}; \qquad \text{(定义式)}$$

$$\sigma = \sqrt{\dfrac{\sum X^2 f}{\sum f} - \left(\dfrac{\sum Xf}{\sum f}\right)^2}。 \qquad \text{(简化式)}$$

方差,即标准差的平方。在分组条件下,可计算不同层次的方差,即总方差(σ^2)、组间方差(δ^2)和组内方差(σ_i^2)。

总方差是根据总体中所有标志值对其总平均数计算的方差,表明总体的总离差:

$$\sigma^2 = \dfrac{\sum (X - \overline{X})^2 f}{\sum f} \text{ 或 } \sigma^2 = \dfrac{\sum X^2 f}{\sum f} - \left(\dfrac{\sum Xf}{\sum f}\right)^2。$$

组间方差是根据各组平均数对其总平均数计算的方差,表明各组之间的离差:

$$\delta^2 = \dfrac{\sum (\overline{X}_i - \overline{X})^2 f_i}{\sum f_i} \text{ 或 } \delta^2 = \dfrac{\sum \overline{X}_i^2 f_i}{\sum f_i} - (\overline{X})^2。$$

组内方差是根据各组中各单位标志值对组平均数计算的方差,表明各组内部的离差:

$$\sigma_i^2 = \frac{\sum (X_i - \overline{X}_i)^2 f_i}{\sum f_i} \text{ 或 } \sigma_i^2 = \frac{\sum X_i^2 f_i}{\sum f_i} - (\overline{X}_i)^2。$$

上述三个层次方差之间存在如下关系,即

总方差＝组间方差×组内方差平均数;

$$\sigma^2 = \delta^2 \times \overline{\sigma_i^2}。$$

三、交替标志的平均数与标准差

在统计研究中,常用交替标志,又称是非标志。它在总体单位间以是非两种形式出现,非此即彼。对交替标志进行统计转换,则有

$$P = \frac{N_1}{N}, Q = \frac{N_0}{N}, N_1 + N_0 = N, P + Q = 1。$$

可进一步计算交替标志的平均数和标准差,即得:

$$\overline{X} = P; \sigma = \sqrt{PQ} = \sqrt{P(1-P)}。$$

四、标志变异相对指标

全距、平均差和标准差是有计量单位的绝对数指标,其大小受数列中标志值差异程度和平均水平的影响,因此不能用于直接比较单位数大小不同或现象及其计量单位不同的数列的离散程度。

标志变动系数将全距、平均差或标准差与平均数相比,这是一个无名单位的数值,反映标志值离差的相对水平,因此可直接用于比较不同数列的变异程度。标志变动系数有全距系数、平均差系数和标准差系数。

常用的标准差系数公式为:

$$V_\sigma = \frac{\sigma}{\overline{X}} \times 100\%。$$

五、偏度和峰度

(一) 偏度的概念与测定方法

偏度是指次数分布偏斜的方向程度,是描述次数分布形态特征的重要指标。

测定偏度的方法有比较法和动差法。

比较法就是根据算术平均数、众数、中位数之间的关系来测定偏度的方法。该方法计算简便,但精确性较差。偏度 α 的公式为:

$$\alpha = \frac{\overline{X} - M_o}{\sigma} = \frac{3(\overline{X} - M_e)}{\sigma}。$$

动差法是运用统计动差(或称矩)测定偏度的方法。该方法计算比较麻烦,但精确性较高。

k 阶原点动差

$$U_k = \sum X^k \cdot \frac{f}{\sum f} = \frac{\sum X^k f}{\sum f} \quad (k = 1, 2, \cdots, N);$$

k 阶中心动差

$$V_k = \sum (X-\overline{X})^k \cdot \frac{f}{\sum f} = \frac{\sum (X-\overline{X})^k f}{\sum f} \quad (k=1,2,\cdots,N)。$$

原点动差与中心动差存在换算关系。运用动差法测定偏度的公式为：

$$\alpha = \frac{V_3}{\sigma^3} = \frac{\frac{\sum (X-\overline{X})^3 f}{\sum f}}{\sigma^3} \left(或 \frac{V_3}{\sqrt{V_2^3}}\right)。$$

(二) 峰度的概念与测定方法

峰度是指次数分布曲线顶峰的尖平程度，是描述次数分布形态的另一重要特征值。峰度根据变量值的集中与分散程度，可分为标准峰度、尖顶峰度与平顶峰度。

测定峰度一般采用动差法，其公式为：

$$\beta = \frac{V_4}{\sigma^4} = \frac{\frac{\sum (X-\overline{X})^4 f}{\sum f}}{\sigma^4} \left(或 \frac{V_4}{V_2^2}\right)$$

$\beta=3$，为标准峰度；$\beta>3$，为尖顶峰度；$\beta<3$，为平顶峰度。分析时，通常与偏度指标结合起来运用。

本章练习题

一、思考题

1. 试述总量指标的概念和种类，它在统计研究中有何意义？
2. 什么是时期指标和时点指标？它们各有什么特点？
3. 相对指标有哪几种？如何计算？其特点作用如何？
4. 相对指标运用中应注意哪些问题？试举例说明之。
5. 如何按水平法计算提前完成计划的时间？
6. 总量指标和相对指标有什么区别和联系？
7. 怎样理解比较相对指标和比例相对指标的关系？
8. 什么是平均指标？它有什么特点和作用？如何分类？
9. 统计学就是关于平均数的科学，您认为如何？
10. 如何理解权数的意义？试举一例加权平均数计算实例，说明权数在其中的作用。
11. 怎样选择权数来计算加权算术平均数？
12. 算术平均数和调和平均数的关系如何？什么情况下应计算调和平均数？
13. 什么情况下应计算几何平均数？
14. 什么是众数和中位数？两者各有何特点？如何运用？它们与算术平均数有何关系？
15. 简述正确计算和运用平均指标的原则。
16. 什么是标志变动度？有什么作用？测定标志变动度的指标有哪几种？各有什么

特点？

17. 什么是方差的加法定理？试举一例计算说明之。
18. 试证明变量对算术平均数的方差，小于对任意常数的方差。
19. 什么是交替标志？为什么交替标志的平均数和标准差分别等于 P 和 $\sqrt{P(1-P)}$？试证明之。
20. 为什么要研究标志变动系数？如何运用？
21. 怎样测定变量数列次数分布的偏斜状况？
22. 什么是峰度？应如何测定？

二、填空题

1. 总量指标按反映总体内容的不同，可分为_____和_____；按反映_____的不同，可分为时期指标和时点指标。随着研究目的不同，_____和_____是可以相互转化的。

2. 总量指标的统计方法有_____和_____。

3. 年末商品库存量属于_____指标，其数值_____相加；该年商品流转额属于_____指标，其数值_____相加。

4. 总量指标的计量单位除实物单位外，还有_____单位和_____单位。

5. 由总量指标的求和规则可知，$\sum(X_i+Y_i-Z_i)$ 等于_____。

6. 相对指标的计量形式有两种：_____和_____。除了_____相对指标用_____表示外，其他都用_____表示。

7. 计算计划完成情况相对指标时，分母的计划数可以用_____、_____和_____表示。当计划数是以比上年提高或降低百分之几的形式下达时，不能直接用_____除以_____来计算，而应包括_____在内。

8. 检查长期计划执行情况时，如计划指标是按计划期末应达到的水平下达的，应采用_____计算；如计划指标是按全期累计完成量下达的，则采用_____计算。

9. 结构相对指标可以是总体各组单位数与_____之比，也可以是_____与总体标志总量之比。

10. 同类指标数值在不同空间进行静态对比的结果，就是_____；而同一总体内不同部分数值静态对比的结果，则就是_____，它们既有联系也有区别。

11. 强度相对指标所反映的实际上也是一种比例关系，但这是一种_____的比例关系，而不是_____的比例关系。

12. 强度相对指标区别于其他相对指标的特点之一是，某些强度相对指标具有_____和_____的形式。

13. 各种相对指标中，属于两个总体之间对比的相对指标有_____和_____。

14. 算术平均数、调和平均数、几何平均数又称为_____平均数；众数、中位数又称为_____平均数。其中_____平均数不受极端变量值的影响。

15. "各标志值与其权数系数乘积的总和等于加权算术平均数",如用公式表示,应为_____。

16. 当_____时,加权算术平均数等于简单算术平均数。

17. 加权算术平均数的大小接近于_____的这一组的标志值。

18. 由算术平均数的数学性质可知:各个变量值与算术平均数的_____或_____等于零或最小值;n个变量_____等于n个独立的同性质变量_____的平均数。

19. 调和平均数是根据_____来计算的,所以又称为_____平均数。

20. 加权算术平均数是以_____为权数,加权调和平均数是以_____为权数。

21. 几何平均数是计算_____和_____最合适的一种方法。

22. 根据同一资料计数三种平均数,结果有调和平均数_____几何平均数_____算术平均数。

23. _____平均数是各种平均数的一般形式,其公式为_____。

24. 某日某农贸市场最普遍的成交价格,这在统计上称作_____。

25. 由组距数列求众数时,如众数组相邻两组的次数相同,则_____即为众数。

26. 众数的大小受相邻组次数多少的影响,当众数组前一组的次数_____众数组后一组的次数,则众数偏向众数组的_____。

27. 未分组资料中,如总体单位数是_____,则中间位置的两个标志值的算术平均数就是_____。

28. 由未分组资料确定中位数,其位置公式为_____。

29. 各个变量值与_____的离差绝对值之和等于_____。

30. 某总体呈轻微偏态分布,已知其算术平均数等于94,中位数等于96,则众数等于_____,该总体为_____分布。

31. 在偏斜适度的条件下,_____$=3(\bar{X}-M_e)$,M_e-M_o-_____。

32. 标志变异指标的大小和平均数的_____大小,呈_____关系。

33. 标志变动度综合反映各单位标志值的_____,说明变量的_____。

34. 计算组距数列的全距,可用_____与_____之差近似表示。

35. 各个标志值对其_____的平均绝对离差称为_____。

36. 测定标志变动程度最主要的指标是_____,它采用_____的方法来消除离差的正负号,更便于数学运算。

37. 由方差的性质可知,变量对_____的方差,小于对_____的方差。

38. 由方差的加法定理可知,组间方差等于_____与_____之差。

39. 在不分组条件下,求方差公式为 $\sigma^2 = \dfrac{\sum X^2}{N} - $ _____;在分组条件下,方差公式为_____$- \left[\dfrac{\sum Xf}{\sum f}\right]^2$。

40. 是非标志的算术平均数是_____,标准差是_____,当_____时,其方差值最大。

41. 反映总体各单位标志值之间变异相对程度的指标称为_____,具体有_____、_____和_____。

42. 测定次数分布偏斜程度的指标称为_____,其计算方法有_____和_____两种。计算公式分别为_____和_____。

43. 次数分布曲线顶峰的尖平程度称为_____,一般可表现为三种形态:即_____、_____和_____,其计算公式为_____。

三、判析题

1. 用劳动单位表示的总量指标,称为劳动量指标,它是不能直接相加的。( )
2. 两个变量之值之差的总和,等于每个变量之值的总和之差。( )
3. 如甲、乙、丙三个企业今年产量计划完成程度分别为 95%、100% 和 105%,那么这三个企业产量平均计划完成程度为 100%。( )
4. 将不识字人口数与全部人口数对比,就是文盲率指标。( )
5. 各标志值平方和的算术平均数公式为 $\dfrac{\sum X^2}{N}$。( )
6. 强度相对指标的数值是用复名数来表示的,因此都可以计算它的正指标和逆指标。( )
7. 1998 年我国平均每万人口中在校大学生数是强度相对指标。( )
8. 各个变量值对其算术平均数的离差绝对值之和等于零。( )
9. 某企业计划规定,1999 年第一季度的单位产品成本比去年同期降低 10%,实际执行结果降低 5%,仅完成单位产品成本计划的一半。( )
10. 计算加权算术平均数时,其权数必须是各组的次数或比率。( )
11. 东方洗衣机厂 1999 年第一季度洗衣机产量对春光洗衣机厂同期产量的比率都是比例相对指标。( )
12. 计算数值平均数时,要求资料中的各项数值必须大于零。( )
13. 根据分组资料计算的算术平均数,只是一个近似值。( )
14. 权数的绝对数越大,对算术平均数的影响也就越大。( )
15. 根据研究的现象不同,组平均数可大于也可小于总平均数。( )
16. 组距数列条件下,众数的大小主要取决于众数组相邻两组次数多少的影响。( )
17. 两个企业比较,若 $\bar{x}_甲 > \bar{x}_乙$,$\sigma_甲 > \sigma_乙$,由此可以肯定乙企业生产的均衡性比甲企业好。( )

18. 对于分组资料,若不同时期相比,各组平均数均程度不同地上升,则总平均数一定上升。 ( )
19. 交替标志的均方差就是具有某一标志的成数和不具有某一标志的成数的乘积。 ( )
20. 二阶原点动差与一阶原点动差平方之差就是加权方差。 ( )
21. n 个同性质独立变量和的方差等于各个变量方差之和。 ( )
22. n 个同性质独立变量平均数的方差等于各变量方差的平均数。 ( )
23. 变量的方差等于变量平均数的平方减变量平方的平均数。 ( )
24. 当峰度的测定值 $\beta=3$ 时,该次数分布曲线为标准峰度。 ( )

四、单项选择题

1. 江苏省1996年底总人口7110万人,该数字说明全省人口( )。
   A. 在年内发展的总规模
   B. 在统计时点的总规模
   C. 在年初与年末间隔内发展的总规模
   D. 自年初至年末增加的总规模
2. 在出生婴儿中,男性占53%,女性占47%,这是一个( )。
   A. 结构相对指标　　　　　　　　B. 强度相对指标
   C. 比较相对指标　　　　　　　　D. 比例相对指标
3. 某企业某种产品上年实际成本为450元,本年计划降低4%,实际降低了5%,则成本降低计划超额完成程度为( )。
   A. 95%　　　　B. 98.96%　　　　C. 1%　　　　D. 1.04%
4. 按全国人口平均的粮食产量是( )。
   A. 平均指标　　　　　　　　　　B. 强度相对指标
   C. 比较相对指标　　　　　　　　D. 结构相对指标
5. 受极大值影响较大的平均数是( )。
   A. 位置平均数　　　　　　　　　B. 几何平均数
   C. 算术平均数　　　　　　　　　D. 调和平均数
6. 某企业计划产量比去年提高10%,实际提高15%,则产量计划完成程度为( )。
   A. 150%　　　　B. 5%　　　　C. 4.5%　　　　D. 104.5%
7. 若某总体次数分布呈轻微左偏分布,则有( )式成立。
   A. $\overline{X}>M_e>M_o$　　　　　　　　B. $\overline{X}<M_e<M_o$
   C. $\overline{X}>M_o>M_e$　　　　　　　　D. $\overline{X}<M_o<M_e$
8. 若各个变量值都扩大2倍,而频数都减少为原来的 $\frac{1}{3}$,则平均数( )。
   A. 扩大2倍　　　　　　　　　　B. 减少到 $\frac{1}{3}$
   C. 不变　　　　　　　　　　　　D. 不能预期平均数的变化
9. 某车间三个班组生产同一种产品,某月劳动生产率分别为2、3、4(件/工日),产量分别为 400、500、600(件)，则该车间平均劳动生产率计算式为(　　)。

A. $\dfrac{2+3+4}{3}=3$(件/工日)

B. $\dfrac{2\times400+3\times500+4\times600}{1500}=3.13$(件/工日)

C. $\dfrac{400+500+600}{\dfrac{400}{2}+\dfrac{500}{3}+\dfrac{600}{4}}=2.90$(件/工日)

D. $\sqrt[3]{2\times3\times4}=2.88$(件/工日)

10. 计算中位数时，符号 $\dfrac{\dfrac{\sum f}{2}-S_{m-1}}{f_m}+\dfrac{\dfrac{\sum f}{2}-S_{m+1}}{f_m}$ 等于(　　)。

　　A. 1　　　　B. i　　　　C. $\sum f$　　　　D. f_m

11. 由右数列可知下列判断(　　)。

完成生产定额数	工人数
10~20	35
20~30	20
30~40	25
40~50	10
50~60	15

　　A. $M_o>M_e$
　　B. $M_e>M_o$
　　C. $M_o>30$
　　D. $M_e>30$

12. 计算平均发展速度最合适的平均数是(　　)。

　　A. 简单算术平均数　　　　　　B. 加权算术平均数
　　C. 几何平均数　　　　　　　　D. 调和平均数

13. 已知某企业职工消费支出，年支出 6000 元人数最多，平均年支出为 5500 元，该企业职工消费支出分布属于(　　)。

　　A. 左偏分布　　B. 右偏分布　　C. 对称分布　　D. J 型分布

14. 在下列成数数值中，哪一个成数数值的方差最小(　　)。

　　A. 0.8　　　　B. 0.5　　　　C. 0.3　　　　D. 0.1

15. 如果偏度值 α 小于零，峰度值 β 小于 3，可判断次数分布曲线为(　　)。

　　A. 左偏分布，呈尖顶峰度　　　B. 右偏分布，呈尖顶峰度
　　C. 左偏分布，呈平顶峰度　　　D. 右偏分布，呈平顶峰度

16. 检验一批成品，400 个中 8 个是废品，则废品比重的方差为(　　)。

　　A. 0.02　　　B. 0.98　　　C. 0.14　　　D. 0.0196

17. 分组资料条件下，组内方差的计算公式为(　　)。

　　A. $\dfrac{\sum x_i^2 f_i}{\sum f_i}-(\bar{x}_i)^2$　　　　B. $\dfrac{\sum x_i^2 f_i}{\sum f_i}-(\bar{X})^2$

　　C. $\dfrac{\sum \bar{x}_i^2 f_i}{\sum f_i}-(\bar{X})^2$　　　　D. $\dfrac{\sum \bar{x}_i^2 f_i}{\sum f_i}-(\bar{x}_i)^2$

18. 为了测定组平均数变异，应计算(　　)。

　　A. 组内方差　　　　　　　　　B. 组间方差

C. 总方差 D. 组内方差平均数

19. 平均差系数抽象了( )。

    A. 总体指标数值大小的影响 B. 总体次数多少的影响
    C. 标志变异程度的影响 D. 平均水平高低对离散分析的影响

20. 某企业 1994 年职工平均工资为 5200 元,标准差为 110 元,1998 年职工平均工资增长了 40%,标准差增大到 150 元。职工平均工资的相对变异( )。

    A. 增大 B. 减小 C. 不变 D. 不能比较

五、多项选择题

1. 总量指标( )。

    A. 是计算相对指标和平均指标的基础
    B. 是反映国情和国力的重要指标
    C. 是实行社会管理的重要依据
    D. 可用来比较现象发展的结构和效益水平
    E. 只能根据有限总体计算

2. 某银行 1999 年底的居民储蓄存款额是( )。

    A. 综合指标 B. 单位总量指标
    C. 标志总量指标 D. 时期指标
    E. 时点指标

3. 平均指标( )。

    A. 是总体一般水平的代表值 B. 是反映总体分布集中趋势的特征值
    C. 是反映总体分布离中趋势的特征值 D. 可用来分析现象之间的依存关系
    E. 只能根据同质总体计算

4. 分子与分母不可互换计算的相对指标是( )。

    A. 计划完成情况相对指标 B. 动态相对指标
    C. 结构相对指标 D. 强度相对指标
    E. 比较相对指标

5. 组距数列中位数的计算公式中,S_{m-1} 与 S_{m+1} 的含义表示( )。

    A. 中位数组的累计次数 B. 中位数组前一组的较小制累计次数
    C. 中位数组前一组的较大制累计次数 D. 中位数组后一组的较小制累计次数
    E. 中位数组后一组的较大制累计次数

6. 将对比基数定为 10 计算的相对数是( )。

    A. 有名数 B. 无名数 C. 倍数 D. 成数
    E. 系数

7. 加权算术平均数等于简单算术平均数的权数一般为( )。

    A. $f_1 = f_2 = f_3 = \cdots = f_n$ B. $f_1 = f_2 = f_3 = \cdots = f_n = 1$
    C. $f/\sum f = 1/n$ D. $f_1 \neq f_2 \neq f_3 \cdots \neq f_n$
    E. $f_1/\sum f = f_2/\sum f = f_3/\sum f \cdots = f_n/\sum f$

8. 标志变异绝对指标（ ）。
   A. 可反映总体各标志值分布的集中程度
   B. 可说明变量数列中变量值的离中趋势
   C. 是衡量平均数代表性大小的尺度
   D. 要受到数列平均水平高低的影响
   E. 是衡量经济活动过程均衡性的重要指标

9. 比较两组工作成绩发现 $\sigma_甲 > \sigma_乙$，$\bar{x}_甲 < \bar{x}_乙$，由此可推断（ ）。
   A. 乙组 $\bar{x}$ 的代表性高于甲组　　B. 甲组 $\bar{x}$ 的代表性高于乙组
   C. 乙组的工作均衡性好于甲组　　　D. 甲组的工作均衡性好于乙组
   E. 甲组的标志变动度比乙组大

10. 平均差是（ ）。
    A. 各标志值与其算术平均数离差绝对值的加权算术平均数
    B. $|x-\bar{x}|$ 的简单算术平均数
    C. 各标志值与其算术平均数的平均绝对离差
    D. $|x-\bar{x}|$ 与 $\dfrac{f}{\sum f}$ 的乘积总和
    E. $|x-\bar{x}|$ 与 f 的乘积总和

11. 对比两个计量单位不同的变量数列标志值的离散程度，应使用（ ）。
    A. 平均差　　　B. 全距　　　C. 均方差系数　　　D. 标准差
    E. 平均差系数

12. 应用动差法测定偏度和峰度，需要计算（ ）。
    A. 一阶中心动差　　　　　　　B. 二阶中心动差
    C. 三阶中心动差　　　　　　　D. 四阶中心动差
    E. 五阶中心动差

六、计算题

1. 某公司所属三个企业的产值计划执行情况如下表：

	本季度			上季度 实际产值 （万元）	本季比 上季增减 （％）
	计　划		实际产值 （万元）	完成计划 （％）	
	产值（万元）	比重（％）			
甲企业	105		112		92
乙企业	160			100	130
丙企业				96	200
合　计	500				

试计算表中空格所缺的数字。

2. 设某地区工农业总产值资料如下表：

单位：万元

	上　年		本　年	
	计划	实际	计划	实际
工农业总产值	6080	6175	6414	6619
其中：农业总产值	1520	1584	1572	1627
轻工业总产值	4560	1980	4842	2344
重工业总产值		2611		2648

根据表中资料，要求计算：

(1) 上年和本年工农业总产值、工业总产值、农业总产值计划完成程度指标；

(2) 农业、轻工业、重工业的产值占工农业总产值的比重指标；

(3) 农、轻、重产值之间的比例相对指标（以农业总产值为1）；

(4) 工农业总产值、农业、轻工业、重工业产值的动态相对指标。

3. 某产品按五年计划规定，最后一年产量应达到58万吨，计划执行情况如下：

	第一年	第二年	第三年		第四年				第五年			
			上半年	下半年	一季度	二季度	三季度	四季度	一季度	二季度	三季度	四季度
产量（万吨）	52	53	26	28	13	13	14	14	15	15	16	16

试计算该产品提前多长时间完成了五年计划规定的指标？

4. 某车间工人日产量（件）资料如下：

17、18、16、20、18、17、17、18、24、19、19、16、16、20、19、17、16、20、21、17、18、19、19、18、18、17、18、20、23、21、17、18、22、22、21

要求：按每一件编制一个变量数列，并计算该变量数列的算术平均数、众数和中位数。

5. 某笔银行存款存了18年，年利率是按复利计算，期间年利率有所波动。其中：有2年为3%，有4年为5%，有5年为7%，有7年为11%，求这笔存款的平均年利率。（平均年利率＝平均年本利率－100%）

6. 某企业两个车间1998年和1999年两年生产某种产品的有关资料如下表：

车间	1998年		1999年	
	一级品率（%）	全部产品产值（万元）	一级品率（%）	一级品产值（万元）
甲	90	30	95	38
乙	82	25	90	34

要求计算：

(1) 该企业1998年和1999年的平均一级品率。

(2) 该企业1999年与1998年相比全部产品产值和一级品产值的完成程度。

7. 某企业三个班组同种产品产量资料如下表：

班组	上半年		下半年	
	实际产量(吨)	完成计划(%)	计划产量(吨)	完成计划(%)
甲	80	101	82	103
乙	200	104	205	102.5
丙	110	100	118	104

要求计算：

(1) 该企业三个班组上半年、下半年产量计划平均完成程度。

(2) 该企业三个班组全年产量计划平均完成程度。

8. 根据下表资料，计算算术平均数、中位数、众数以及标准差和标准差系数，并用作图法确定众数的近似值。

按完成某一作业所需时间分组(分)	工人数(人)
10～20	6
20～30	25
30～40	32
40～50	23
50～60	7
60～70	5
70～80	2
合　计	100

9. 某企业某产品分为三个等级，有关资料如下表：

产品等级	出厂价格(元/千克)	产量(千克)	
		1997年	1998年
一级品	10	600	1200
二级品	8	400	600
三级品	6	1000	1000
合　计	—	2000	2800

要求计算：

(1) 1998年比1997年产品平均等级的变动程度；

(2) 由于产品平均等级变动而产生的收益或损失。

10. 甲乙两组工人的年龄资料如下表：

按年龄分组(岁)	甲组人数(人)	乙组人数(人)
20～26	10	2
26～30	20	24
30～36	8	16
36 以上	7	3
合 计	45	45

试计算两组工人的平均年龄,并比较哪组工人平均年龄大些,为什么?

11. 某车间两个小组开展劳动竞赛,每人日产量资料如下(个):

甲组:12,15,17,10,12,20,18,16,19,14

乙组:8,16,10,9,24,23,25,10,11,20

应如何比较两组的生产成绩?

12. 有一组正数组成的数列。已知:$n=20, \bar{x}=10, \sigma=2$,从中减去一个为 5 的数,试求新的数列分布的平均数和标准差为多少?

13. 根据平均数与标准差的性质,回答下列问题?

(1) 已知标志平均数等于 1000,标准差系数为 25.6%,试问标准差为多少?

(2) 已知标志平均数等于 12,各标志值平方的平均数为 169,试问标准差系数为多少?

(3) 已知标准差为 3,各标志值平方的平均数为 25,试问平均数为多少?

(4) 标准差等于 30,平均数等于 50,试问各标志变量对 90 的方差等于多少?

(5) 各标志值对某任意数的方差为 300,而该任意数与标志平均数之差等于 10,试问标志方差为多少?

14. 某企业职工按工资分组的资料如下表:

按月工资分组(元)	职工人数比重(%)
600 以下	3
600～700	12
700～800	35
800～900	25
900～1000	13
1000 以上	12
合 计	100

要求计算:(1) 该企业职工的平均工资及标准差;

(2) 该变量数列的众数和中位数。

15. 根据工时测定调查的资料,加工一个 A 型零件的平均消耗时间,自动车床是 48 秒,方差为 8,半自动车床是 53 秒,方差为 3。自动车床生产 40 个零件,半自动车床生产 60 个零件,则上述零件加工时间消耗总方差为多少?

16. 某班组 10 个工人平均每小时加工 18 个零件,标准差为 3 件。此外,工龄两年以下的 4 个工人平均每小时生产 15 个零件,工龄两年以上的 6 个工人平均每小时生产 20 个零件,则组内方差的平均数为多少?

17. 某企业工人按工龄和完成生产定额两个标志进行复合分组,得到下表资料:

工龄在五年以下的工人组		工龄在五年以上的工人组	
按完成生产定额分组(%)	工人数(人)	按完成生产定额分组(%)	工人数(人)
80 以下	10	90 以下	5
80～90	15	90～100	15
90～100	20	100～110	200
100～105	100	110～120	80
105～110	45	120～130	40
110～120	15	130～150	20
120 以上	5	150 以上	20

要求计算:

(1) 组间方差;

(2) 组内方差;

(3) 按方差的加法定理求总方差。

18. 根据下列变量数列,试采用比较法和动差法分别测定其次数分布的偏斜状况。

按工人完成生产定额数分组(百个)	工人数(人)
30 以下	12
30～50	24
50～70	30
70～90	14
合计	80

19. 计算平均数时,从每个标志变量值中减去 100 个单位,然后将每个差数缩小 10 倍,每个变量值的权数缩小 4 倍,结果这个平均数等于 0.6 个单位。试计算这个被平均标志变量的实际平均数。

20. 甲、乙两地区同种商品的价格和销售额资料如下表:

商品等级	价 格(元)	销售额(元)	
		甲地区	乙地区
一等品	5.00	5000	5000
二等品	4.60	9200	4600
三等品	4.20	4200	8400

试比较哪个地区的价格高,并说明原因。

21. 某商品第 2 季度在甲、乙两个农贸市场的销售额和价格资料如下:

农贸市场	销售额（万元）	价格（元/千克）			
		4月1日~5月5日	5月6日~5月28日	5月28日~6月8日	6月9日~6月30日
甲	30	1.24	1.22	1.26	1.25
乙	26	1.30	1.28	1.27	1.31

试计算(1) 该商品在甲市场和乙市场第 2 季度的平均价格。

(2) 该商品在两个市场综合的平均价格。

本章练习题参考答案

一、思考题（略）

二、填空题

1. 单位总量、标志总量、时间状况、单位总量、标志总量

2. 直接计量法、估计推算法

3. 时点、不能、时期、可以

4. 货币、劳动(量)

5. $\sum X_i + \sum Y_i - \sum Z_i$

6. 无名数、有(复)名数、强度、有名数、无名数

7. 绝对数、相对数、平均数、实际增长率(或降低率)、计划增长率(或降低率)、原有基数(100%)

8. 水平法、累计法

9. 总体单位总数、总体各组标志总量

10. 比较相对指标、比例相对指标

11. 依存性、结构性

12. 正指标、逆指标

13. 比较相对指标、强度相对指标

14. 数值、位置、位置

15. $\overline{X}_A = \sum X \cdot \dfrac{f}{\sum f}$

16. 各组权数相等

17. 次数多

18. 离差总和、离差平方总和、平均数的代数和、代数和

19. 标志值的倒数、倒数

20. 各组单位数、各组标志总量

21. 平均发展速度、平均比率

22. ≤、≤

23. 幂、$\sqrt[k]{\dfrac{\sum X^k}{N}}$ 或 $\left(\dfrac{\sum X^k}{N}\right)^{\frac{1}{k}}$

24. 众数 M_O

25. 众数组的组中值
26. 大于(小于)、下限(上限)
27. 偶数、中位数 M_e
28. $\frac{n+1}{2}$
29. 中位数、最小值
30. 100、左(负)偏
31. $\overline{X}-M_o$, $\frac{2}{3}(\overline{X}-M_o)$
32. 代表性、反比
33. 差异性、离中趋势
34. 最大组上限、最小组下限
35. 算术平均数、平均差
36. 标准差、平方
37. 算术平均数、任意常数
38. 总方差、组内方差平均数
39. $\left(\frac{\sum X}{N}\right)^2$, $\frac{\sum X^2 f}{\sum f}$
40. p, $p(1-p)$ 或 pq, $p=q$ 或 $=0.5$
41. 标志变异系数或离散系数、全距系数、平均差系数、标准差系数
42. 偏斜度 α、比较法、动差法, $\alpha=\frac{\overline{X}-M_o}{\sigma}$ 或 $\frac{3(\overline{X}-M_e)}{\sigma}$, $\alpha=\frac{V_3}{\sigma^3}$ 或 $\frac{V_3}{\sqrt{V_2^3}}$
43. 峰度、标准峰度、尖顶峰度、平顶峰度, $\beta=\frac{V_4}{\sigma^4}$ 或 $\frac{V_4}{V_2^2}$

三、判析题

1. × 2. √ 3. × 4. × 5. × 6. × 7. √ 8. × 9. × 10. × 11. × 12. ×
13. √ 14. × 15. √ 16. √ 17. × 18. × 19. × 20. √ 21. √ 22. × 23. ×
24. √

四、单项选择题

1. B 2. A 3. D 4. B 5. C 6. D 7. B 8. A 9. C 10. A 11. B 12. C 13. A
14. D 15. C 16. D 17. A 18. B 19. D 20. B

五、多项选择题

1. A、B、C、E 2. A、C、E 3. A、B、D、E 4. A、B、C 5. B、E 6. B、D 7. A、B、C、E 8. B、C、D、E 9. C、E 10. A、B、C、D 11. C、E 12. B、C、D

六、计算题

1. 解:

本季度				上季度实际产值（万元）	本季比上季增减（%）
计划		实际产值（万元）	完成计划（%）		
产值（万元）	比重（%）				
	21		106.7		21.7
	32	160			23.1
235	47	225.6			12.8
	100	497.6	99.5	422	17.9

2. 解：列表计算

	上年实际			本年实际			动态相对指标（%）
	计划完成（%）	占工农业总产值比重（%）	比例相对指标	计划完成（%）	占工农业总产值比重（%）	比例相对指标	
工农业总产值	101.56	100.00	—	103.20	100.00	—	107.19
其中农业总产值	104.21	25.65	1	103.50	24.58	1	102.71
轻工业总产值	100.68	32.06	1.25	103.10	35.41	1.44	118.38
重工业总产值		42.28	1.65		40.01	1.63	101.42

3. 解：提前半年完成五年计划规定的指标。

4. 解：

日产量分组（件）	工人数（人）	日产量分组（件）	工人数（人）
16	4	21	3
17	7	22	2
18	8	23	1
19	5	24	1
20	4	合　计	35

$\overline{X}_A \approx 19$（件）；$M_o = 18$（件）；$M_e = 18$（件）。

5. 解：

平均年利率 $= \sum \sqrt[f]{\prod X^f} - 1$

$= \sqrt[18]{(1.03)^2 \times (1.05)^4 \times (1.07)^5 \times (1.11)^7} - 1$

$= 7.63\%$。

6. 解：

(1) $\overline{X}_{1998} = 86.36\%$，$\overline{X}_{1999} = 92.57\%$；

(2) 全部产品产值计划完成百分比为 141.42%，一级品产值计划完成百分比为 151.58%。

7. 解：

(1) $\overline{X}_{上半年} = 102.26\%$，$\overline{X}_{下半年} = 103.04\%$；

(2) $\overline{X}_{全年} = 102.65\%$。

8. 解：

$\overline{X}=37.3$(分)，$M_e=35.94$(分)，$M_o=34.38$(分)，$\sigma=13.1$(分)，$V_\sigma=35.12\%$，图略。

9. 解：

(1) $\overline{X}_{1997}=2.20$(级)，$\overline{X}_{1998}=1.93$(级)，平均等级上升 0.27(级)；

(2) $\overline{P}_{1997}=7.6$(元/千克)，$\overline{P}_{1998}=8.14$(元/千克)，由于产品平均等级上升而增加的产值为 1512 元。

10. 解：

$\overline{X}_甲=29.5$(岁)，$\overline{X}_乙=30.3$(岁)，$\overline{X}_乙>\overline{x}_甲$，是由于乙组年龄大的工人所占总体的比重大的缘故。

11. 解：

甲组：$\overline{X}=15.3$ 件，$\sigma=3.13$ 件，$V_\sigma=20.46\%$；

乙组：$\overline{X}=15.6$ 件，$\sigma=6.47$ 件，$V_\sigma=41.47\%$。

由上述计算结果可知，乙组平均日产量虽略高于甲组，但组内差异较大，生产均衡性不好，故甲组生产成绩较好。

12. 解：

$\overline{X}'=10.26$，$\sigma'=1.7$。

13. 解：

(1) $\sigma=256$；(2) $V_\sigma=41.67\%$；(3) $\overline{X}=4$；(4) $\sigma_{x_0}^2=2500$；(5) $\sigma^2=200$。

14. 解：

(1) $\overline{X}=819$(元)，$\sigma=127$(元)；

(2) $M_o=769.7$(元)，$M_e=800$(元)。

15. 解：

总方差 $\sigma^2=11$。

16. 解：

组内方差平均数 $\overline{\sigma_i^2}=3$。

17. 解：

(1) $\overline{X}_甲=101.7(\%)$，$\overline{X}_乙=113.3(\%)$，$\overline{X}_总=109.2(\%)$，$\delta^2=30.7$；

(2) $\sigma_甲^2=91.2$，$\sigma_乙^2=227.3$，$\overline{\sigma_i^2}=178.9$；

(3) $\sigma^2=\delta^2+\overline{\sigma_i^2}=209.6$。

18. 解：

比较法：$\overline{X}=51.5$(百个)，$M_o=55.45$(百个)，$\sigma=18.91$(百个)

$$\alpha=\frac{\overline{X}-M_o}{\sigma}=-0.21；$$

动差法：$\alpha=\dfrac{V_3}{\sigma^3}=-0.13$，该分布呈左偏，且偏斜程度较小。

19. 解：

实际平均数 $\overline{X}=106$。

20. 解：

$\overline{X}_甲=4.6$ 元，$\overline{X}_乙=4.5$ 元，甲地区平均价格高于乙地区。

21. 解：

$\overline{X}_甲=1.24$(元/千克)，$\overline{X}_乙=1.29$(元/千克)，$\overline{X}_{综合}=1.26$(元/千克)。

第五章 时间数列

教学目的与要求

综合指标法主要是从静态上对现象总体的数量特征进行分析的方法,动态分析法则是在编制时间数列的基础上,从动态上对现象发展的规模、水平、速度以及发展趋势及规律性进行分析的方法,它是统计分析的重要方法之一。

通过本章学习,要求明确时间数列的意义、分类以及编制原则,掌握时间数列分析的原理和方法,特别是序时平均数的计算与经济应用;平均发展速度的两种方法原理及其应用;最小二乘法求解直线趋势方程的原理及应用,化曲线方程为直线方程及应用;季节变动的测定原理与方法,根据时序数据规律选择方程类型以及求解抛物线和指数曲线趋势方程的预测技术与应用。

本章涉及面广,应用性强,侧重于计算和分析,有一定的难度。本章学习,应以掌握基本原理和公式,进行各种方法的计算练习为主,逐步地来提高理解的深度,增强计算分析的能力,以达到较好的学习效果。

本章内容提要图示

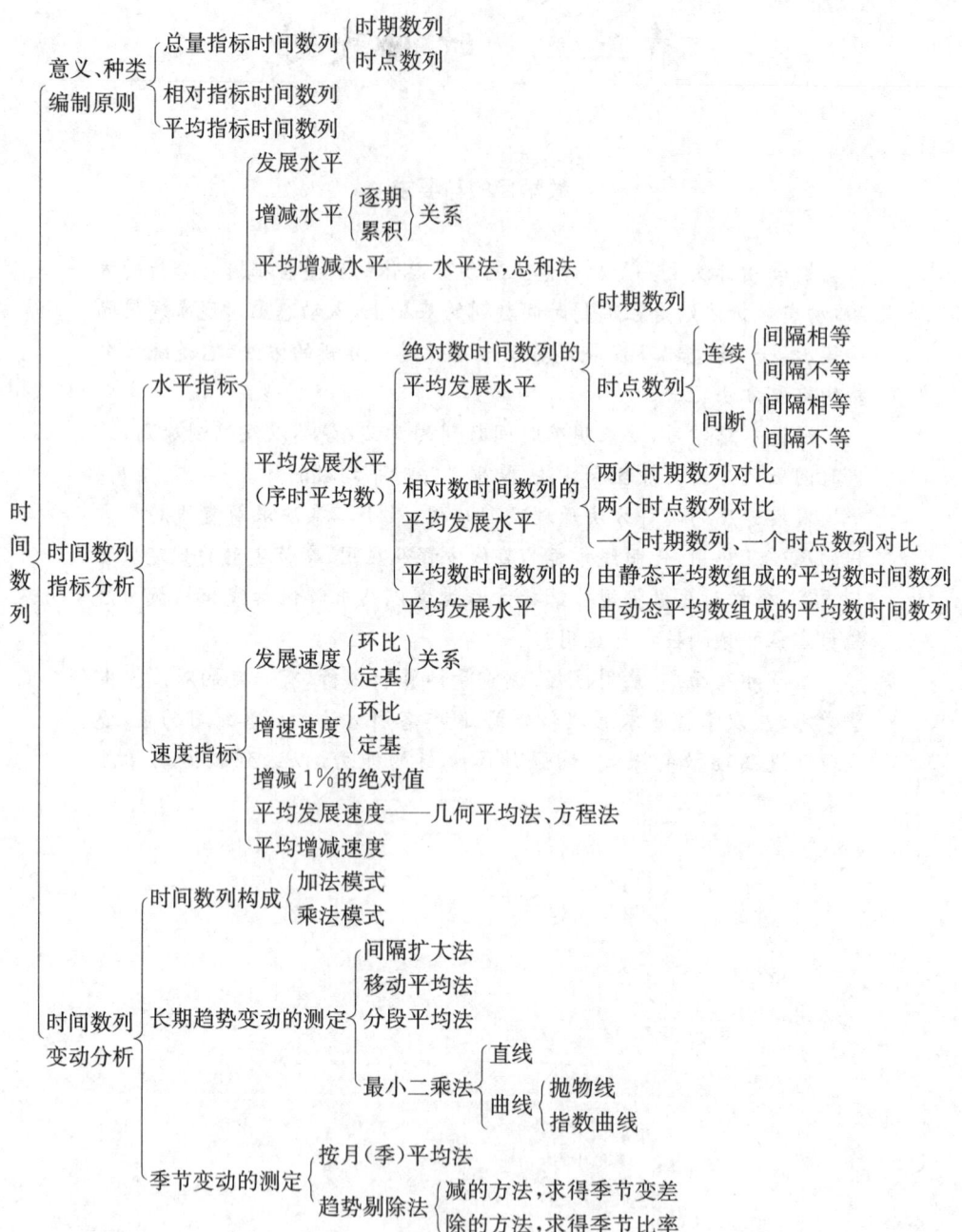

本章内容提要

第一节　时间数列概述

本节阐述时间数列的意义、种类以及编制原则。时间数列的分类及各分类之间的关系，是本节必须搞清的重要问题。

一、时间数列的意义

时间数列，又称动态数列，就是把统计指标数值按时间先后顺序排列起来的一种统计数列，是计算动态分析指标，考察现象发展变化方向和速度，预测现象发展趋势的基础。

二、时间数列的分类

时间数列按其组成指标表现形式不同，可分为绝对数、相对数和平均数三类时间数列。绝对数时间数列是基本数列，其余两类则是派生数列。

绝对数时间数列又可分为时期数列和时点数列。前者由时期指标构成，后者由时点指标构成。两者的区别为：

（1）前者反映现象在各个时期内发展的总量，后者则反映现象在各个时点上所达到的水平。

（2）前者各指标值可相加，后者则不能相加。

（3）前者各指标值大小与所包括的时期长短有直接关系，后者各指标值大小与时点间隔长短无直接关系。

（4）前者资料的取得需连续统计，后者为间断统计。

相对数时间数列可分为三种：

（1）两个时期数列对比所派生；

（2）两个时点数列对比所派生；

（3）一个时期数列和一个时点数列对比所派生。

平均数时间数列可分为两种：① 由一般平均数构成；② 由序时平均数构成。

三、时间数列的编制原则

（1）时期长短应统一；（2）总体范围应统一；（3）经济内容应统一；（4）计算范围应统一。

第二节　发展水平指标

动态分析指标可分为两类，即水平指标和速度指标。本节介绍水平指标，包括发展水平、增减水平、平均发展水平、平均增减水平等指标的计算方法和实际应用。其中序时平均数是本章学习的重点内容之一。应着重了解序时平均数与一般平均数的区别，掌握序时平均数的各种计算方法，能根据不同资料正确计算、灵活运用。

一、发展水平和增减水平

发展水平,是指时间数列中的每个指标数值,反映现象在各个时期(时点)所达到的规模和水平。按位置不同可分为最初、最末和中间水平;按研究目的和要求可分为基期和报告期水平。

增减水平,是指报告期水平与基期水平之差。按基期不同,可分为逐期增减水平和累积增减水平。两者存在换算关系,即:

(1) $(a_1-a_0)+(a_2-a_1)+\cdots+(a_n-a_{n-1})=a_n-a_0$;

(2) $(a_i-a_0)-(a_{i-1}-a_0)=a_i-a_{i-1}$。

二、平均增减水平和平均发展水平

平均增减水平,是指各期增减水平的平均值。其计算方法有水平法和总和法。

(1) 水平法

$$\overline{\Delta a}=\frac{逐期增减水平之和}{逐期增减水平个数}=\frac{累积增减水平}{时间数列项数-1}。$$

(2) 总和法

$$\overline{\Delta a}=\frac{2\sum(a_i-a_0)}{n(n+1)}。$$

平均发展水平,又称序时(动态)平均数,是指时间数列中各个时期或时点上的发展水平的平均数,说明现象在某一段时间内发展的一般水平。

序时平均数与一般平均数的3个区别。

序时平均数的计算。绝对数时间数列序时平均数的计算是基础,其计算方法及公式见表5-1。

表5-1　绝对数时间数列序时平均数的计算公式

类　别	计算公式
(1)时期数列	$\bar{a}=\dfrac{a_1+a_2+\cdots+a_n}{n}=\dfrac{\sum a}{n}$
(2)间隔相等的连续时点数列	$\bar{a}=\dfrac{a_1+a_2+\cdots+a_n}{n}=\dfrac{\sum a}{n}$
(3)间隔不等的连续时点数列	$\bar{a}=\dfrac{a_1f_1+a_2f_2+\cdots+a_nf_n}{f_1+f_2+\cdots+f_n}=\dfrac{\sum af}{\sum f}$
(4)间隔相等的间断时点数列	$\bar{a}=\dfrac{\dfrac{a_1}{2}+a_2+\cdots+a_{n-1}+\dfrac{a_n}{2}}{n-1}$
(5)间隔不等的间断时点数列	$\bar{a}=\dfrac{\dfrac{a_1+a_2}{2}f_1+\dfrac{a_2+a_3}{2}f_2+\cdots+\dfrac{a_{n-1}+a_n}{2}f_{n-1}}{\sum_{i=1}^{n-1}f_i}$

由相对数、平均数时间数列求序时平均数,应根据数列的性质,分别按照求绝对数时间数列序时平均数的各种方法,求出分子和分母数列的序时平均数后,再加以对比即可求得。

第三节　发展速度指标

本节阐述速度指标，包括发展速度、增减速度、增减1%的绝对值、平均发展速度、平均增减速度等指标的计算与应用，本节应重点了解平均发展速度，搞清楚几何平均法和方程法的基本原理及公式的来龙去脉，能熟练地计算。同时要注意比较这两种方法的计算特点、应用条件、适用范围以及优缺点，能灵活运用。

一、发展速度和增减速度

发展速度是报告期发展水平与基期发展水平对比而计算的动态相对数。按采用的基期不同，可分为环比发展速度与定基发展速度。前者是报告期水平与前一期水平之比，后者是报告期水平与某一固定时期水平之比。两者存在换算关系：

(1) $\dfrac{a_1}{a_0} \times \dfrac{a_2}{a_1} \times \cdots \times \dfrac{a_n}{a_{n-1}} = \dfrac{a_n}{a_0}$；

(2) $\dfrac{a_i}{a_0} \div \dfrac{a_{i-1}}{a_0} = \dfrac{a_i}{a_{i-1}}$。

增减速度是增减水平与基期水平之比，或等于发展速度减1。按采用的基期不同，可分为环比增减速度和定基增减速度。前者是逐期增减量与前一期水平之比或环比发展速度减1，后者是累积增减量与最初水平之比或定基发展速度减1。应注意两者之间不存在直接换算关系。

增减1%的绝对值是将速度与水平结合分析的指标，可说明增减速度所包含的绝对量。它等于前一期水平除以100。

二、平均发展速度和平均增减速度

平均发展速度是各期环比发展速度的序时平均数。平均增减速度，是各期环比增减速度的序时平均数. 它等于平均发展速度减1。

平均发展速度的计算有两种方法：几何平均法和方程法。

几何平均法计算平均发展速度的公式为：

$$\bar{x} = \sqrt[n]{x_1 \cdot x_2 \cdot \cdots \cdot x_n} = \sqrt[n]{\dfrac{a_n}{a_0}} = \sqrt[n]{R}。$$

应能根据掌握的资料条件正确选用上述公式，并能利用公式的变形对其中每一个变量进行计算。

用方程法计算平均发展速度，即求下述一元高次方程的正根

$$(\bar{x} + \bar{x}^2 + \cdots\cdots + \bar{x}^n) - \dfrac{\sum a_i}{a_0} = 0。$$

求解高次方程较为复杂，实际工作中可按《平均增长速度查对表》来查对。

几何平均法和方程法有着不同的特点、优缺点和应用范围，见表5-2。因此，应根据研究对象的特点来选用。

表 5-2 几何平均法和方程法的比较

	几何平均法（水平法）	方程法（累计法）
（1）特点 从计算结果看	侧重考察最末一期的水平，要求推算的最末水平等于实际最末水平	侧重考察整个时期各期发展水平的累计总和，要求推算的各期发展水平总和等于各期实际发展水平总和
从计算过程看	不考虑中间各期水平的变化	考虑了各个时期水平的变化
（2）优缺点	所需资料较少，计算简便。当中间各期水平波动很大时，不能确切反映现象发展变化的一般水平	考虑了中间各期水平波动影响，所需资料较多，计算复杂
（3）应用范围	可用于时期数列和时点数列	一般只适用于时期数列

第四节 时间数列的变动分析

本节主要介绍时间数列变动因素的分解，长期趋势变动的测定以及季节变动的测定三个问题。

一、时间数列变动因素的分解

时间数列的形成与变化是许多复杂因素共同影响作用的结果。通常，时间数列总变动(Y)可以分解为长期趋势变动(T)、季节变动(S)、循环变动(C)和不规则变动(I)。一般可用加法模式或乘法模式来描述：

加法模式　$Y=T+S+C+I$；

乘法模式　$Y=T \cdot S \cdot C \cdot I$。

二、长期趋势变动的测定

测定长期趋势的变动，就是采用一定的方法对时间数列进行修匀，使修匀后的数列呈现出现象变动的基本趋势，作为预测的依据。

测定长期趋势的方法主要有间隔扩大法、移动平均法、分段平均法和最小二乘法。

间隔扩大法，应注意它可用扩大时距后的总量指标表示，也可用扩大时距后的平均指标表示，前者只能用于时期数列，后者既可用于时期数列也能用于时点数列。

移动平均法，需要注意移动平均的项数（n）如何确定，它直接与修匀效果有关。此外，应尽可能采用奇数项移动平均，可简化计算。

分段平均法，要搞清该方法的数学依据，即 $\sum(y-y_c)=0$。

最小二乘法，是拟合直线（曲线）趋势方程较理想的方法。该方法要求实际观察值 y 与趋势值 y_c 的离差平方和为最小，即 $\sum(y-y_c)^2=$ 最小值，为此可导出两个标准方程，解方程可求得直线方程参数

$$b=\frac{n\sum ty-\sum t \sum y}{n\sum t^2-(\sum t)^2}, a=\frac{1}{n}(\sum y-b\sum t)。$$

如将原点定在时间数列的中点,使 $\sum t = 0$,则参数 a,b 的计算式可简化为:$a = \dfrac{\sum y}{n}, b = \dfrac{\sum ty}{\sum t^2}$。最小二乘法亦可用于曲线趋势的拟合,如抛物线和指数曲线。

三、季节变动的测定

测定季节变动的目的在于掌握季节变动的规律,便于正确结合现象的周期性预测未来。测定季节变动的方法主要有两种:

(1) 按月(季)平均法,该方法不考虑长期趋势影响,直接求季节比率,其准确性较差,但计算简便。季节比率就是各月(季)平均数与总的月(季)平均数的比率。

(2) 趋势剔除法,即先测定长期趋势,再从原数列中采用减法或除法将其剔除,对剩余部分重新排列,加以平均,求得季节变差或季节比率。

季节变差和季节比率其实质相同,但表现形式不同。前者表现为绝对数形式,以 0 为比较基准;后者表现为相对数形式,以 100% 为比较基准。

循环变动的测定,其测定的方法有直接法和剩余法。

本章练习题

一、思考题

1. 时间数列分析的意义是什么?它与变量数列有何不同?
2. 编制时间数列的原则是什么?
3. 就您熟悉的社会经济现象举例:
(1) 由两个时期数列构成的相对数时间数列;
(2) 由两个时点数列构成的相对数时间数列;
(3) 由一个时期数列和一个时点数列构成的相对数时间数列;
(4) 由序时平均数构成的平均数时间数列。
4. 怎样区别时期数列和时点数列?由时期数列和时点数列计算序时平均数有什么不同?如何运用时期数列和时点数列的计算特点来计算相对数或平均数时间数列的序时平均数?
5. 时间数列的水平分析指标和速度分析指标各有哪些?各分析什么问题?如何计算?
6. 逐期增减量与累计增减量、环比发展速度与定基发展速度之间的关系如何?
7. 计算平均发展速度的水平法和累计法有何不同?如何应用?
8. 影响时间数列变动的因素有哪些?它们是如何影响的?怎样理解时间数列变动因素结合的加法模式和乘法模式?
9. 为什么要研究长期趋势?测定长期趋势的方法有哪几种?各有何特点?
10. 最小二乘法的主要优点及应用条件是什么?试采用最小二乘法对假设时间数列拟合一趋势直线或曲线。

11. 统计上时间数列修匀和时间数列外推有何区别与联系？
12. 季节变动测定的方法有哪几种？各有什么优缺点？
13. 季节比率的意义是什么？怎样应用它进行预测分析？
14. 如何选择配合趋势线的形态？指数曲线的参数如何求解？

二、填空题

1. 时间数列一般由两个基本要素构成，即_____和_____。
2. 时间数列按指标的表现形式不同，分为_____、_____和_____三种，其中_____是基本数列。
3. 在时点数列中，相邻两个指标值之间的时点距离，称为_____。
4. 由各年工业增加值构成的时间数列，属于_____时间数列中的_____数列，该数列中，各个指标值是_____相加的，各个指标值所属时间的长度，称为_____。
5. 编制时间数列的基本要求是保证数列中各个指标值具有_____。
6. 动态分析指标可归纳为两类：一类是_____；另一类是_____。
7. 时间数列中的各项指标数值，称为_____，它是计算_____的基础。
8. 报告期水平与最初水平之差，称为_____，与前一期水平之差，称为_____。
9. 各期增减水平的序时平均数就是_____，其计算方法有_____和_____两种。
10. 按水平法计算的平均增减水平，要求满足_____。
11. 由时期数列求序时平均数是采用_____的方法计算的。
12. 由时点数列计算序时平均数，有_____时点数列和_____时点数列之分，每种又有_____和_____两种情况。
13. 由序时平均数组成的平均数时间数列，求其序时平均数，如时期相等，应采用_____，如时期不相等，应采用_____。
14. 增减速度为正值，则发展速度_____1，发展速度小于1，则增减速度为_____，发展速度等于1，则增减速度为_____。
15. 前期水平除以100，可得_____指标，它是将现象的_____和_____结合起来分析的一个指标。
16. 如以最初水平作为比较基础，水平法平均发展速度的大小，取决于_____的大小。
17. 由于现象发展的_____不等于各期环比发展速度的相加和，而等于各期环比发展速度的_____，因此要采用_____计算现象的平均发展速度。
18. 现象的各期发展水平之和与最初水平之比，就是现象的_____。
19. 应用水平法计算平均发展速度，是将_____作为变量值；将_____

_____作为变量值的个数。

20. 如各期的发展水平是按照_____形式发展变化的,则按水平法和按累计法计算的平均发展速度是_____。

21. 影响时间数列各项指标数值升降变动的因素主要有_____、_____、_____和_____。其中,_____决定一个时间数列发展变化的方向。

22. 时距扩大法,可采用时距扩大总数,也可以采用_____对时间数列修匀,前者适用于_____数列,后者适用于_____数列。

23. 在确定移动平均的项数时,没有自然周期的资料,宜用_____。

24. 对 1970 年~1998 年的粮食产量资料用移动平均法进行修匀,若想得到 1974 年的修匀数据,移动平均的项数最多为_____。

25. 移动平均的项数越大,时间数列所表现的_____就明显,而数列的项数_____。

26. 对 30 年的时间数列,用四年移动平均进行修匀,新的时间数列项数应为_____。

27. 用分段平均法拟合趋势直线,这一方法的数学依据是_____。

28. 用最小二乘法配合的趋势线必须满足的最基本条件是_____,这一方法既可用于_____拟合,也可用于_____拟合。

29. 对于趋势直线 $y_c=a+bt$,如已知 $b=3, \bar{t}=12, \bar{y}=15$,则 $a=$_____。

30. 当时间数列的对数一次差近似相同,则其发展趋势属于_____,配合的方程为_____。

31. 反映季节变动的指标主要有_____和_____。

32. 对存在长期趋势的时间数列,要测定其季节变动的影响,应采用_____法,而不应采用_____法。

33. 趋势剔除法中,剔除长期趋势有两种方法,_____和_____,分别是以_____和_____为计算依据的。

34. 季节变动测定的结果表示,若是按月求季节比率,其季节比率总和应为_____;若是按季求季节变差,其总和应为_____。

三、判析题

1. 时间数列中各个指标值是不能直接相加的。 （ ）
2. 某企业产品产值同去年相比增加了 4 倍,即翻了二番。 （ ）
3. 1999 年底按工业部门划分的某省集体所有制职工人数是时点数列。 （ ）
4. 定基增长速度可表示为逐期增长量与最初水平之比。 （ ）
5. 由间断时点数列计算序时平均数,其假定前提是现象在相邻时点之间是均匀变动的。 （ ）
6. 环比增长速度的连乘积等于定基增长速度。 （ ）
7. 平均增长速度是各个环比增长速度的平均值,它是根据各个环比增长速度直接计算的。 （ ）
8. 各期发展水平之和与最初水平之比,等于各期定基发展速度之和。 （ ）

9. 总体的同质性是计算平均数和平均速度都应遵守的原则之一。　　　(　　)
10. 年距增减水平是反映本期发展水平较上期发展水平的增减绝对量。 (　　)
11. 间隔扩大法与移动平均法,既可用于时期数列的修匀,也可用于时点数列的修匀。　　　　　　　　　　　　　　　　　　　　　　　　　　(　　)
12. 应用移动平均法,若原数列的指标数值出现周期性的变化,要以周期的长度作为扩大的时间间隔的长度。　　　　　　　　　　　　　　　　　(　　)
13. 一个时间序列,如中间年份的递增速度大于最末年份的递增速度,则按方程法计算的平均发展速度大于按几何平均法计算的平均发展速度。　　(　　)
14. 时间趋势预测中,据以配合趋势线的资料,只能是原时间数列。　　(　　)
15. 分段平均法与最小二乘法方法不同,但对同一资料求得的直线趋势方程参数 b 的值是相同的。　　　　　　　　　　　　　　　　　　　　　　　(　　)
16. 根据同一时间数列,一般用最小二乘法拟合的趋势直线,要比分段平均法拟合的更接近于实际。　　　　　　　　　　　　　　　　　　　　(　　)
17. 指数曲线的参数 $0<b<1$,表明曲线随时间的推移而按一定比例递增。 (　　)
18. 采用奇数项移动平均,移动一次即得趋势值;采用偶数项移动平均,需移动二次才能得趋势值。　　　　　　　　　　　　　　　　　　　　　　(　　)
19. 如果季节比率等于1或季节变差等于0,说明没有季节变动。　　　(　　)
20. 当时间数列的对数一次差近似相同,可拟合指数曲线方程 $y_c = ab^t$。 (　　)

四、单项选择题

1. 编制时期数列时,各个指标所属时期长短要求(　　)。
  A. 相等　　　　　　　　　　　　B. 不相等
  C. 一般应相等,但有时也可不相等　D. 一般应不相等,但有时也可相等

2. 把各个时期的人均国民收入按时间先后顺序排列起来,这样形成的数列是(　　)。
  A. 绝对数时间数列　　　　　　　B. 相对数时间数列
  C. 平均数时间数列　　　　　　　D. 变量数列

3. 某企业产量年平均发展速度:1995年~1997年为107%,1998年~1999年为105%,则1995年~1999年该企业产量年平均发展速度为(　　)。
  A. $\sqrt[5]{1.07 \times 1.05}$　　　　　　B. $\sqrt{1.07^3 \times 1.05^2}$
  C. $\sqrt{1.07 \times 1.05}$　　　　　　D. $\sqrt[5]{1.07^3 \times 1.05^2}$

4. 某农贸市场土豆价格2月份比1月份上升5%,3月份比2月份下降2%,则3月份土豆价格与1月份相比(　　)。
  A. 提高2.9%　　　　　　　　　B. 提高3%
  C. 下降3%　　　　　　　　　　D. 下降2%

5. 一段时间内累积增长量与增长速度之间存在下述关系(　　)。
  A. 累积增长量=定基增长速度×前一期水平
  B. 累积增长量=定基增长速度×最初水平
  C. 累积增长量=环比增长速度×前一期水平

D. 累积增长量＝环比增长速度×最初水平

6. 对长度不同的各时期产值资料计算平均发展速度应采用（　　）。

　　A. 简单算术平均　　　　　　　B. 加权算术平均

　　C. 简单几何平均　　　　　　　D. 加权几何平均

7. 下列相对数时间数列序时平均数的计算公式中，哪一个是错误的（　　）。

　　A. $\bar{c}=\dfrac{\sum a}{\sum b}$ 　　　　　　　　B. $\bar{c}=\dfrac{\sum bc}{\sum b}$

　　C. $\bar{c}=\dfrac{\sum bc}{\sum a}$ 　　　　　　　　D. $\bar{c}=\dfrac{\sum a}{\sum \frac{a}{c}}$

8. 对表明 1995～2000 年某企业某种产品产量（吨）的时间数列配合的方程为 $y_c=300+20t$，这意味着该产品产量每年平均增加（　　）。

　　A. 20 吨　　　　B. 20%　　　　C. 320 吨　　　　D. 300 吨

9. 计算平均发展速度的方程法公式中，$\dfrac{\sum a}{a_0}$ 表示（　　）。

　　A. 各期定基发展速度之和　　　B. 各期定基发展速度之积

　　C. 各期环比发展速度之和　　　D. 各期环比发展速度之积

10. 某百货商场三年中商品销售额每年增加 100 万元，则商品销售额发展速度逐年（　　）。

　　A. 提高　　　　B. 降低　　　　C. 不变　　　　D. 不能作结论

11. 若无季节变动，则季节比率应为（　　）。

　　A. 0　　　　　　B. 1　　　　　C. 大于 1　　　　D. 小于 1

12. 由间隔不等的连续时点数列求序时平均数的公式为（　　）。

　　A. $\bar{a}=\dfrac{\frac{a_1}{2}+a_2+\cdots+a_{n-1}+\frac{a_n}{2}}{n-1}$

　　B. $\bar{a}=\dfrac{\frac{a_1+a_2}{2}f_1+\frac{a_2+a_3}{2}f_2+\cdots+\frac{a_{n-1}+a_n}{2}f_{n-1}}{\sum\limits_{i=1}^{n-1}f_i}$

　　C. $\bar{a}=\dfrac{a_1+a_2+\cdots+a_n}{n}$

　　D. $\bar{a}=\dfrac{a_1f_1+a_2f_2+\cdots+a_nf_n}{\sum\limits_{i=1}^{n}f_i}$

13. 不剔除长期趋势的影响，直接根据各季度原始的有变化的时间数列计算其季节指数，结果各季度的季节指数数值全部相等，这说明（　　）。

　　A. 该时间数列没有季节变动，也没有长期趋势的影响

　　B. 该时间数列没有季节变动，但有长期趋势的影响

　　C. 该时间数列有季节变动，但没有长期趋势的影响

D. 该时间数列有季节变动,也有长期趋势的影响

14. 某县 1997～1998 年两年中农民纯收入增长了 7.1%,1997 年增长速度为 2%,1998 年农民纯收入增长速度为( )。

  A. 5.1%   B. 9.1%   C. 3.55%   D. 5%

五、多项选择题

1. 把最近十年每年年末我国的黄金储备量按时间先后顺序排列而成的一个数列是( )。

  A. 变量数列   B. 动态数列
  C. 绝对数时间数列   D. 时期数列
  E. 时点数列

2. 时点数列中,各个指标值( )。

  A. 与时点间隔长短无关   B. 不能相加
  C. 是通过连续登记取得的   D. 称为发展水平
  E. 表明现象在各个时期内发展的总量

3. 下列时间数列中,哪些直接相加无意义( )。

  A. 年高校在校学生数数列   B. 年末职工人数数列
  C. 月流动资金周转次数数列   D. 年铁路通车里程数数列
  E. 年平均单位产品成本数列

4. 统计中所指的序时平均数( )。

  A. 是不同时期发展水平的平均数
  B. 所平均的是现象在不同时间上的数量差异
  C. 可说明现象在具体时间条件下的一般水平
  D. 是根据时间数列计算的
  E. 可解决某些可比性问题

5. 计算平均发展速度可使用的公式为( )。

  A. $\overline{X}=\sqrt[n]{R}$ B. $\overline{X}=\sqrt[n]{X_1 \cdot X_2 \cdot \cdots \cdot X_n}$
  C. $\sum_{i=1}^{n}\overline{X}^i = \sum_{i=1}^{n}\frac{a_i}{a_0}$ D. $\overline{X}=\sqrt[n]{\frac{a_n}{a_0}}$
  E. $a_0\overline{X}+a_0\overline{X}^2+\cdots+a_0\overline{X}^n = \sum_{i=1}^{n}a_i$

6. 用最小二乘法拟合一条趋势直线 $y_c = a+bt$,可导出下列的标准方程是( )。

  A. $\sum y = na + b\sum t$ B. $na = \sum y$
  C. $\sum y = b\sum t$ D. $\sum ty = b\sum t^2$
  E. $a\sum t + b\sum t^2 = \sum ty$

7. 对比低水平高速度和高水平低速度的最优良指标是( )。

  A. 平均增减量   B. 百分之一前期水平
  C. 增减速度   D. 平均发展速度

E. 增减1%的绝对值

8. 采用移动平均法对时间数列修匀后得到的一个新的时间数列（　　）。
   A. 由一般平均数组成
   B. 由序时平均数组成
   C. 其项数一定少于原数列
   D. 不宜据其进行预测
   E. 有可能其发展趋势同原数列不一致

9. 采用方程法计算平均发展速度，主要针对下述指标（　　）。
   A. 基本建设投资额
   B. 新增固定资产数额
   C. 高校招生人数
   D. 科技拨款额
   E. 社会商品零售总额

10. 按几何平均法计算的平均发展速度（　　）。
    A. 取决于现象发展的总速度
    B. 取决于现象时期的长短
    C. 取决于现象最末水平与最初水平的比值
    D. 受中间各期发展水平的影响
    E. 不受各期发展水平的影响

11. 测定季节变动可以（　　）。
    A. 直接采用按月（季）平均法
    B. 直接采用移动平均法
    C. 先剔除长期趋势影响，再求季节变差
    D. 直接求季节变差
    E. 先剔除季节比率，再用移动平均法求之

12. 采用按月平均法测定季节变动（　　）。
    A. 至少应具备连续三年以上各月发展水平的资料
    B. 不考虑长期趋势影响
    C. 求得的季节比率就是各月平均数与总的月平均数的比值
    D. 各月季节比率之和应等于1200%
    E. 各月季节比率之和应等于0

六、计算题

1. 某地区1996～1999年工业总产值资料如下：

单位：亿元

年　份	1996	1997	1998	1999
工业总产值	64	72	78	88

试计算：

(1) 各年逐期增减量和累计增减量；

(2) 各年环比发展速度和定基发展速度；

(3) 各年每增长1%的绝对值；

(4) 年平均发展水平和年平均增长水平；

(5) 年平均发展速度和年平均增长速度。

(上述计算结果用表格形式表示)

2. 试根据动态指标的相互关系,确定某企业各年的产值水平及相关动态指标并填入下表中空格。

年　份	产值(万元)	与上年比较			
		增长量(万元)	发展速度(%)	增长速度(%)	增长1%的绝对值(万元)
1994	120	—	—	—	—
1995		8			
1996			108		
1997				6	
1998		5			

3. 某企业1998年第一季度钢材消耗量为300吨,季平均库存量230吨,试求其钢材周转次数和周转天数。

4. 兹有某企业职工人数资料如下表:

	1月	2月	3月	4月	5月	6月	7月
月初职工人数(人)	902	906	910	914			
月平均职工人数(人)				916	922	930	936

要求:(1) 填各空格内所缺的职工人数;

(2) 计算第一季度和上半年的平均人数;

(3) 计算6月底较1月初职工人数的增长速度。

5. 某企业上半年工人数和总产值资料如下:

月　份	1	2	3	4	5	6	7
月初工人数(人)	2000	2020	2025	2040	2035	2045	2050
总产值(万元)	362	358	341	347	333	333	330

试计算:

(1) 该企业第一季度和第二季度工人的平均月劳动生产率,并加以比较。

(2) 该企业上半年工人的劳动生产率。

6. 某奶牛养殖场乳牛头数及产奶量资料如下:

月　份	1	2	3	4
月初乳牛头数(头)	120	112	130	140
全月产奶量(千克)	38000	37400	45800	46000

试求第一季度平均每月每头乳牛产奶量是多少?

7. 某乡有村民 1200 户,拥有空调资料如下表:

	1995 年末	1996 年			
		2 月末	5 月末	9 月末	12 月末
空调(台)	150	172	168	180	182

要求计算:
(1) 1996 年该乡平均拥有空调台数;
(2) 说明该乡空调普遍程度的动态变化。

8. 某电器厂生产某种电子元件的成本资料如下:

年 份	1994	1995	1996	1997	1998	1999
单位成本(元)	6.20	6.30	6.15	6.05	5.95	5.80

试计算:
(1) 该元件成本的逐年降低量和逐年降低率;
(2) 该元件成本的平均递减率。

9. 某企业第九个五年计划规定,产量五年内应提高 50%,则平均每年产量应提高多少才能达到这一水平?如第一年提高了 11%,第二年提高了 12.5%,那么后三年中平均每年产量应提高百分之几,才能完成这一任务?如第十个五年计划规定产量比第九个五年计划提高 35%,则这十年间产量平均增长百分之几?

10. 某地区两个企业二月份产值及每日在册工人数资料如下:

企 业	总产值 (万元)	每日在册工人数(人)		
		1~15 日	16~20 日	21~28 日
甲	41.5	330	312	345
乙	45.2	332	314	328

要求:
(1) 分别计算甲、乙两企业的月劳动生产率;
(2) 计算综合两企业的月劳动生产率。

11. 某市今年基建投资实际额为 80(百万元),计划明、后两年基建投资额是今年的 2.8 倍,求年平均增长速度以及明、后两年各年的计划投资额。

12. 某地区 1990 年~1995 年期间科技拨款额有关资料如下表:

年 份	科技拨款额(万元)
1990	43.6
1991	80
1992	90.7
1993	93
1994	148
1995	178.3

试用累计法计算该地区 1990 年～1995 年期间科技拨款额的年平均增长速度。

13. 甲、乙两企业各年的产量资料如下：

年份	1992	1993	1994	1995	1996	1997	1998
甲企业产量（吨）	3500	3550	3720	3880	3800	3900	4000
乙企业产量（吨）	4800	4750	4950	5200	5250	5360	5500

要求：

(1) 分别计算两企业产量的平均发展速度。

(2) 按现在甲企业的平均发展速度，要几年才能达到乙企业 1998 年的水平？

(3) 如要求甲企业从 1998 年起，在五年内达到乙企业 1998 年的水平，则甲企业的发展速度必须达到多少？

14. 某企业 1995 年产量为 50 万吨，计划从 1996 年至 2000 年 5 年中提高 28%，求年平均增长速度。若以此年平均增长速度计算，2001 年每增长 1% 的绝对值为多少？如该企业产量 1996 年比 1995 年提高了 2.8%，1997 年比 1996 年提高了 3.1%，试求 1998 年至 2000 年该企业产量的年平均增长速度。

15. 某企业总产值在 1980 年至 1996 年期间，每年平均增长 11.5%，1997 年又比 1996 年增长 12%，试求 1980 年至 1997 年总产值平均增长多少？该企业劳动生产率从 1981 年至 1997 年的 17 年中提高了 4.2 倍，其中 1997 年比 1996 年提高了 4.8%，试求 1981 年至 1996 年劳动生产率的年平均增长速度。

16. 某企业 1994 年～1999 年职工人数和非生产人员资料如下：

单位：人

年 份	1994	1995	1996	1997	1998	1999
年末职工人数	2000	2020	2025	2040	2035	2045
年末非生产人员数	362	358	341	347	333	333

试计算该企业 1994 年～1999 年非生产人员占全部职工人数的平均比重。

17. 根据下表资料要求：

(1) 绘制时间数列趋势图，并用分段平均法拟合一条趋势直线。

(2) 采用移动平均法对时间数列进行修匀。（移动平均长度 n 取 7 年）

年 份	销售量（万件）	年 份	销售量（万件）
1980	16.86	1989	64.45
1981	17.96	1990	70.01
1982	25.29	1991	79.96
1983	35.33	1992	89.45
1984	46.66	1993	97.18
1985	53.12	1994	105.92
1986	44.62	1995	119.04
1987	50.87	1996	119.62
1988	53.57	1997	113.45

18. 某企业各年产值呈稳定上升的趋势,根据下表资料,试用最小二乘法拟合趋势直线方程,并估计各年的趋势值。

年 份	83	84	85	86	87	88	89	90	91	92	93	94	95	96	97
产值(万元)	50	46	41	47	45	42	42	44	61	61	71	71	65	69	100

19. 某自行车厂 1991 年～1995 年期间各年自行车产量如下表:

年 份	1991	1992	1993	1994	1995
产量(万辆)	20	22	24	25	40

试计算:

(1) 各年的环比发展速度和定基发展速度,并说明两者的关系。

(2) 平均发展速度和平均增长速度。

(3) 如该厂计划在 2000 年自行车产量要达到 120 万辆,那么,每年应以怎样的速度增长才能达到目标?

(4) 如该厂每年产量平均比上年增长 28%,则 2000 年产量能达到多少万辆?其五年内总产量将为多少?

20. 假设某市在最近三年中,各月份毛线的平均销售量如下表:

月 份	1	2	3	4	5	6	7	8	9	10	11	12
平均销售量 (万公斤)	1662	1331	985	492	305	226	313	709	2130	2889	2392	1982

试求各月的季节比率,并绘制季节变动图。

21. 某百货商场为了保证呢绒市场供应,根据过去三年销售资料,测算出各月的季节比率如下表:

月 份	1	2	3	4	5	6	7	8	9	10	11	12
季节比率(%)	150	158	130	11.0	102	80	44	63	68	145	160	175

又知呢绒销售量有逐年上升趋势,其趋势直线方程为:$y_c = 1500 + 10.2t$

式中:y_c 为销售量的估计值,t 代表时间(月份),试估计下一年各月份的呢绒销售量。(提示:下一年 1 月 $t=37$)

22. 某市肉类制品的销售额资料如下表:

单位:(百万元)

年份 \ 季节	一	二	三	四
1995	—	—	12	16
1996	18	14	15	18
1997	20	15	16	22
1998	21	16	20	24
1999	24	27	—	—

要求：

(1) 以按季平均法求季节比率。

(2) 剔除长期趋势，求季节变差。

(3) 剔除长期趋势，求季节比率。

23. 某地今年上半年的人口数和猪肉销售量资料如下：

人口资料　　　　　　　　　　　　　　　　　　　单位：(千人)

时 间	1月1日	2月1日	4月1日	6月30日
人口数	2500	2515	2540	2570

猪肉销售量　　　　　　　　　　　　　　　　　　单位：(万千克)

月 份	1	2	3	4	5	6
销售量	600	580	610	650	670	700

若以猪肉消费量代替销售量，试分别计算该地区第一季度、第二季度和上半年的人均猪肉消费量。

24. 某蔬菜公司的季节性指数如下表：

季 度	一	二	三	四
季节指数(%)	91.8	102.0	117.3	96.9

要求：

(1) 对上述季节指数进行调整。

(2) 该公司预计明年总销售值为24万元，并估计长期趋势对全年各季影响不大，试估计明年第三、四季度的销售值。

(3) 本年第一季度的实际销售值为4万元，第三季度为5万元，如剔除季节性因素，求第三季度比第一季度销售值的变动比率。

(4) 如蔬菜销售值的趋势拟合方程为：$y_c = 16 + 2t$，式中 t 为年份，1998年中为方程原点，y_c 为销售估计值(万元)。求经过季节性调整后的2000年第一季度销售的估计值。

25. 某企业产品生产具有季节性。计算该企业产品以时间数列季度编号值 t 与时间数列值 y 之间关系的直线趋势方程，得中间资料如下：(用最小二乘法求得)

$$\bar{t}=2.5, \bar{y}=30, a=25,$$

又知季节变动规律如下：

季度编号	$t=13$	$t=14$	$t=15$	$t=16$
季节比率(%)	80	100	126	95

试求出第13至16季度考虑季节波动在内的时间数列预测值。(单位：万只)

26. 某商店根据过去几年的某商品的销售资料，测得季节比率如下：

季度	1	2	3	4
季节比率(%)	140	80.37	40	110

又知该商品历年销售量受长期趋势波动影响很小，可以忽略。经预测下一年度销售

量估计值为120万米,试估算下一年度四个季度该商品销售量各为多少?

本章练习题参考答案

一、思考题(略)

二、填空题

1. 现象所属的时间、反映该现象的统计指标数值
2. 绝对数时间数列、相对数时间数列、平均数时间数列、绝对数时间数列
3. 间隔
4. 绝对数、时期、可以、时期
5. 可比性
6. 水平指标、速度指标
7. 发展水平、其他动态分析指标
8. 累积增减水平、逐期增减水平
9. 平均增减水平、水平法、总和法
10. $a_0 + n\overline{\Delta a} = a_n$
11. 简单算术平均
12. 连续、间断、间隔相等、间隔不等
13. 简单算术平均法、加权算术平均法
14. 大于、负值、0
15. 增减1%的绝对值、水平、速度
16. 最末水平
17. 总速度、连乘积、几何平均法
18. 各期定基发展速度之和
19. 各个环比发展速度、环比发展速度的个数
20. 几何(等比)级数、相同的
21. 长期趋势变动因素、季节变动因素、循环变动因素、不规律变动因素、长期趋势变动因素
22. 时距扩大平均数、时期、时期和时点
23. 奇数项
24. 9项
25. 长期趋势、越少
26. 26项
27. $\sum(y - y_c) = 0$
28. $\sum(y - y_c)^2 =$ 最小值、直线、曲线
29. -21
30. 指数曲线型、$y_c = ab^t$
31. 季节比率、季节变差
32. 趋势剔除、按月(季)平均
33. 减法、除法、加法模式、乘法模式

83

34. 1200%、0

三、判析题

1. × 2. × 3. × 4. × 5. √ 6. × 7. × 8. √ 9. √ 10. × 11. √ 12. √
13. √ 14. × 15. × 16. √ 17. × 18. √ 19. √ 20. √

四、单项选择题

1. C 2. B 3. D 4. A 5. B 6. D 7. C 8. A 9. A 10. B 11. B 12. D 13. B
14. D

五、多项选择题

1. B,C,E 2. A,B,D 3. A,B,C,D,E 4. A,B,D,E 5. A,B,C,D,E 6. A,B,D,E 7. B,E
8. B,C,D,E 9. A,B,C,D 10. A,C 11. A,C 12. A,B,C,D

六、计算题

1. 解：

年 份	1996	1997	1998	1999
工业总产值(亿元)	64	72	78	88
逐期增长量(亿元)	—	8	6	10
累计增长量(亿元)	—	8	14	24
环比发展速度(%)	—	112.50	108.33	112.82
定基发展速度(%)	100	112.50	121.88	137.50
增长1%的绝对值(亿元)	—	0.64	0.72	0.78
年平均发展水平(亿元)	75.5			
年平均增长量(亿元)	8			
年平均发展速度(%)	111.20			
年平均增长速度(%)	11.20			

2. 解

年 份	产值(万元)	与上年比较			
		增长量(万元)	发展速度(%)	增长速度(%)	增长1%的绝对值(万元)
1994		—	—	—	—
1995	128		106.67	6.67	1.20
1996	138.24	10.24		8	1.28
1997	146.53	8.29	106		1.38
1998	151.53		103.41	3.41	1.47

3. 解：

周转次数为1.3次,周转天数为69天。(一季度以90天计算)

4. 解：

(1)

	1月	2月	3月	4月	5月	6月	7月
月初职工人数（人）					918	926	934
月平均职工人数（人）	904	908	912				

(2) 第一季度平均职工人数＝908(人)，上半年平均职工人数＝916(人)或915(人)。

(3) 6月底较1月初职工人数的增长速度＝3.55％。

5. 解：

(1) 第一季度平均月劳动生产率为1749(元/人)，第二季度平均月劳动生产率为1654(元/人)，第二季度平均月劳动生产率比第一季度下降5.43％。

(2) 上半年的劳动生产率为10208(元/人)。

6. 解：

第一季度平均每月每头乳牛产奶量为325.8千克。

7. 解：

(1) $\bar{a}$＝173台；

(2) 增长15.38％，平均每百户增加2台。

8. 解：

(1)

年　份	1994	1995	1996	1997	1998	1999
单位成本(元)	6.20	6.30	6.15	6.05	5.95	5.80
逐年降低量(元)	—	＋0.1	－0.15	－0.1	－0.1	－0.15
逐年降低率(％)	—	＋1.61	－2.38	－1.63	－1.65	－2.52

(2) 平均递减率为1.31％。

9. 解：

(1) 平均每年产量应提高8.45％；

(2) 后三年中平均每年产量应提高6.30％；

(3) 十年间产量平均增长7.31％。

10. 解：

(1) 甲企业工人月劳动生产率为1254(元/人)，乙企业工人月劳动生产率为1378(元/人)。

(2) 综合两企业的工人月劳动生产率为1316(元/人)。

11. 解：年平均增长速度为24.64％。

明后两年基建投资额分别为99.71(百万元)和124.28(百万元)。

12. 解：科技拨款额的年平均增长速度为32.6％。

13. 解：

(1) $\bar{x}_甲$＝102.25％，$\bar{x}_乙$＝102.29％；

(2) 约14.3年；

(3) 106.58％。

14. 解：

(1) 平均增长速度为5.06％；

(2) 增长1％的绝对值为0.64万吨；

(3) 平均增长速度为6.50％。

15. 解：

总产值平均增长 11.53%；

劳动生产率平均增长 10.53%。

16. 解：

非生产人员占全部职工人数的平均比重为 17.02%。

17. 解：

(1) 图略，$y_c = 6.47 + 6.36t$。

年　份	83	84	85	86	87	88
移动平均值	34.29	39.12	44.21	49.80	54.78	59.51
年　份	89	90	91	92	93	94
移动平均值	64.70	72.21	80.08	89.43	97.31	103.52

18. 解：

趋势直线方程为：$y_c = 57 + 3t$（方程原点在 1990 年中）。

各年的趋势值为：

年　份	83	84	85	86	87	88	89	90	91	92	93	94	95	96	97
趋势值 y_c	36	39	42	45	48	51	54	57	60	63	66	69	72	75	78

19. 解：

(1)

年　份	1991	1992	1993	1994	1995
定基发展速度(%)	100	110	120	125	200
环比发展速度(%)	—	110	109.09	104.17	160

(2) 平均发展速度为 118.92%，平均增长速度为 18.92%。

(3) 年平均增长速度为 24.6%。

(4) 2000 年产量为 137.44 万辆，五年内总产量为 445.44 万辆。

20. 解：

月　份	1	2	3	4	5	6
季节比率(%)	129.38	103.61	76.69	38.80	23.75	17.60
月　份	7	8	9	10	11	12
季节比率(%)	24.27	55.20	165.82	224.89	186.21	154.29

图略

21. 解：

季节比率调整系数为 0.8664。

月 份	1	2	3	4	5	6
调整后季节比率(%)	129.96	136.89	112.63	95.30	88.37	69.31
月趋势预测值(公尺)	1877.4	1887.6	1897.8	1908.0	1918.2	1928.4
月季节预测值(公尺)	2440	2584	2137	1818	1695	1337
月 份	7	8	9	10	11	12
调整后季节比率(%)	38.12	54.58	58.91	125.63	138.62	151.62
月趋势预测值(公尺)	1938.6	1948.8	1969.0	1969.2	1979.4	1989.6
月季节预测值(公尺)	739	1064	1154	2474	2744	3017

22. 解：

(1) 各季的季节比率依次为 111.41%、96.65%、84.56%、107.38%。

(2) 各季的季节变差依次为 2.4063、−2.9271、−1.5104、2.0313。

(3) 各季的季节比率依次为 114.14%、83.87%、91.50%、110.50%。

23. 解：

第一季度的人均猪肉消费量 $\bar{c}_1 = \dfrac{\sum a}{\sum b} = 0.71$(万千克/千人)＝7.1(千克/人)；

第二季度的人均猪肉消费量 $\bar{c}_2 = \dfrac{\sum a}{\sum b} = 0.79$(万千克/千人)＝7.9(千克/人)。

上半年的人均猪肉消费量 $\bar{c} = \bar{c}_1 + \bar{c}_2 = 7.1 + 7.9 = 15$(千克/人)。

24. 解：

(1) 调整后的季节指数依次为 90%、100%、115%、95%；

(2) 第三、四季度的销售值分别为 6.9 万元和 5.7 万元；

(3) 第三季度比第一季度销售值的变动比率为 97.83%，下降 2.17%；

(4) 4.5(万元)。

25. 解：第 13 至 16 季度的预测值依次为 40.70(万只)、52.87(万只)、69.13(万只)、54.01(万只)。

26. 解：下一年度四个季度销售量估计值分别为 45.36(万米)、26.04(万米)、12.96(万米)、35.64(万米)。

第六章 统计指数

教学目的与要求

社会经济统计中的指数理论,是经济活动分析的特有方法,在社会经济领域中有着广泛的应用。学习本章,应理解统计指数的基本原理及有关理论,掌握综合指数和平均数指数的编制原理和方法,搞清楚两者之间的联系和区别;掌握物价指数的编制思想与计算过程,熟悉指数因素分析法的各种类型,能灵活运用因素分析的各种方法进行统计指数的经济应用分析,通过实例分析,强化公式的记忆和运用;掌握指数数列的编制与联接方法。本章重在运用,因此,在理解和记忆的基础上,多做习题,反复练习是十分必要的。

本章内容提要图示

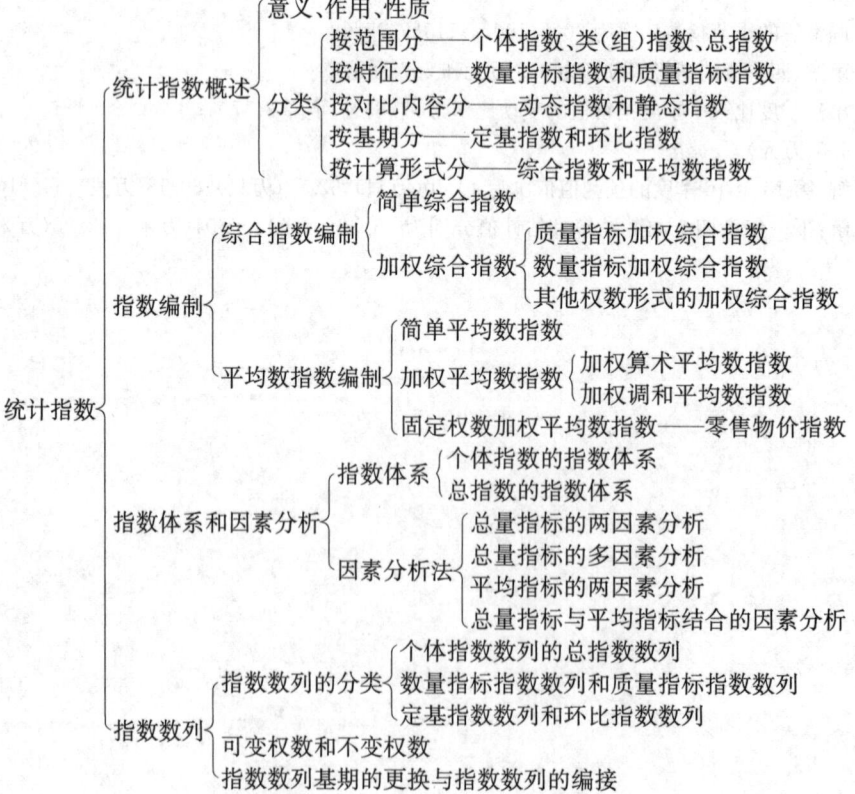

本章内容提要

第一节　统计指数概述

一、统计指数的概念和作用

从统计的角度看,指数的概念有广义与狭义之分。广义指数是指用来反映社会经济现象简单总体(即数量上可以直接加总的总体)数量变动状况的相对数。狭义指数则是指用来综合反映社会经济现象复杂总体(即数量上不能直接加总的总体)数量变动状况的相对数。指数理论主要探讨后者。

统计指数的主要作用有:
(1) 综合反映复杂现象总体总变动的方向和程度。
(2) 通过指数体系分析各因素变动对现象总变动的影响程度和影响绝对值。
(3) 反映现象的变动趋势,对比分析有关数列之间的变动关系。

二、统计指数的分类

指数可从不同的角度进行分类,见表 6-1。

表 6-1　统计指数的分类

分类标准	各种指数	
按反映的对象范围不同	个体指数 类(组)指数 总指数	
按反映现象的特征不同	数量指标指数 质量指标指数	
按采用的基期不同	定基指数 环比指数	
按对比内容的不同	动态指数 静态指数	
按计算总指数的形式不同	综合指数 平均数指数	又分为简单与加权综合指数 又分为简单与加权平均数指数

指数一般具有下述四个性质:相对性、综合性、平均性和代表性。综合性的特点是指数与相对数的重要区别。

第二节　综合指数

计算总指数的综合形式是先综合后对比。按综合的形式不同,可分为简单综合指数和加权综合指数。加权综合指数的编制原理是将不能直接加总的所研究的现象,通过同度量因素的加入,过渡到能够加总综合的价值指标,再进行对比,用来对比的两个时期的价值指标中,所加入的同度量因素,必须固定在某一时期的水平上,即同度量因素必须是使用同一时期的。这样对比结果得出的总指数就是所研究现象综合变动的程度。根据编制指数的目的和任务不同,同度量因素所固定的时期有多种选择,从而形成了总指数的各种加权综合形式,见表6-2。

表6-2 总指数的各种加权综合形式

	基期加权综合形式(拉斯贝尔指数)	报告期加权综合形式(派许指数)	固定时期加权综合形式(杨格指数)	交叉加权综合形式(马艾指数)	几何平均综合形式(费喧指数)
数量指标综合指数(物理综合指数)	$\overline{K}_Q = \dfrac{\sum Q_1 P_0}{\sum Q_0 P_0}$	$\overline{K}_Q = \dfrac{\sum Q_1 P_1}{\sum Q_0 P_1}$	$\overline{K}_Q = \dfrac{\sum Q_1 P_n}{\sum Q_0 P_n}$	$K_Q = \dfrac{\sum Q_1 \left(\dfrac{P_0+P_1}{2}\right)}{\sum Q_0 \left(\dfrac{P_0+P_1}{2}\right)}$	$K_Q = \sqrt{\dfrac{\sum Q_1 P_0}{\sum Q_0 P_0} \times \dfrac{\sum Q_1 P_1}{\sum Q_0 P_1}}$
质量指标综合指数(物价综合指数)	$\overline{K}_P = \dfrac{\sum P_1 Q_0}{\sum P_0 Q_0}$	$\overline{K}_P = \dfrac{\sum P_1 Q_1}{\sum P_0 Q_1}$	$\overline{K}_P = \dfrac{\sum P_1 Q_n}{\sum P_0 Q_n}$	$K_P = \dfrac{\sum P_1 \left(\dfrac{Q_0+Q_1}{2}\right)}{\sum P_0 \left(\dfrac{Q_0+Q_1}{2}\right)}$	$K_P = \sqrt{\dfrac{\sum P_1 Q_0}{\sum P_0 Q_0} \times \dfrac{\sum P_1 Q_1}{\sum P_0 Q_1}}$

按照我国的习惯做法,编制数量指标综合指数,一般以基期质量指标作为同度量因素,即采用拉氏物量指数公式;编制质量指标综合指数,则以报告期数量指标作为同度量因素,即采用派氏物价指数公式。具体计算时,应从实际出发,全面考虑,正确选择。

综合指数的特点是:(1)具有明确的经济意义。(2)考虑了被研究现象各因素之间的内在联系。(3)合理地做出必要的假定。

第三节 平均数指数

计算总指数的平均形式是先对比再平均,即先计算所研究现象各个项目的个体指数,然后进行平均求得总指数。按加权与否可分为简单平均数指数和加权平均数指数。加权平均的主要形式有加权算术平均和加权调和平均,其指数的计算公式分别为:

$$\text{加权算术平均数指数} = \frac{\sum K Q_0 P_0}{\sum Q_0 P_0},$$

$$\text{加权调和平均数指数} = \frac{\sum P_1 Q_1}{\sum \dfrac{1}{K} P_1 Q_1}。$$

这类平均数指数实质上是综合指数的变形。以基期总值 $P_0 Q_0$ 加权计算的算术平均数指数,实际上相当于拉氏物量综合指数。以报告期总值 $P_1 Q_1$ 加权计算的调和平均数指数,则相当于派氏物价综合指数。可见在特定的权数条件下,综合指数形式可以改变为平均数指数形式。

统计工作中,平均数指数除了可作为综合指数的变形公式使用以外,它还是计算总指数的一种独立形式,具有广泛的运用价值。如采用固定权数(W)加权计算的平均数指数毒 $\dfrac{\sum KW}{\sum W}$,它和综合指数之间就不存在变形关系,具有独立运用的意义。

平均数指数的特点。

第四节　指数体系和因素分析

本节是这一章的重点,学习本节,应着重掌握指数因素分析的方法,并能正确灵活地加以运用。学习中应注意把握这样几个问题:

(1) 总量指标因素分析与平均指标因素分析的联系与区别。
(2) 多因素分析中,如何来确定各因素的排列顺序。
(3) 总量指标和平均指标的结合分析中,其指数体系的形式和分析方法。

一、指数体系

在经济上有联系,在数量上保持一定关系的三个或三个以上的指数所形成的一个整体,称为指数体系,它反映了客观事物之间的联系。一切静态互恒等的数量关系等式在动态上(如指数)也必恒等。

指数体系的研究,主要是从数量方面研究和分析社会经济现象总变动中各个因素变动的影响程度和绝对值。其基本含义为:若干个因素指数的乘积等于总变动指数;各个因素所引起的差额之和等于实际发生的总差额。

为了保持指数体系的合理性,一般要求:在同一个指数体系中的数量指标指数以基期的质量指标为同度量因素时,质量指标指数则要以报告期的数量指标为同度量因素,这是习惯采用的一种指数体系形式,但不是唯一的。

指数体系的主要作用在于为因素分析法提供依据,进行各指数之间的相互推算。

二、因素分析

利用指数体系从数量方面分析现象总动态中各个因素变动影响的方法,称为因素分析法。因素分析采用连锁替代法,即依次假定变动因素中其余因素不变,仅有一个分析因素在变动,依次类推。各因素的变动顺序一般按分析过程逐次展开,从外延到内涵,从数量到质量,从基础因素到派生因素,并注意到相邻因素相乘以后的经济意义。

因素分析法按包含的因素数目分,有两因素的因素分析和多因素的因素分析;按所分析的指标性质分,有总量指标的因素分析、平均指标的因素分析,以及总量指标和平均指标结合的因素分析。

因素分析法的基本步骤是:① 计算总变动指数,测定总变动的程度和绝对额。② 分别计算各因素指数,测定变动影响的程度和绝对额。③ 根据指数体系从相对数和绝对数两方面对各影响因素综合分析。

1. 总量指标的两因素分析

分析的对象总量指标是两个因素的乘积,其指数分析体系的一般形式为:

$$\frac{\sum P_1Q_1}{\sum P_0Q_0} = \frac{\sum P_0Q_1}{\sum P_0Q_0} \times \frac{\sum P_1Q_1}{\sum P_0Q_1};$$

$$\sum P_1Q_1 - \sum P_0Q_0 = \left(\sum P_0Q_1 - \sum P_0Q_0\right) + \left(\sum P_1Q_1 - \sum P_0Q_1\right).$$

2. 总量指标的多因素分析

分析的对象总量指标是三个或三个以上因素的乘积。分析的原理与两因素分析基本相同,但要注意以下两点:

(1) 正确区分数量因素和质量因素。一般的判断方法是,区别数量指标或质量指标时,应相对地而不要绝对地判断。

(2) 在测定其中一个因素的变动时,要把其余的因素固定起来,对已测定过的因素应固定在报告期。

三个因素指数分析体系的基本形式是:

$$\frac{\sum a_1b_1c_1}{\sum a_0b_0c_0} = \frac{\sum a_1b_0c_0}{\sum a_0b_0c_0} \times \frac{\sum a_1b_1c_0}{\sum a_1b_0c_0} \times \frac{\sum a_1b_1c_1}{\sum a_1b_1c_0};$$

$$\left(\sum a_1b_1c_1 - \sum a_0b_0c_0\right) = \left(\sum a_1b_0c_0 - \sum a_0b_0c_0\right) + \left(\sum a_1b_1c_0 - \sum a_1b_0c_0\right) + \left(\sum a_1b_1c_1 - \sum a_1b_1c_0\right).$$

3. 平均指标的两因素分析

分析的对象是平均指标,它受两个因素的影响,即各组平均水平 X 与各组单位数比重 $\frac{f}{\sum f}$。为了分析平均指标的总变动及各个因素的变动影响作用,可采用因素分析法。

反映平均指标总变动程度的指数,称为可变构成指数,它是两个不同时期同一经济内容的平均指标之比。其公式为:

$$\text{可变构成指数} = \frac{\overline{X_1}}{\overline{X_0}} = \frac{\dfrac{\sum X_1f_1}{\sum f_1}}{\dfrac{\sum X_0f_0}{\sum f_0}} = \frac{\sum X_1 \cdot \dfrac{f_1}{\sum f_1}}{\sum X_0 \cdot \dfrac{f_0}{\sum f_0}}.$$

由上式可知,总平均水平的变动要受到各组平均水平和各组单位数比重两个因素变动的影响。为了分析这两个因素对总平均水平变动的影响,根据综合指数编制的原理,在测定组平均水平变动影响时,应把各组单位数比重固定在报告期,这样编制的指数称为固定构成指数,公式为 $\dfrac{\sum X_1f_1}{\sum f_1} \div \dfrac{\sum X_0f_1}{\sum f_1}$。同理,测定各组单位数比重变动影响时,要把组平均水平固定在基期,编制的指数称为结构变动影响指数,公式为 $\dfrac{\sum X_0f_1}{\sum f_1} \div \dfrac{\sum X_0f_0}{\sum f_0}$,上述三个指数之间存在密切的联系,形成平均指标指数体系:

$$\frac{\sum X_1f_1}{\sum f_1} \div \frac{\sum X_0f_0}{\sum f_0} = \left[\frac{\sum X_1f_1}{\sum f_1} \div \frac{\sum X_0f_1}{\sum f_1}\right] \times \left[\frac{\sum X_0f_1}{\sum f_1} \div \frac{\sum X_0f_0}{\sum f_0}\right];$$

$$\frac{\sum X_1 f_1}{\sum f_1} - \frac{\sum X_0 f_0}{\sum f_0} = \left[\frac{\sum X_1 f_1}{\sum f_1} - \frac{\sum X_0 f_1}{\sum f_1}\right] + \left[\frac{\sum X_0 f_1}{\sum f_1} - \frac{\sum X_0 f_0}{\sum f_0}\right]。$$

4. 总量指标与平均指标结合的因素分析

分析的对象是总量指标,它可分解为某一数量指标与平均指标的乘积。这类现象在经济统计分析中非常广泛。其分析方法,实际上就是总量指标的因素分析和平均指标的因素分析的结合运用。其指数分析体系的一般形式为:

(1) $\dfrac{\sum X_1 f_1}{\sum X_0 f_0} = \dfrac{\sum f_1}{\sum f_0} \times \dfrac{\dfrac{\sum X_1 f_1}{\sum f_1}}{\dfrac{\sum X_0 f_0}{\sum f_0}}$;

$$\sum X_1 f_1 - \sum X_0 f_0 = (\sum f_1 - \sum f_0)\overline{X}_0 + \left[\frac{\sum X_1 f_1}{\sum f_1} - \frac{\sum X_0 f_0}{\sum f_0}\right]\sum f_1。$$

(2) $\dfrac{\sum X_1 f_1}{\sum X_0 f_0} = \dfrac{\sum f_1}{\sum f_0} \times \dfrac{\dfrac{\sum X_1 f_1}{\sum f_1}}{\dfrac{\sum X_0 f_1}{\sum f_1}} \times \dfrac{\dfrac{\sum X_0 f_1}{\sum f_1}}{\dfrac{\sum X_0 f_0}{\sum f_0}}$;

$$\sum X_1 f_1 - \sum X_0 f_0 = (\sum f_1 - \sum f_0)\overline{X}_0 + \left[\frac{\sum X_1 f_1}{\sum f_1} - \frac{\sum X_0 f_1}{\sum f_1}\right]\sum f_1$$
$$+ \left[\frac{\sum X_0 f_1}{\sum f_1} - \frac{\sum X_0 f_0}{\sum f_0}\right]\sum f_1。$$

第五节 指数数列

指数数列就是把各个时期的一系列指数,按照时间先后顺序加以排列而形成的一种数列。

按照采用的基期不同,指数数列可分为定基指数数列和环比指数数列。前者各期指数都以某一固定时期为基期,后者各期指数都以前一期为基期。按照各期指数采用的权数所属时期是否变动,指数数列可分为可变权数指数数列和不变权数指数数列。前者各期指数采用的权数随计算期的改变而改变,后者各期指数采用的权数都固定在某一个时期水平上,它们是固定不变的。数量指标定基指数数列采用不变权数,其他三种指数数列都采用可变权数。

定基指数与环比指数之间的两种换算关系,只有在个体指数数列或以不变权数(固定权数)加权的总指数数列的条件下成立。

采用不变权数编制的指数数列,不仅便于指数基期的更换,还可利用指数连乘关系进行换算,将两个基期不同的指数数列联接起来。

本章练习题

一、思考题

1. 试述统计指数的意义、分类及性质。
2. 试举一例说明复杂现象总体的综合变动,以说明统计指数的作用。
3. 何谓数量指标指数和质量指标指数?试举例区别之。
4. 编制总指数的形式有哪两种?各有何特点?
5. 编制数量指标综合指数或质量指标综合指数时,怎样确定同度量因素?它有什么作用?
6. 什么是平均数指数?它和综合指数有什么关系?应如何应用?
7. 我国的零售物价指数采用什么公式编制?为什么?简述其编制过程。
8. 什么是指数体系?为什么要研究指数体系?在指数体系中如何选择同度量因素?
9. 什么是因素分析法?进行因素分析需要具备哪些前提条件?应如何进行分析?
10. 在平均指标的变动分析中,为什么要计算可变构成指数、固定构成指数和结构变动影响指数?它们各说明什么问题?
11. 试举一个固定构成指数的应用实例,并说明其运用原理。
12. 简述平均指标指数体系。
13. 什么是定基指数数列和环比指数数列?两者之间有何联系?
14. 不变权数指数数列和可变权数指数数列之间有何区别?

二、填空题

1. 反映一种商品价格变动的相对数称为_____。
2. 从广义上看,所有反映社会经济现象数量变动的相对数都可以称为_____。
3. 反映复杂现象总体内部某一类要素数量变动程度的相对数称为_____,其性质、编制方法和_____相同。
4. _____是计算总指数的一种基本形式,它是由两个_____对比形成的指数。
5. 指数具有四个重要性质,即_____、_____、_____和_____。
6. 物价指数 $K_P = \dfrac{\sum P_1 Q_1}{\sum P_0 Q_1}$ 中,同度量因素是_____,而价格 P 称为_____。
7. 拉斯贝尔物价综合指数公式为_____,派许物量综合指数公式为_____。
8. 以固定权数加权的综合指数称为_____。
9. 综合指数与平均数指数只有在一定的_____条件下,两者间才有_____关系。
10. 加权平均数指数是_____的加权平均数,按平均形式的不同,可分为

_____,_____和_____。

11. 如果成本综合指数的公式为 $\dfrac{\sum Z_1 Q_1}{\sum Z_0 Q_1}$，则其算术平均数指数应为_____，调和平均数指数应为_____。

12. 我国编制的零售物价指数是一种_____指数。

13. 采用加权算术平均法编制物量指数，需要掌握每种物品的_____，以及各物品的_____资料。

14. 指数体系是_____的基本依据。

15. 为了保持指数体系内在的合理性，通常要求在分析质量因素变动时，应将_____因素固定在_____期；分析数量因素变动时，应将_____因素固定在_____期。

16. 商品价格上升2%，商品销售量增长8%，则商品销售额增长_____。

17. 多因素指数分析中，各因素的排列顺序一般是_____。

18. 平均指标的因素分析中，反映平均指标总变动程度的指数称为_____，将结构固定起来的指数称为_____，将组平均数固定起来的指数称为_____这三个指数构成了_____指数体系。

19. 在指数数列中，根据采用的基期不同，可分为_____和_____。

20. 数量指标定基指数数列采用的是_____权数，质量指标定基指数数列采用的是_____权数。

21. 采用新的不变价格的年份称为_____。

22. 观察现象长期发展变化状况，宜编制_____数列，观察现象逐期变动状况，则宜编制_____数列。

23. 在_____的条件下，定基指数等于相应环比指数的连乘积。

三、判断题

1. 指数分为个体指数和总指数，仅是指数的一种分类，两者并无联系。（   ）
2. 某市1998年与1997年相比，同样多的人民币只能购买94%的商品，则物价上涨幅度为6%。（   ）
3. 计算动态指数时，如报告期和基期相隔太远，会降低指数的代表性。（   ）
4. 在特定的权数条件下，综合指数可改变为平均数指数。（   ）
5. 综合指数公式的选择，实质上是权数及其时期的选择。（   ）
6. 个体指数是两个同名数不同时期对比的结果。（   ）
7. 指数因素分析法可用于动态分析，也可用于静态分析。（   ）
8. 相关联的三个个体指数之间也可以形成指数体系。（   ）
9. 如单位产品成本指数 $\dfrac{\sum Z_1 Q_1}{\sum Z_0 Q_1}=125\%$，说明由于单位产品成本的变动，使报告期总成本比基期增长了25%。（   ）
10. 定基指数等于相应时期环比指数连乘积的唯一条件是各个指数都是个体指数。（   ）

11. 以不变价格计算的工业产品产量指数,可以反映产品数量的综合变动,而不能反映产品价值水平的总变动。（   ）

12. 按习惯做法,采用加权调和平均形式编制物量指数时,该平均数指数公式实际上是拉氏物量综合指数公式的变形。（   ）

13. 指数数列中各个指数的权数如果是数量指标,那么该指标应固定在报告期。（   ）

14. 如各组基期的平均指标相同,而各组数量指标比重发生变动,则结构变动影响指数等于1。（   ）

15. 固定构成指数是各个组指数的加权算术平均数,因此其数值必定在各个组指数的变动范围之内。（   ）

16. 综合指数是根据全面材料编制的,而平均数指数可根据非全面材料编制。因此,前者能反映现象变动产生的实际效果,后者则不能。（   ）

17. 单位产品劳动消耗量本期比上期下降5%,产品的物量增长5%,则劳动总消耗量不变。（   ）

18. 1990年为交替年,其价格换算系数等于按1990年不变价格计算的1991年产值与按1980年不变价格计算的1990年产值之比。（   ）

19. 凡静态上恒等的乘积式因素关系等式,在动态上用指数体系分析也必相等。（   ）

20. 物价综合指数的算式 $\dfrac{\sum P_1 Q_1}{\sum P_0 Q_1}$ 与测定平均物价变动时固定构成指数的算式,其形式不同,但说明的内容是完全相同的。（   ）

21. 综合指数公式的子项与母项中,一个是假定的总量指标,另一个则是实际的总量指标。（   ）

四、单项选择题

1. 根据指数化因素性质的不同,指数可分为（   ）。
   A. 综合指数和平均数指数
   B. 动态指数和静态指数
   C. 个体指数和总指数
   D. 数量指标指数和质量指标指数

2. 拉斯贝尔物量指数公式的同度量因素采用（   ）。
   A. 基期的数量指标　　　　　　B. 基期的质量指标
   C. 报告期的数量指标　　　　　D. 报告期的质量指标

3. 在具有基期各种产品生产中的劳动总消耗和每种产品物量个体指数资料的条件下,要计算产品物量的总变动,应采用（   ）。
   A. 综合形式　　　　　　　　　B. 加权算术平均形式
   C. 加权调和平均形式　　　　　D. 加权几何平均形式

4. 两个农贸市场水果的平均价格5月份比4月份提高了17%,由于结构的变动使平均价格降低了10%,则固定构成价格指数为( )。

    A. 76.9%   B. 106.4%   C. 27%   D. 130%

5. 若产品产量增加,而生产费用不变,则单位产品成本指数( )。

    A. 下降   B. 增加   C. 不变   D. 无法预期变化

6. 同度量因素固定在基期的销售量综合指数等于下列( )平均数指数(Q 为销售量,P 为价格)。

    A. $\dfrac{\sum KQ_0 P_0}{\sum Q_0 P_0}$ B. $\dfrac{\sum KP_1 Q_1}{\sum P_1 Q_1}$ C. $\dfrac{\sum P_1 Q_1}{\sum \dfrac{1}{K} P_1 Q_1}$ D. $\dfrac{\sum Q_0 P_0}{\sum \dfrac{1}{K} Q_0 P_0}$

7. 指数数列中,采用不变权数的是( )。

    A. 数量指标定基指数数列   B. 数量指标环比指数数列

    C. 质量指标定基指数数列   D. 质量指标环比指数数列

8. 在由三个指数组成的指数体系中,两个因素指数的同度量因素通常( )。

    A. 都固定在基期

    B. 都固定在报告期

    C. 一个固定在基期,另一个固定在报告期

    D. 采用基期和报告期的平均值

9. 公式 $\sum P_1 Q_1 - \sum P_0 Q_1$ 的经济意义为( )。

    A. 反映价格变动的绝对额

    B. 反映销售额变动的绝对额

    C. 反映价格变化而使消费者多或少付的货币额

    D. 反映销售量变化而引起的销售额变动的绝对额

10. 总产值指数、职工人数指数与平均劳动生产率指数三者之间构成一个指数体系,它是( )。

    A. 总量指标指数体系

    B. 相对指标指数体系

    C. 平均指标指数体系

    D. 总量指标与平均指标相结合的指数体系

11. 如果已知两个企业报告期和基期某种产品的产量和单位成本资料,要测定平均单位成本的变动,应采用( )。

    A. 综合指数   B. 可变构成指数

    C. 加权算术平均数指数   D. 加权调和平均数指数

12. 平均指标的因素分析中,$\dfrac{\sum X_1 f_1}{\sum X_0 f_1}$ 式表示( )。

    A. 可变构成指数   B. 固定构成指数

    C. 结构变动影响指数   D. 平均数指数

13. 结构变动影响指数大于1,说明( )。

A. 基期平均水平较高组数量指标比重下降

B. 基期平均水平较高组数量指标比重上升

C. 基期平均水平较低组数量指标比重不变

D. 基期平均水平较低组数量指标比重上升

14. 某企业职工人数与去年同期相比减少2%,全员劳动生产率与去年同期相比则超出5%,则该企业总产值增长了(   )。

    A. 7%   B. 2.9%   C. 3%   D. 10%

五、多项选择题

1. 指数在统计分析中可用于(   )。

    A. 研究社会经济现象的动态

    B. 反映事物的变动程度和变动方向

    C. 测定现象总变动中各因素的影响程度

    D. 比较不同地区、单位的现象水平

    E. 检查分析计划完成的状况

2. 广义指数包括(   )。

    A. 平均发展速度   B. 平均指标指数

    C. 个体指数   D. 静态相对数

    E. 动态相对数

3. 在指数体系中,其结果有(   )。

    A. 总变动指数等于各因素指数之和

    B. 总变动指数等于各因素指数之积

    C. 总变动指数等于各因素指数增减额之和

    D. 总变动指数的增减额等于各因素指数的增减额之和

    E. 总变动指数的增减额等于各因素指数的增减额之积

4. 定基指数等于相应时期环比指数连乘积的条件是(   )。

    A. 类指数   B. 个体指数

    C. 不变权数总指数   D. 可变权数总指数

    E. 固定权数总指数

5. 编制工业产品产量指数,要由下列因素构成(   )。

    A. 产品产量   B. 产品产值

    C. 职工人数   D. 用现价表示的劳动生产率

    E. 用不变价格表示的劳动生产率

6. 利用分部门的资料,计算全社会平均劳动生产率指数是(   )。

    A. 总指数   B. 平均数指数   C. 加权指数   D. 可变构成指数

    E. 质量指标指数

7. 进行总量指标的多因素指数分析时,要求(   )。

    A. 所研究的总量指标必须分解为三个因素指标

    B. 各因素的排列顺序,应数量指标在前,质量指标在后

C. 测定某一个因素变动时,应把其余的因素固定起来

D. 测定过的因素应固定在报告期

E. 测定过的因素应固定在基期

8. 平均数指数( )。

　　A. 是按平均形式计算的总指数　　B. 是由两个平均数对比形成的指数

　　C. 是个体指数的简单平均数　　D. 是个体指数的加权平均数

　　E. 其计算特点是先平均,再对比

9. 在分组条件下,反映现象内部结构或组平均水平变动的指数是( )。

　　A. 可变构成指数　　B. 平均数指数

　　C. 综合指数　　D. 固定构成指数

　　E. 结构变动影响指数

10. 与综合指数相比,平均数指数的优劣表现在( )。

　　A. 能根据非全面资料计算总指数

　　B. 权数可使用已经加工过的总值资料

　　C. 可用权数的比重代替其实际数值来计算总指数

　　D. 能反映现象变动的方向、程度和实际效果

　　E. 具有简便、快速和灵活的特点

11. 以不变价格为权数编制的产量指数数列,可以( )。

　　A. 把定基指数数列改变为环比指数数列

　　B. 把环比指数数列改变为定基指数数列

　　C. 变换指数数列的基期

　　D. 反映产品产量的实际变动

　　E. 反映产品价格和产值的实际变动

12. 劳动生产率指数是( )。

　　A. 综合指数　　B. 平均指标指数

　　C. 加权指数　　D. 质量指标指数

　　E. 动态指数

六、计算题

1. 某商场三种商品的价格和销售量资料如下

商品名称	计量单位	基　期		报告期	
		价格(元)	销售量	价格(元)	销售量
甲	件	11.00	2800	10.20	3200
乙	公斤	1.30	5200	1.30	5200
丙	双	0.40	50000	0.32	65000

试求商品销售额指数、价格指数和商品销售量指数,并利用指数体系从相对数和绝对数两方面分析三者间的关系。

2. 某产品生产费用总额1998年为94万元,1999年增加到100万元,产品产量增长

11.2%,试计算该产品生产费用总额变动中,产品产量和单位成本两因素变动的影响程度和影响绝对值。

3. 某公司所属三个企业生产同种产品,单位成本及产量资料如下:

企 业	单位成本(元)		产品产量(件)	
	1998年	1999年	1998年	1999年
甲	5.0	4.5	800	1200
乙	5.2	4.6	900	1200
丙	4.8	4.8	1200	800
合 计	—	—	2900	3200

试分析该公司三个企业平均单位成本的变动以及各个因素对平均单位成本变动的影响。

4. 某地区 1998 年社会商品零售总额 4700 万元,比上年增长 19.8%,若扣除物价因素比上年增长 7.2%,求物价指数并说明由于物价上涨当地居民多支付的货币额。

5. 某企业生产三种产品的有关资料如下:

产品名称	计量单位	生产支出总额(万元)		2季度比1季度产量增长的%
		1季度	2季度	
甲	吨	150		12
乙	台	90		0
丙	箱	180		8
合计	—	420	475	

根据上述资料,要求:

(1) 分析该企业三种产品生产支出总额的变动及其各个因素对生产支出总额变动的影响程度和影响绝对值;

(2) 如 3 季度计划规定三种产品的产量各增长 30%,生产支出总额增长 20%,试计算 3 季度三种产品的成本水平比 2 季度降低的程度,以及由于成本降低而节约的生产支出总额。

6. 根据下表资料计算平均工资指数,并从相对数和绝对数两方面分析平均工资变动的原因。

工人组别	工人数(人)		工资总额(元)	
	基 期	报告期	基 期	报告期
甲	400	330	200000	214500
乙	600	770	480000	770000
合 计	1000	1100	680000	984500

7. 分析第 6 题中工资总额变动受工人人数、不同组的工资水平和工人人数结构变动

三个因素的影响程度和影响绝对值。

8. 某元件厂一季度三种产品实际和计划的产量及出厂价格资料如下：

产 品	产量(百只)		出厂价格(万元)	
	计 划	实 际	计 划	实 际
A 型电容器	420	424	120	120
B 型电容器	830	840	185	183
电阻器	1000	1200	230	210

试计算该厂一季度总产值计划完成情况以及产量与价格两个因素影响的程度和绝对值。

9. 根据下表资料计算产品成本降低程度以及由于成本降低而节约的生产费用。

产品名称	生产费用(万元)		单位成本下半年比上半年降低%
	上半年	下半年	
甲	400	480	10
乙	250	300	0
丙	630	750	8

10. 某百货商场出售商品的收入如下(万元)：

商品名称	第一季度	第二季度
电视机	150	204
收录机	250	300

第二季度与第一季度相比,电视机价格上涨2%,收录机价格没有变动,试计算价格指数。

11. (1) 在产品物量增长15%、单位产品劳动消耗量减少8%的条件下,产品生产中劳动总消耗量是怎样变化的？

(2) 单位产品成本本期比上期下降20%,产量增长20%,在这种条件下,生产费用如何变动？

(3) 粮食总产量增长15%,粮食播种面积减少3%,粮食作物单位面积产量有何变化？

(4) 某地区居民拿15万元比提价前少买10%的商品,试问该地区零售物价变动程度是多少？

12. 某公司上半年商品纯销售额和平均商品库存额资料如下：

商品分组	全季商品纯销售额		平均每日纯销售额		平均商品库存额		商品周转天数	
	第一季	第二季	第一季	第二季	第一季	第二季	第一季	第二季
畅销商品	500	900	5.56	10	50	100	9	10
适销商品	300	500	3.33	5.56	50	100	15	18
滞销商品	200	120	2.22	1.33	100	60	45	45
合 计	1000	1520	11.11	16.89	200	260		

试分析三种商品平均周转日数的变动以及各个因素对平均周转日数变动的影响程度和影响绝对值。

13. 某企业1995年—1999年三种产品产量和不变价格资料如下表。试计算该企业各年产量总指数:(1) 以1995年为基期的定基指数;(2) 逐年环比指数,并分析说明这两种指数之间的关系。

产品名称	计量单位	1990年不变价（元/件）	产　　量				
			1995	1996	1997	1998	1999
甲	万件	2.4	80	92	110	115	128
乙	万件	3.2	140	150	142	161	158
丙	万件	1.5	300	312	320	316	328

14. 某乡有关农业收获量的资料如下:

年　份	耕地面积(万亩)	播种面积(万亩)	总收获量(万担)
1999	6.20	10.80	64.24
2000	6.28	11.76	75.18

要求:分别用相对数和绝对数指数体系分析该乡2000年比1999年粮食总收获量增长中,由于扩大耕地面积、提高播种面积占耕地面积的比重以及提高单位播种面积产量三因素的影响程度和影响绝对额。

15. 某企业制造甲、乙两种机床,已知下列资料:

产品种类	原材料种类	产量(台)		每台机床原材料耗用量(吨)		每台原材料价格(元)	
		基　期	报告期	基　期	报告期	基　期	报告期
甲种机床	生　铁	1000	1200	2	1.6	100	100
	甲种钢			2	1.8	200	190
	乙种钢			3	2.8	190	185
乙种机床	生　铁	500	800	1.2	1	100	100
	甲种钢			2.2	2	200	190
	乙种钢			3.3	3	190	186

根据上述资料,计算该企业生产两种机床的原材料费用总额指数及费用增加额,并作如下分析:

(1) 机床产量变动对原材料费用总额的影响。
(2) 每台机床耗用原材料数量变动对费用总额的影响。
(3) 原材料价格变动对原材料费用总额的影响。

16. 设某地区农业总产值资料如下:

单位:亿元

	按1970年不变价计算	按1980年不变价计算	按1990年不变价计算
1976年	3.30		
1981年	4.80	5.28	
1986年		5.41	
1991年		6.00	6.36
1993年			8.30
1999年			10.80

试求1999年比1976年该地区农业总产值年平均增长速度。

17. 某企业职工人数与总产值资料如下表：

	1999年	2000年
职工人数（人）	1000	1100
总产值（万元）	2420	2783

根据上述资料，要求从绝对数和相对数两方面分析2000年比1999年该企业总产值变动及其增长因素的变动影响。

本章练习题参考答案

一、思考题（略）

二、填空题

1. 个体价格指数

2. 指数

3. 组（类）指数、总指数

4. 综合指数、总量指标

5. 相对性、综合性、平均性、代表性

6. 销售量 Q、指数化因素

7. $\dfrac{\sum P_1 Q_0}{\sum P_0 Q_0}$、$\dfrac{\sum Q_1 P_1}{\sum Q_0 P_1}$

8. 杨格指数

9. 权数、变形

10. 个体指数、加权算术平均数指数、加权调和平均数指数、加权几何平均数指数

11. $\dfrac{\sum K Z_0 Q_1}{\sum Z_0 Q_1}$、$\dfrac{\sum Z_1 Q_1}{\sum \dfrac{1}{K} Z_1 Q_1}$

12. 固定权数加权算术平均数

13. 个体指数、基期总（价）值

14. （指数）因素分析法

15. 数量、报告、质量、基

16. 10.16%

17. 先数量因素、后质量因素(先主要因素、后次要因素)

18. 可变构成指数(平均指标指数)、固定构成指数、结构变动影响指数、平均指标

19. 定基指数数列、环比指数数列

20. 不变、可变

21. 交替年

22. 定基指数、环比指数

23. 个体指数和不变(固定)权数总指数

三、判析题

1. × 2. × 3. √ 4. √ 5. √ 6. × 7. √ 8. √ 9. √ 10. × 11. √ 12. √ 13. √ 14. √ 15. √ 16. × 17. × 18. × 19. √ 20. × 21. √

四、单项选择题

1. D 2. B 3. B 4. D 5. A 6. A 7. A 8. C 9. C 10. D 11. B 12. B 13. B 14. B

五、多项选择题

1. A,B,C,D,E 2. B,C,D,E 3. B,D 4. B,C,E 5. C,E 6. A,C,D,E 7. B,C,D 8. A,C,D 9. D,E 10. A,B,C,E 11. A,B,C,D 12. B,C,D,E

六、计算题

1. 解：

相对数指数体系：104.6% = 88.6% × 118.1%；

绝对数指数体系：2640 元 = −7760 元 + 10400 元。

2. 解：

相对数指数体系：106.38% = 111.20% × 95.67%；

绝对数指数体系：6 万元 = 10.53 万元 − 4.53 万元。

3. 解：

相对数指数体系：92.6% = 91.7% × 101%；

绝对数指数体系：−0.37 元 = −0.42 元 + 0.05 元。

4. 解：

物价指数为 111.75%；

由于物价上涨多支付货币额为 494.18 万元。

5. 解：

(1) 相对数指数体系：113.10% = 107.71% × 105%；

绝对数指数体系：55 万元 = 32.4 万元 + 22.6 万元。

(2) 三季度总成本降低 7.69%；

节约生产支出总额为 47.48 万元。

6. 解：

相对数指数体系：131.62% = 126.06% × 104.41%；

绝对数指数体系：215 元 = 185 元 + 30 元。

7. 解：

相对数指数体系：144.78% = 110% × 126.06% × 104.41%；

绝对数指数体系：304500 元 = 68000 元 + 203500 元 + 33000 元。

8. 解：

相对数指数体系：105.22%＝111.14%×94.68%；

绝对数指数体系：22650万元＝48330万元－25680万元。

9. 解：

成本降低程度为7.19%，节约生产费用为118.55万元。

10. 解：

价格指数为100.8%。

11. 解：

(1) 劳动总消耗量增长5.8%；

(2) 生产费用下降4%；

(3) 单位面积产量增加18.56%；

(4) 零售物价上涨了11.11%。

12. 解：

相对数指数体系：85.55%＝111.44%×76.76%；

绝对数指数体系：－2.6(天)＝1.58(天)－4.18(天)。

13. 解：

(1) 各年定基指数分别为：107.23%，109.94%，116.07%，119.71%；

(2) 各年环比指数分别为：107.23%，102.53%，105.57%，103.13%。

14. 解：

相对数指数体系：117.03%＝101.29%×107.50%×107.48%；

绝对数指数体系：10.94(万担)＝0.8299(万担)＋4.8822(万担)＋5.2308(万担)。

15. 解：

相对数指数体系：116.50%＝133.46%×90.01%×96.98%；

绝对数指数体系：290900元＝590100元－235200元－64000元。

16. 解：

年平均增长速度为4.59%。

17. 解：

相对数分析体系：115%＝110%×104.55%；

绝对数分析体系：363万元＝242万元＋121万元。

第七章 抽样调查

教学目的与要求

抽样调查作为一种专门性的科学的统计调查方法,在社会经济领域中有着广泛的应用。

本章主要介绍抽样思想与理论基础,抽样误差的原理及应用,四种不同抽样方式的抽样推断与区间估计,抽样的应用案例以及必要样本容量的计算。学习本章,有助于我们全面深入了解抽样调查方法,为把这一科学方法运用于社会实践奠定良好的基础。

通过本章学习,要求掌握抽样调查的基本概念和抽样推断的原理,尤其要掌握抽样平均误差、抽样极限误差和区间估计的有关概念以及推断知识,能熟练运用简单随机抽样、系统抽样、分层抽样和整群抽样方法进行区间估计。能根据给定的置信度、精确度等条件计算确定必要的抽样单位数目。学习完本章,应能从事抽样全过程的设计与计算,即自己设计出一个小型的抽样方案,并能实际操作应用。

本章内容提要图示

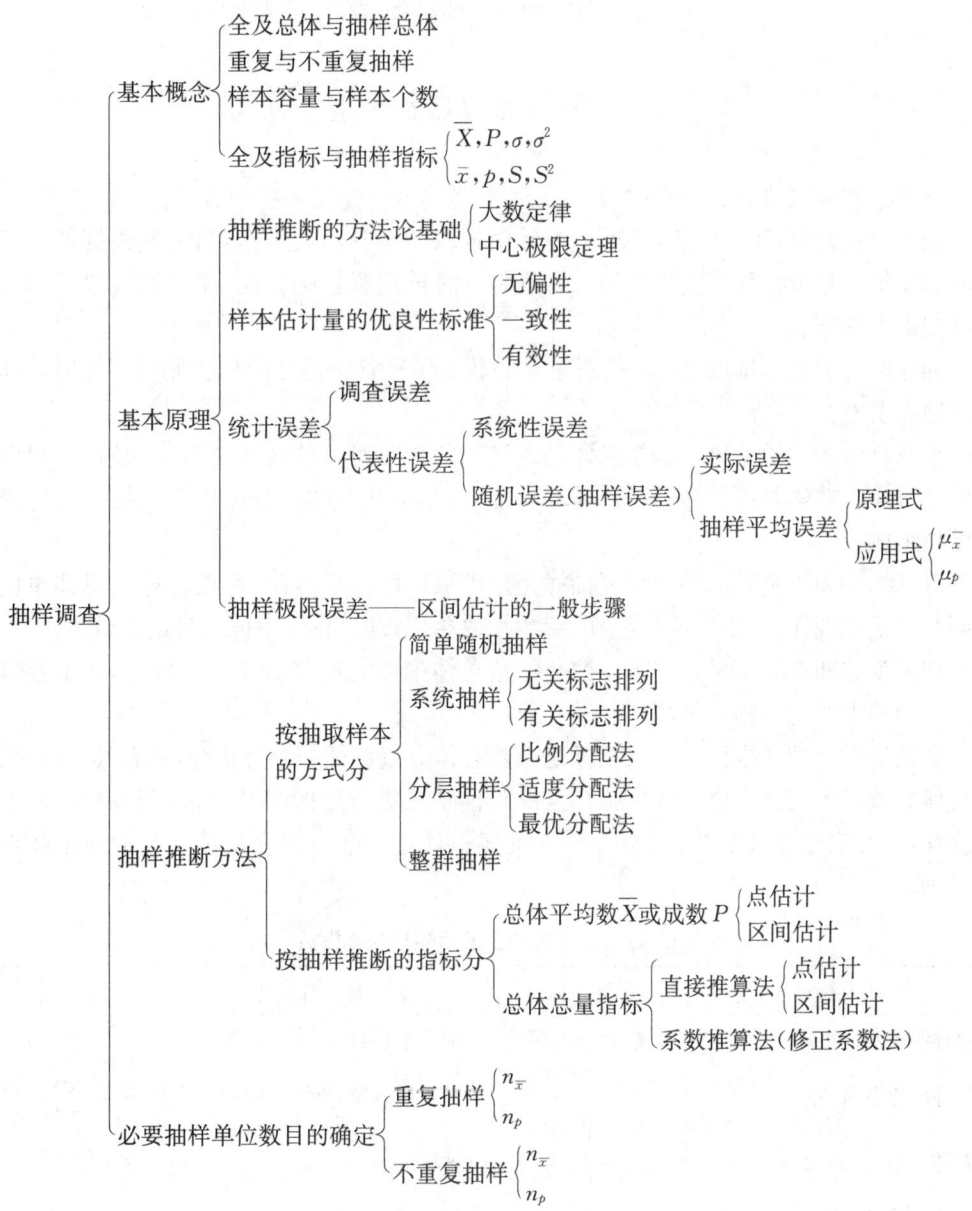

本章内容提要

第一节 抽样调查概述

学习本节应搞清有关抽样的若干概念,熟悉本节所使用的各种数学符号的含义。

抽样调查,就是按照随机原则,从总体中抽取一部分单位进行调查,并根据样本资料推断总体某一数量特征的统计方法。它既是一种搜集资料的方法,又是对现象总体进行估计和推断的方法。

抽样调查的基本特点是:① 推断总体的数量特征;② 遵守随机原则;③ 可以计算并控制抽样误差。

全及总体和抽样总体。全及总体是要认识的研究对象的全体,由具有某种共同性质的单位组成。抽样总体即样本是总体的一部分,是由从总体中按随机原则抽出进行调查的单位组成。

重复抽样和不重复抽样。重复抽样是指可放回的抽样方法,每次抽样的总体单位数相同。不重复抽样,是指不放回抽样,每次抽取单位数后,总体单位数目逐次减少。

样本个数和样本容量。样本个数是指从总体中可能抽取的样本的数量,样本容量则是指一个样本所包含的单位数。

全及指标与抽样指标。全及指标是反映总体数量特征的综合指标,具有唯一性,又称为总体参数或调查目标值。抽样指标是反映样本数量特征的综合指标,随着样本的不同而变化,因此它是随机变量,又称为样本统(估)计量。常用的全及指标与抽样指标如表7-1所示。

表7-1 常用的全及指标与抽样指标

全及指标	符 号	抽样指标	符 号
总体平均数	$\overline{X}$	抽样平均数	$\overline{x}$
总体标志总量	$N\overline{X}$	样本标志值总数	$x=\sum_{i=1}^{n}x_i$
总体成数	$P=\dfrac{N_1}{N}$	抽样成数	$p=\dfrac{n_1}{n}$
总体标准差(方差)	$\sigma(\sigma^2)$	样本标准差(方差)	$S(S^2)$
总体容量	N	样本容量	n
总体中具有某种特定特征的个体总数	N_1	样本中具有某种特定特征的个体总数	n_1

第二节 抽样推断的基本原理

抽样推断就是根据抽样指标去估计相应的全及指标,这就涉及抽样推断的方法论基础和合理的估计问题。

抽样推断方法是建立在大数定律和中心极限定理基础上的。大数定律证明了随着样本容量的增大,能够以接近于1的很大概率,期望抽样平均数与总体平均数的偏差为任意小,它从数量关系上说明了样本和总体之间的内在联系。中心极限定理则证明了,只要样本容量充分大,不论全及总体的变量分布是否属于正态分布,其抽样平均数也趋近于正态分布,从而为抽样推断和估计提供了重要的理论依据。

根据样本估计量去推断总体参数,由于样本估计量是一个随机变量,随着抽出的样本不同,计算出的估计值也不一定相同,显然,不能期望根据某个具体样本计算出的估计值一定等于所估计的总体参数。因此不可能根据某一次的抽样结果来衡量一个估计量是否优良,而应该从多次反复抽样的结果来判断这一估计量是否在某种意义上能够接近于被估计的总体参数的真实性。可以证明,一个估计量如果满足下面三个准则,就可以认为该估计量是最优估计量。

(一)无偏性
即抽样指标的数学期望等于总体参数。

(二)一致性
即抽样指标与总体指标的绝对离差小于某一任意小的正数 ϵ 的极限概率等于1。

(三)有效性
即一个无偏估计量与任意一个无偏估计量相比,其方差最小。

数理统计知识证明,抽样平均数 $\bar{x}$ 和抽样成数 p 分别为总体平均数 $\bar{X}$ 和总体成数 P 的最优估计量。

第三节 抽样误差

一、抽样误差的概念

各种误差的图示如下:

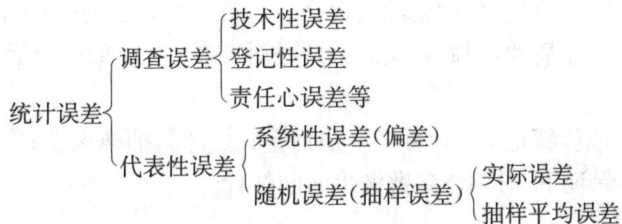

统计误差是统计工作中主观与客观因素共同造成的,又可分为调查误差和代表性误差。全面调查只产生调查误差,没有代表性误差,而抽样调查两者都可能发生。代表性误差根据产生的原因可分为两种:系统性误差,是指破坏抽样随机原则而产生的误差;随机

误差,按随机原则抽样必定会产生的误差。抽样误差就是指不包括调查误差和系统性误差在内的随机误差,是抽样调查所固有的、不可避免的误差,它表示抽样估计的精度。

抽样误差的大小受样本容量(成反比)、总体被研究标志的变异程度(成正比)以及抽样的方式和方法的制约。

二、抽样平均误差

抽样误差从直观上理解,是指某一次抽样结果所得的抽样指标与总体指标之间的差别,可以称之为实际误差,一般是无法获知的。而事实上抽样误差是指抽样平均误差,即一系列抽样指标的标准差,它概括地反映了整个抽样过程中一切可能结果的误差,表明抽样指标与总体指标之间平均的误差程度。在简单随机重复抽样条件下,抽样平均数的抽样平均误差的理论公式为:

$$\mu_{\bar{x}} = \sqrt{\frac{\sum(\bar{x}_i - \bar{X})^2}{n}} \quad (i=1,2,\cdots,n)$$

式中:$\bar{x}_i$ 代表各个可能样本平均数;$\bar{X}$ 代表总体平均数;n 代表可能的样本个数。

事实上,由于资料与条件的限制,在具体抽样调查中是无法应用这一公式来计算抽样误差的,因此需加以转化,由此就产生了抽样平均误差的实际应用公式,如表 7-2 所示。

三、抽样极限误差及可信程度

抽样平均误差只是反映抽样指标与总体指标偏差的平均状况,并不是估计值与总体参数之间的实际绝对误差。由于总体参数是一个确定的值,而估计量则会随着抽取样本的不同围绕总体参数上下随机取值。因此,样本估计值与总体参数之间存在一个误差范围,这个范围的绝对值就是抽样极限误差 Δ。抽样极限误差不仅指误差范围,而且是指用一定的概率来保证抽样误差不超过某一给定的最大可能范围。这就是说,抽样误差范围不是唯一固定的,而是根据抽样调查的要求以及抽样控制的把握程度来确定的。因此进行抽样推断,不仅要考虑其准确程度,还要考虑其可信程度,即全及指标包含在某一给定范围内的可能性(概率)有多大。估计的精度和可信程度是进行抽样推断必须考虑的两个方面,它们相互联系而又相互制约。

抽样极限误差通常是以抽样平均误差作为标准单位来衡量的,它可以用 t 倍的抽样平均误差来表示,即 $\Delta = t\mu$。t 称为概率度,与正态分布下概率保证程度 P_r 成函数关系,即 $P_r = F(t)$,t 值的大小决定 P_r 的大小。由 $\Delta = t\mu$ 式可知,当 μ 为一定时,t 值越大,Δ 越大,估计的精度则随之降低;而 t 值增大,估计全及平均数或成数包含在相应误差范围的概率就越大,从而估计的可信程度也随之提高。这就说明在 μ 为一定时,估计的精度和可信程度的要求是相互矛盾的,因此在实际抽样估计工作中,应采取全面考虑,适当兼顾的决策。

抽样估计的一般步骤是:① 计算样本估计量;② 计算抽样误差;③ 计算抽样极限误差;④ 在一定概率保证下,对总体参数做出区间估计。

第四节 抽样调查的组织方式及其误差的计算

本节主要介绍了统计实践中常用的四种抽样调查的组织方式以及误差的计算方法,

即简单随机抽样、系统抽样、分层抽样和整群抽样。学习本节内容时,可将四种不同抽样组织方式下抽样平均误差公式,按平均数或成数、重复抽样或不重复抽样方法加以归纳并进行比较分析,从中可得出一些规律性的认识。

一、简单随机抽样(纯随机抽样)

简单随机抽样就是按随机原则直接从容量为 N 的总体中,抽取容量为几的样本。抽取样本单位的方法有抽签法、抽球法、随机数表法等。纯随机抽样最符合抽样调查的随机原则,它已成为抽样调查的最基本形式,但实际运用时有一定的局限性。

二、系统抽样(机械或等距抽样)

先把总体单位按某一标志排列,然后借助于随机数表抽取第 1 个样本单位,称为随机起点,而其余的样本单位则每隔一定的固定间隔机械地抽取,抽样间隔 $K=\dfrac{N}{n}$。排列所采用的标志,可以与调查标志无关,也可以与调查标志有关。系统抽样是不重复的抽样。直接计算系统抽样误差在实际抽样中是相当复杂的,一般是以其他较为接近的抽样方式的抽样误差公式来代替。按无关标志排列的系统抽样,由于排列标志与调查标志无关,因此总体中各单位的排列次序对于调查标志来说是完全随机的,直观上看类似于不重复简单随机抽样,因此可按简单随机不重复抽样方法计算抽样误差。按有关标志排列的系统抽样,实质上可以看作是一种特殊的分层抽样,可以用分层抽样的误差公式近似地计算抽样误差。

三、分层抽样(分类或类型抽样)

先对总体各单位按一定的标志进行分组(层),然后在各层中按随机原则抽取若干样本单位,由各层的样本单位构成一个样本。

确定各层样本容量的分配方法有:

1. 比例分配法。公式为:

$$n_i = \frac{N_i}{N} \times n \qquad (i=1,2,\cdots,k)$$

2. 适度分配法。公式为:

$$n_i = \frac{N_i \sigma_i}{\sum_{i=1}^{k} N_i \sigma_i} \times n \qquad (i=1,2,\cdots,k)$$

3. 最优分配法。公式为:

$$n_i = \frac{N_i \sigma_i / \sqrt{C_i}}{\sum_{i=1}^{k} N_i \sigma_i / \sqrt{C_i}} \times n \qquad (i=1,2,\cdots,k)$$

四、整群抽样

先把总体单位划分为 R 个群(为了简化抽样误差的计算,最好使各群内单位数目相同),然后在 R 个群中随机抽取 r 个群,对抽中的 r 个群内的所有单位进行全面调查。整群抽样一般都采用不重复抽样方法,在确定 R(总的群数)与 r(抽中的群数)时,应注意:R 与每群的容量大小有关,而与抽选的间隔长短无关;r 与抽选的间隔长短有关,而与每群容量的大小无关。上述四种抽样误差的计算公式参阅表 7-2。

表 7-2 抽样误差公式比较

		简单随机抽样	系统抽样		分层抽样	整群抽样
			无关标志排列	有关标志排列		
重复抽样	$\overline{X}$	$\mu_{\overline{x}}=\dfrac{\sigma}{\sqrt{n}}=\sqrt{\dfrac{\sigma^2}{n}}$		$\mu_{\overline{x}}=\sqrt{\dfrac{\overline{\sigma_i^2}}{n}}$		
	P	$\mu_p=\sqrt{\dfrac{P(1-P)}{n}}$		$\mu_p=\sqrt{\dfrac{\overline{P(1-P)}}{n}}$		
不重复抽样	$\overline{X}$	$\mu_{\overline{x}}=\sqrt{\dfrac{\sigma^2}{n}\left(1-\dfrac{n}{N}\right)}$		$\mu_{\overline{x}}=\sqrt{\dfrac{\overline{\sigma_i^2}}{n}\left(1-\dfrac{n}{N}\right)}$ $\overline{\sigma_i^2}=\dfrac{\sum_{i=1}^{k}\sigma_i^2 n_i}{n}=\sum_{i=1}^{k}\sigma_i^2 w_i$		$\mu_{\overline{x}}=\sqrt{\dfrac{\delta_{\overline{x}}^2}{r}\left(1-\dfrac{r}{R}\right)}$ $\delta_{\overline{x}}^2=\dfrac{\sum_{i=1}^{R}(\overline{X}_i-\overline{X})^2}{R}$ $S_{\overline{x}}^2=\dfrac{\sum_{i=1}^{r}(\overline{x}_i-\overline{x})^2}{r}$
	P	$\mu_P=\sqrt{\dfrac{P(1-P)}{n}\left(1-\dfrac{n}{N}\right)}$		$\mu_P=\sqrt{\dfrac{\overline{P(1-P)}}{n}\left(1-\dfrac{n}{N}\right)}$ $\overline{P(1-P)}=\dfrac{\sum_{i=1}^{k}p_i(1-p_i)n_i}{n}=\sum_{i=1}^{k}p_i(1-p_i)w_i$		$\mu_p=\sqrt{\dfrac{\delta_p^2}{r}\left(1-\dfrac{r}{R}\right)}$ $\delta_p^2=\dfrac{\sum_{i=1}^{R}(P_i-\overline{P})^2}{R}$ $S_p^2=\dfrac{\sum_{i=1}^{r}(p_i-\overline{p})^2}{r}$

第五节 抽样单位数目的确定

本节学习中,应重点掌握简单随机抽样样本容量的计算公式及推导方法,了解各有关公式之间的关系,并以其为基础,按相同原理就可推导出其他抽样组织方式下样本容量的计算公式。

影响样本容量(n)的主要因素为:

(1) 被研究总体标志的变异程度,它与 n 成正比;

(2) 允许的误差范围,它与 n 成反比;

(3) 抽样估计的可信程度,它与 n 成正比;

(4) 抽样方式和方法。

将上述影响因素综合起来,并根据预定的抽样精度要求,即允许的最大绝对误差 Δ 或相对误差($R(\Delta_{\overline{x}}=R_{\overline{x}}\overline{X},\Delta_P=R_P P)$),就可推导出简单随机抽样下必要抽样单位数目的计算公式。如表 7-3 所示。

表 7-3 简单随机抽样必要抽样单位数目的计算公式

	重复抽样	不重复抽样
$\bar{X}$	$n_0=\dfrac{t^2\sigma^2}{\Delta_{\bar{x}}^2}=\left(\dfrac{t\sigma}{\Delta_{\bar{x}}}\right)^2$ $n_0=\left(\dfrac{t\sigma}{R\bar{x}}\right)^2=\dfrac{t^2}{R^2}V_\sigma^2$	$n=\dfrac{t^2\sigma^2 N}{\Delta_{\bar{x}}^2 N+t^2\sigma^2}$ $n=\dfrac{\left(\dfrac{t\sigma}{R\bar{x}}\right)^2}{1+\dfrac{1}{N}\left(\dfrac{t\sigma}{R\bar{x}}\right)^2}$
P	$n_0=\dfrac{t^2 p(1-p)}{\Delta_p^2}$ $n_0=\dfrac{t^2(1-p)}{R^2 p}$	$n=\dfrac{t^2 p(1-p)N}{N\Delta_P^2+t^2 p(1-p)}$ $n=\dfrac{\dfrac{t^2(1-p)}{R^2 p}}{1+\dfrac{t^2(1-p)}{R^2 PN}}$
修正公式	$n=\dfrac{n_0}{1+\dfrac{n_0}{N}}$	

对其他三种抽样方式,其推导原理相同,只要在上述公式的基础上做适当替换即可。

第六节 全及总体指标的推断

一、抽样代表性检查

为了保证抽样结果能够获得最有代表性的数据,需进行抽样代表性的预先检查,即将抽样方案中的抽样指标与过去已掌握的总体同一指标进行对比,看其比率是否超过所规定的要求。通常所要求的比率一般为不超过±5%,就认为代表性是满意的。否则表示代表性不足,需要对方案进行重新设计。

二、点估计和区间估计

抽样推断就是根据样本指标来估计全及指标,又称为参数估计。估计的方法主要有两种形式:点估计和区间估计。

(1) 点估计。就是由样本构造一个估计量,直接代表相应的总体参数,即只给出一个估计值的方法。点估计的质量取决于估计量的优良程度。

(2) 区间估计。它不是以一个数值对总体参数做简单地推断,而是以一个数区间对总体参数的可能范围做出估计,它能说明估计的精度和可信程度。事实上绝大部分抽样调查的参数估计都采用区间估计的形式,需要指出,点估计是区间估计的基础和条件,区间估计则是在点值估计的基础上,加减抽样极限误差所形成的。

三、全及总体总量指标的推断

推断全及总体总量指标的方法有直接换算法和修正系数法。

(1) 直接换算法。又分为点估计推算法和区间估计推算法。前者就是直接将抽样平均数或成数,乘以总体单位数,来推断出总体的总量指标。后者则是将抽样平均数或成数,结合其抽样极限误差,来推断出总体总量指标的可能范围。

(2) 修正系数法。该方法主要用来检查全面调查数据的准确性,即将抽样调查资料和全面调查资料对比,确定一个差错比率,并以此对全面调查数据进行修正。

本章练习题

一、思考题

1. 什么是抽样调查?它有什么特点和作用?
2. 进行抽样调查,一般有哪些步骤?
3. 什么是全及总体和样本、重复抽样和不重复抽样、样本个数和样本容量、全及指标和抽样指标?为什么说全及指标是唯一确定的量,而抽样指标则是一个随机变量?
4. 抽样成数的概念表示什么含义?试举一例说明之。
5. 抽样误差与一般的调查误差有什么不同?试从误差的角度说明抽样调查与全面调查的优缺点。
6. 什么是抽样平均误差?怎样理解抽样平均误差也就是抽样指标的标准差?
7. 大数定律和中心极限定理的意义是什么?
8. 为什么不重复抽样的平均误差总是小于重复抽样的平均误差?
9. 怎样理解抽样极限误差的含义?
10. 抽样平均误差、抽样极限误差、概率度与估计精确度的关系是什么?
11. 如何处理估计精度与估计可信程度的矛盾?
12. 什么是点估计和区间估计?两者有何联系和区别?
13. 常用的抽样调查组织方式有哪几种?它们在计算抽样平均误差公式上有何不同?
14. 系统抽样中,确定抽样间隔应注意什么?
15. 分层抽样有哪些特点?在确定各层样本单位数时,有哪些分配方法?
16. 确定必要抽样单位数目的依据有哪些?如何计算必要抽样单位数目?
17. 样本方差与样本修正方差的关系如何?
18. 试举一个您熟悉的例子编制抽样调查方案,并计算有关抽样误差和抽样精度。

二、填空题

1. 抽样总体又称为_____,抽样单元又称为_____,样本容量与总体容量之比则称为_____。
2. 抽样推断的基础是_____。
3. 从总体 N 中抽取容量为 n 的样本,在重复抽样和不重复抽样条件下,所有可能的样本个数分别为_____个和_____个。
4. 从变量的角度看,抽样指标是一个_____变量,全及指标则是一个_____变量;从抽样推断的角度及要求看,抽样指标又称为_____,而全及指标则称为_____或_____。
5. _____和_____为抽样推断提供了主要理论依据。

6. 抽样推断中,判断一个样本估计量是否优良的标准是_____、_____和_____。

7. 抽样设计的比较标准主要有_____和_____。

8. 在抽样中,遵守_____是计算抽样误差的先决条件。

9. 抽样平均数的平均误差就是抽样平均数的_____,表明抽样平均数与总体平均数之间的_____,在简单随机重复抽样条件下,它仅为总体标准差的_____。

10. 抽样平均误差和总体标志变动度的大小成_____,与样本容量的平方根成_____,如其他条件不变,抽样平均误差要减少 $\frac{1}{4}$,则样本容量应_____。

11. 如果全及平均数 $\bar{X}$ 落在区间 $(960, 1040)$ 内的概率是 95.45%,则抽样平均误差 $\mu_{\bar{x}}$ 等于_____。

12. 全及总体是非标志的平均数就是_____,可表示为_____;抽样总体是非标志的平均数就是_____,可表示为_____。

13. 当_____和_____时,可以认为抽样平均数和抽样成数的概率分布是趋近于正态分布的。

14. 不重复抽样的平均误差公式与重复抽样的平均误差公式相比,多一个_____,表达式为_____或_____,它的取值在_____和_____之间。

15. 进行抽样推断,不仅要考虑估计的_____,还应考虑估计的_____,这是抽样推断必须要解决的两个重要问题。

16. 如果抽样估计的可信程度分别为 68.27%、95%、95.45%、99.73%,在正态分布条件下,则概率度应为_____、_____、_____、_____。

17. 抽样极限误差通常是以_____为标准单位来衡量的,也可以用公式表示为_____。

18. _____抽样是抽样中最基本的方式,也是其他复杂抽样设计的基础,同时又是衡量其他抽样组织方式抽样效果的_____。

19. 系统抽样的排列标志可分为_____和_____两种,按_____标志排列的系统抽样的抽样误差是按照分层抽样的误差公式来计算的。

20. 系统抽样应避免抽样间隔和现象本身的_____或_____相重合而引起_____误差。

21. 分层抽样中,确定各层样本容量的方法主要有_____、_____和_____。其中,_____在实际应用中最为广泛,其公式为_____。

22. 整群抽样是对抽中的群内所有单位进行_____调查,因此其抽样误差不受_____的影响。

23. 整群抽样方式下,总体容量 $N=$_____个,样本容量 $n=$_____个。

24. 抽样估计的精度要求,通常是以允许的_____或_____来表示的。

25. 影响样本容量的主要因素有_____、_____、_____以及_____。

26. 抽样设计效果指标的表达式为＿＿＿＿＿＿，该指标值＿＿＿＿＿＿，说明某一抽样方式的估计效果优于简单随机抽样。

三、判析题

1. 成数的抽样平均误差小于 0.5。（   ）
2. 对一个服从正态分布的全及总体进行抽样调查，不论样本容量大小如何，其样本平均数的分布总是趋近于正态分布的。（   ）
3. 抽样的随机原则就是指客观现象的随机性。（   ）
4. 抽样的随机误差大小可以控制，但不能确定。（   ）
5. 允许误差可以小于、大于或等于抽样误差。（   ）
6. 样本方差是总体方差的一个无偏估计量。（   ）
7. 样本容量的大小与抽样推断的可信程度成正比。（   ）
8. 样本和全及总体的联系在于：样本来自全及总体，样本的分布有可能近似于全及总体的分布。（   ）
9. 重复抽样的抽样误差一定大于不重复抽样的抽样误差。（   ）
10. 抽样误差的产生是由于破坏了抽样的随机原则而造成的。（   ）
11. 当样本容量 n 无限增大时，抽样平均数与总体平均数的绝对离差小于任意正数的可能性趋近于零的概率。（   ）
12. 抽样估计中，若各样本的样本平均数满足 $E(\bar{x})=\overline{X}$ 这一条件，则称样本平均数是总体平均数的一个无偏估计量。（   ）
13. 由抽样极限误差 Δ、抽样平均误差 μ、概率度 t 三者关系可知，当 μ 一定时，t 越小，则误差范围越小，估计的精度和可信程度越高。（   ）
14. 进行随机重复抽样，要使误差减少 20%，其他条件不变，则样本容量应增加 156%。（   ）
15. 整群抽样中，群数 R 的确定与总体容量及每群容量有关，而与抽选的间隔长短无关。（   ）
16. 按有关标志排列的系统抽样误差近似于纯随机不重复抽样的抽样误差。（   ）
17. 按无关标志排列的系统抽样，如抽样间隔与现象本身周期性节奏重合，则系统抽样的效率最低。（   ）
18. 类型抽样中，所谓等比例抽样是指样本单位数在各类之间的分配比例与总体单位数在各类之间的分配比例相同。（   ）
19. 样本方差 S^2 与样本修正方差的关系可表示为 $S^2 = \frac{n}{n-1}S_c^2$。（   ）
20. 点估计和区间估计的主要区别在于，前者不能说明估计的准确程度和可信程度，后者则能反映。（   ）
21. 抽样成数的抽样平均误差就是抽样成数的标准差。（   ）
22. 采用重复抽样或不重复抽样得到的样本可能数目是不同的。（   ）

四、单项选择题

1. 抽样调查中，无法消除的误差是（   ）。

A. 登记性误差 B. 系统性误差
C. 随机误差 D. 责任心误差

2. 抽样成数是一个（　　）。
   A. 比较相对数　B. 比例相对数　C. 强度相对数　D. 结构相对数

3. 根据组内方差资料计算抽样误差的抽样调查组织方式是（　　）。
   A. 整群抽样　　B. 等距抽样　　C. 类型抽样　　D. 纯随机抽样

4. 满足下列哪一个条件时，可以认为抽样成数的概率分布近似正态分布（　　）。
   A. $n \geq 30$　　$np \geq 5$　　$nq \geq 5$
   B. $n \geq 30$　　$np \leq 5$　　$nq \leq 5$
   C. $n \geq 30$　　$np \geq 5$　　$nq \geq 5$
   D. $n \geq 30$　　$np \leq 5$　　$nq \geq 5$

5. 根据3%的抽样调查资料，某小学一年级优秀生比例为10%，二年级为20%，在抽样人数相等的条件下，优秀生比例抽样误差（　　）。
   A. 一年级较大　B. 二年级较大　C. 相同　　　　D. 无法做出结论

6. 计算抽样平均误差 $\mu_{\bar{x}}$ 时，如有若干个标准差的资料，应根据（　　）计算。
   A. 最大一个　　B. 最小一个　　C. 中间一个　　D. 平均值

7. 根据5%的抽样调查资料，甲企业工人平均工资方差为25，乙企业为100，乙企业工人数比甲企业工人数多3倍，则随机抽样误差（　　）。
   A. 甲企业较大　B. 乙企业较大　C. 相同　　　　D. 不能做出结论

8. 比较重复与不重复纯随机抽样条件下抽样误差的大小，若不重复抽样为全及总体36%的情况下，抽样误差比在重复抽样情况下要小（　　）。
   A. 20%　　　　B. 36%　　　　C. 80%　　　　D. 64%

9. 根据抽样测定100名4岁男孩身体发育情况的资料，平均身高为95 cm，均方差为4 cm。用（　　）概率可确信4岁男孩平均身高在93.8 cm到96.2 cm之间。
   A. 68.27%　　 B. 90%　　　　C. 95.45%　　 D. 99.73%

10. 根据抽样调查的资料，某企业工人生产定额平均完成百分比为165%，抽样平均误差为1%，概率为95.45%时，可以断定生产定额平均完成百分比（　　）。
    A. 不大于167%　　　　　　　　B. 不小于167%
    C. 在163%到167%之间　　　　 D. 不大于163%和不小于167%

11. 根据城市电信网的100次通话，已知通话平均时间为4分钟，均方差为2分钟，在概率为95.45%时，通话平均持续时间的抽样极限误差是（　　）。
    A. 0.2　　　　B. 0.4　　　　C. 0.28　　　 D. 0.14

五、多项选择题

1. 全面调查和抽样调查中都存在的误差是（　　）。
   A. 系统性误差　　　　　　　　B. 登记性误差
   C. 责任心误差　　　　　　　　D. 代表性误差
   E. 技术性误差

2. 抽样调查中（　　）。

A. 全及总体是唯一确定的 B. 全及指标是唯一确定的
C. 样本指标是随机变量 D. 总体参数是随机变量
E. 抽样成数是唯一确定的

3. 重复抽样的特点是( )。
   A. 每次抽选时,总体单位数始终不变
   B. 每次抽选时,总体单位数逐渐减少
   C. 各单位被抽中的机会在各次抽选中相等
   D. 各单位被抽中的机会在各次抽选中不等
   E. 各次抽选相互独立

4. 抽样误差( )。
   A. 是随机变量
   B. 是一系列抽样指标的标准差
   C. 是估计值与总体参数之间的最大绝对误差
   D. 是违反随机原则而产生的偏差
   E. 其值越大,表明估计的精度越高

5. 在其他条件不变的情况下,t、μ 和 Δ 之间有如下关系( )。
   A. 允许误差范围越大,估计的概率保证程度越大
   B. 允许误差范围越小,估计的准确程度越高
   C. 概率度越小,估计的可信程度越高
   D. 概率度越大,估计的准确程度越高
   E. 概率度越小,估计的可信程度越低

6. 抽样调查与其他非全面调查的区别主要在于( )。
   A. 它是一种专门组织的非全面调查
   B. 是根据随机原则来抽取调查单位的
   C. 可根据部分单位的实际资料对全部总体的数量特征做出估计
   D. 抽样推断产生的误差可事先计算并加以控制
   E. 调查的单位少,调查的范围小

7. 在其他条件相同情况下,比较各种抽样组织方式的抽样误差,可以发现( )。
   A. 整群抽样 $\mu_{\bar{x}}$ 一般比其他抽样方式 $\mu_{\bar{x}}$ 大
   B. 类型抽样 $\mu_{\bar{x}}$ 最大
   C. 分层抽样 $\mu_{\bar{x}}$ 比纯随机抽样 $\mu_{\bar{x}}$ 小
   D. 系统抽样 $\mu_{\bar{x}}$ 最小
   E. 有关标志等距抽样 $\mu_{\bar{x}}$ 比简单随机抽样 $\mu_{\bar{x}}$ 小

8. 分层抽样误差的大小主要取决于( )。
   A. 总体标志值的变异程度   B. 各层内标志值的变异程度
   C. 各层间标志值的变异程度 D. 各层样本容量的大小
   E. 各层样本容量的分配方法

9. 抽样极限误差 Δ_P 的实际意义是期望被推断的全及成数 P 包含在( )。

A. 抽样成数 $p\pm\Delta_P$ 的范围内

B. 抽样成数 p 为中心,区间长度为 Δ_P 的范围内

C. 抽样成数 p 为中心,区间长度为 $2\Delta_P$ 的范围内

D. 抽样成数 p 为中心,区间长度为 $3\Delta_P$ 的范围内

E. 抽样成数 p 为中心,区间长度为 $4\Delta_P$ 的范围内

10. 在概率度 t 一定的条件下( )。

A. 抽样误差范围越大,应抽取的单位数越多

B. 抽样误差范围越小,应抽取的单位数越多

C. 允许的相对误差越大,应抽取的单位数越少

D. 允许的相对误差越小,应抽取的单位数越少

E. 抽样误差范围越大,样本标志值之间的离差越大

六、计算题

1. 对砖的质量进行抽样调查,随机抽出 300 块砖,其中有废砖 6 块,试计算不合格的砖占全部砖的比重(概率保证程度为 95.45%)。

2. 在某工地抽查 144 名工人,测得每人平均挖土 4.95 m³,$\sigma^2=2.25$,试以 95.45% 的概率推断全部工人的平均挖土量。

3. 某学校进行了一次全校性的英语测试,为了了解考试情况,从参加测试的 1000 名学生中,随机重复抽选了 10% 进行调查,所得的分配数列如下:

测试成绩(分)	60 以下	60~70	70~80	80~90	90 以上
学生数(人)	10	20	22	40	8

试以 95.45% 的可靠性估计:

(1) 该校学生英语测试的平均成绩;

(2) 平均成绩在 80 分以上的学生所占的比重。

4. 某灯泡厂有甲、乙两个车间,都生产 A 型灯泡,由于甲车间引进了新设备,提高了生产效率,产量是乙车间的 1.5 倍。现要了解该厂 A 型灯泡的使用寿命,按产量比例分别在甲乙两个车间进行抽样检验,共抽验 100 个灯泡,取得的样本资料如下:

	平均使用寿命(小时)	标准差(小时)
甲车间产品	2000	6
乙车间产品	1800	8

试从 95.45% 的把握程度,估计该厂 A 型灯泡的平均使用寿命的范围。

5. 某台机器加工某种零件,全天 24 小时中,每隔 1 小时抽取 5 分钟的零件进行检查,得出合格品比重为 90%,群间方差为 5%,试推断全天的产品合格率(概率保证程度为 95.45%)。

6. 已知某企业职工的收入情况如下:

不同收入类型	职工人数（人）	抽样人数(5%)（人）	月平均收入（元）	各类职工收入的标准差(元)
高	200		1320	48
中	1600		804	30
低	1200		600	45
合计	3000	150		

根据上表资料计算

(1) 抽样月平均收入；

(2) 月平均收入的抽样误差；

(3) 概率为 0.95 时，职工月平均收入的可能范围。

7. 对一批洗衣机的质量进行抽样检验，随机抽出 200 台，发现 6 台不合格，要求：

(1) 以 68.27% 的可靠程度推断这批洗衣机的合格率。

(2) 若概率保证程度提高到 95%，则这批洗衣机的合格率范围是多少？

(3) 由此说明误差范围与概率度之间的关系。

8. (1) 若抽样单位数增加 2 倍或 2.5 倍时，随机重复抽样平均误差如何变化？(2) 若抽样单位数减少一半或减少 30% 时，抽样平均误差又将怎样变化？(3) 若要使抽样平均误差减少 20%，其他条件不变，抽样单位数应如何改变？(4) 在随机不重复抽样中，若抽样单位数从 3% 增加到 20%，其他条件不变，则抽样平均误差如何变化？

9. 某制鞋厂对某种类型的鞋子进行耐穿期抽样检验，经过两次小型抽样检验，已知标准差为 17 天与 20 天，试问在允许误差不超过 1 天、概率为 95.45% 的要求下，至少应抽查多少双鞋？

10. 如果成数方差未知，为使全及成数和抽样成数的误差不超过 2%，概率保证程度为 99.73%，则随机重复抽样单位数应为多少？

11. 某乡有农民 10000 户，随机抽取 100 户，取得数据经整理得如下分配数列：

月纯收入(元)	户数	月纯收入(元)	户数
30 以下	3	70～90	25
30～50	18	90～100	12
50～70	32	100 以上	10

试以 95.45% 的可靠性估计该乡万户农民的平均月纯收入。

12. 某乡某年播种小麦 250 公顷。随机抽查 25 公顷，测得每公顷产量为 3450 kg，标准差为 20 kg。试计算：

(1) 概率为 95% 的条件下，平均每公顷产量的可能范围。

(2) 推算 250 公顷小麦总产量的可能范围。

13. 某乡从所属的 21 个村中抽取 3 个村，调查所有养鸡专业户的年平均收入，得以下资料：

	养鸡专业户数	年平均收入（元）
小河村	5	20000
大王村	8	25000
光林村	3	18000

要求：

(1) 计算年平均收入的抽样误差；

(2) 推算在 95% 的概率保证下，全乡养鸡专业户年平均收入的估计范围。

14. 成年男子身高呈正态分布，又知身高平均值为 170 cm，标准差为 12 cm。

(1) 若抽查 16 人，有多大可能这 16 人的平均身高在 167 cm～173 cm；(2) 如果进行一次成年男子身高的抽样调查，要求以 95.45% 的把握程度保证允许误差不超过 3 cm，则需抽查多少人？(3) 如果要求抽样精度提高一倍，概率不变，需抽查多少人？(4) 如果概率保证程度也要求提高为 99.73%，需抽查多少人？

15. 假定两个抽样总体，抽样单位数均为 400 个，抽样平均数分别为 36 和 25，相应的标准差系数为 30% 和 20%，试以 95.45% 的概率来确定两个抽样总体的抽样极限误差和相对极限误差，并就结论略加说明。

16. 某大型企业有职工 1 万人，其中生产工人 6000 人，非生产工人 4000 人，现拟进行有关职工周生活费支出的分层抽样调查，有关资料如下：

生产工人		非生产工人	
周生活费支出（元）	人数	周生活费支出（元）	人数
60	20	60	10
80	30	80	20
90	10	100	10

要求这次抽样的误差范围不超过 1 元，概率保证程度为 95.45%，要求：

(1) 若按分层不重复抽样方式需抽多少单位？

(2) 若其他条件不变，按简单随机不重复抽样方式需抽多少单位？

(3) 二者比较，抽样单位数目有何变化？

17. 若从 4 名职工总体中任意可重复抽选 2 人，测定 4 人的月奖金收入。假定测得他们的月奖金收入分别为 80,100,120,140 元，试用抽样误差的原理式和应用计算式分别计算抽样平均误差，并比较它们之间的大小。

18. 已知样本容量为 40，样本中具有某种特定特征的个体总数为 12，样本平均数为 112，样本中各标志值与样本平均数的离差平方总和为 5420，试以 95% 的可靠性推断总体的全及指标。

本章练习题参考答案

一、思考题（略）

二、填空题

1. 样本、样本单位、抽样比（例）

2. 样本

3. N^n、C_N^n

4. 随机、确定性、样本估计量、总体参数、调查目标值

5. 大数定律、中心极限定理

6. 无偏性、一致性、有效性

7. 最小抽样误差原则、最少经济费用原则

8. 随机原则

9. 标准差、平均误差（离散）程度、$\frac{1}{\sqrt{n}}$

10. 正比、反比、增大到 16 倍

11. 20

12. 全及（总体）成数、$P=\frac{N_1}{N}$、抽样（样本）成数、$p=\frac{n_1}{n}$

13. $n\geqslant 30$，$n\geqslant 30$，$nP\geqslant 5$，$n(1-P)\geqslant 5$

14. 校正因子、$\frac{N-n}{N-1}$、$1-\frac{n}{N}$、0、1

15. 准确程度（精度）、可信（可靠、把握）程度

16. 1，1.96，2，3

17. 抽样平均误差、$\Delta=t\mu$

18. 简单随机、比较标准

19. 无关标志、有关标志、有关标志

20. 节奏性、循环周期、系统性

21. 比例分配法、适度分配法、最优分配法、比例分配法、$n_i=\frac{N_i}{N}\times n$

22. 全面、组（群）内方差

23. RM、rM

24. 最大绝对误差 Δ、相对误差 R

25. 被研究总体标志的变异程度、允许的误差范围、抽样估计的可信程度、抽样方式和方法

26. $\text{deff}=\frac{D(\hat{\theta}_1)}{D(\hat{\theta}_0)}$、小于 1

三、判析题

1. √ 2. √ 3. × 4. √ 5. √ 6. × 7. √ 8. √ 9. √ 10. × 11. × 12. √
13. × 14. × 15. √ 16. × 17. √ 18. √ 19. × 20. √ 21. √ 22. √

四、单项选择题

1. C 2. D 3. C 4. A 5. B 6. A 7. C 8. A 9. D 10. C 11. B

五、多项选择题

1. B,C,E 2. A,B,C 3. A,C,E 4. A,B 5. A,B,E 6. B,C,D 7. A,C,E 8. B,D,E
9. A,B 10. B,C,E

六、计算题

1. 解：
$0.38\% \leqslant P \leqslant 3.62\%$。

2. 解：

4.7 m³ ≤ $\bar{X}$ ≤ 5.2 m³。

3. 解：

(1) 74.32(分) ≤ $\bar{X}$ ≤ 78.88(分)；(2) 38% ≤ P ≤ 58%。

4. 解：

1918.63 小时 ≤ $\bar{X}$ ≤ 1921.37 小时。

5. 解：

81.26% ≤ P ≤ 98.74%。

6. 解：

(1) $\bar{x}$ = 756.8(元)；

(2) $\mu_{\bar{x}}$ = 3.1023(重复抽样)，

$\mu_{\bar{x}}$ = 3.0237(不重复抽样)；

(3) 750.72 元 ≤ $\bar{X}$ ≤ 762.88 元(重复抽样)，

750.87 元 ≤ $\bar{X}$ ≤ 762.73 元(不重复抽样)。

7. 解：

(1) 95.79% ≤ P ≤ 98.21%；

(2) 94.63% ≤ P ≤ 99.37%；

(3) 概率度 t 与误差范围 Δ 成正比，t 越大，Δ 也越大，说明估计的可信度增大，但精确度降低。

8. 解：

(1) $\mu_{\bar{x}}$ 分别为原来的 57.73% 和 53.45%；

(2) $\mu_{\bar{x}}$ 分别为原来的 1.4142 倍和 1.1952 倍；

(3) n 增加 56.25%；

(4) 抽样平均误差减少 64.8%。

9. 解：

n = 1600 双。

10. 解：

n = 5625。

11. 解：

$\bar{X}$ = 68.9(元)，$\mu_{\bar{x}}$ = 2.2 元，

64.5 元 ≤ $\bar{X}$ ≤ 73.3 元。

12. 解：

(1) $\mu_{\bar{x}}$ = 4 kg，

3442.16 kg ≤ $\bar{X}$ ≤ 3457.84 kg；

(2) 860540 kg ≤ $N\bar{X}$ ≤ 864460 kg。

13. 解：

(1) $\mu_{\bar{x}}$ = 1684.58(元)；

(2) 18823.22(元) ≤ $\bar{X}$ ≤ 25426.78(元)。

14. 解：

(1) 概率为 68.27%；

(2) 64 人；

(3) 256 人；

(4) 576 人。

15. 解：

(1) $\Delta_{\bar{x}_1}=1.08, \Delta_{\bar{x}_2}=0.5$,

 $R_{\bar{x}_1}=3\%, R_{\bar{x}_2}=2\%$；

(2) 上述结论表明，在相同的抽样数目条件下，对变异程度小的总体估计的精度要高些。

16. 解：

(1) 需抽 584 人；

(2) 需抽 605 人；

(3) 同样条件下，分层抽样比简单随机抽样所需抽样单位数少。

17. 解：

$\mu_{\bar{x}}=15.81$(元)，原理式与应用式结果一样。

18. 解：

$108.39 \leqslant \bar{X} \leqslant 115.61, 0.16 \leqslant P \leqslant 0.44$。

第八章 相关与回归分析

教学目的与要求

本章主要讲述了两大内容,相关分析和回归分析。学习本章,要求掌握相关关系的概念、特点、分类以及相关图表的绘制方法。了解直线相关分析的原理,掌握直线相关系数的计算及检验,能正确将它用于经济变量之间相关关系的测度。掌握等级相关系数的计算及应用。了解回归分析的原理,能对具有相关关系的变量之间数量变化的一般关系进行测定——建立回归方程,进行参数估计,并据此估计推断。能将非线性方程转化为线性方程进行计算和求解。掌握回归方程的检验及预测的有关方法,能正确计算、分析和运用可决系数、相关指数和估计标准误差进行回归区间预测。

学习本章的最终目的,是要能熟练地运用相关与回归分析方法来解决统计实践中的实际经济预测问题。平时学习中,可利用统计年鉴资料,结合实例,进行相关与回归分析方法的练习,来提高实际分析和应用的能力。

本章内容提要图示

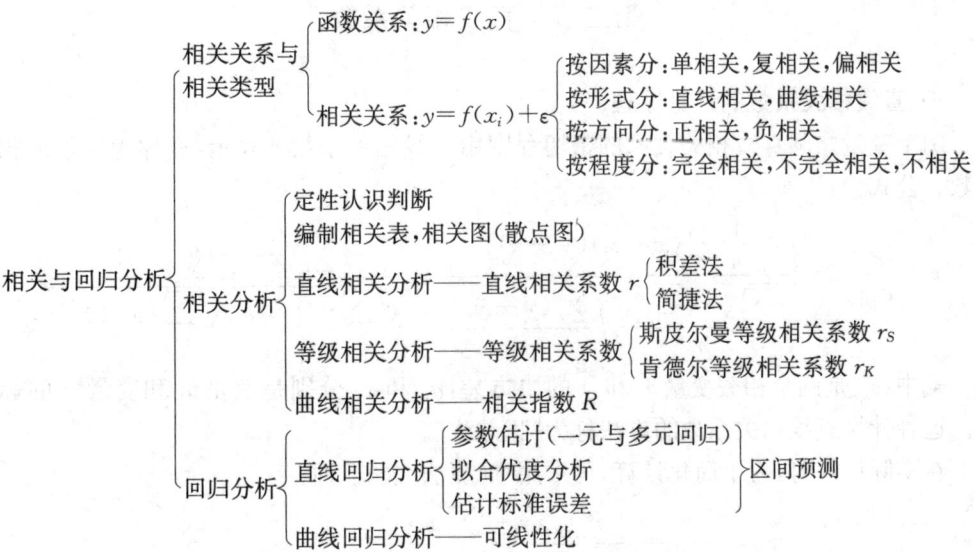

本章内容提要

第一节 相关分析的概念和任务

一、相关关系的概念

现实经济中变量之间的关系大体上可分为两类：(1) 确定性关系，又称为函数关系，即对于某一变量的给定值，另一个变量都有确定的值与之相对应，可用函数式 $y=f(x)$ 表示。(2) 非确定性关系，又称为相关关系，即变量之间存在一定的依存关系，但这种关系并不是严格确定的，当一个变量取某一确定的值时，另一个变量的取值在一定范围内波动。其一般式为：

$$y=f(x_i)+\varepsilon。$$

二、相关类型及其图示

相关的分类：① 按相关因素的多少分，可分为单相关和复相关；② 按相关的表现形式不同分，可分为直线相关和曲线相关；③ 直线相关按变动的方向不同，可分为正相关和负相关；④ 按相关的程度分，可分为完全相关、不完全相关和不相关。

相关图又称为散点图，通过对图中各个观察点的分布状况进行观察，可揭示出变量之间相关的类型。

三、相关分析的任务

相关关系的研究，一是研究变量之间关系的密切程度，狭义上称之为相关分析；二是采用适当的数学方程表述变量之间的变动关系，狭义上称之为回归分析。

相关分析和回归分析的联系与区别。

第二节 直线相关系数

一、直线相关系数的计算原理

两个变量之间直线相关关系的密切程度用直线相关系数 r 表示，亦称为皮尔逊相关系数。公式为：

$$r=\frac{\sigma_{xy}^2}{\sigma_x\sigma_y}=\frac{\frac{1}{n}\sum(x-\bar{x})(y-\bar{y})}{\sqrt{\frac{\sum(x-\bar{x})^2}{n}}\sqrt{\frac{\sum(y-\bar{y})^2}{n}}}=\frac{\sum(x-\bar{x})(y-\bar{y})}{\sqrt{\sum(x-\bar{x})^2}\sqrt{\sum(y-\bar{y})^2}}。$$

式中：σ_{xy}^2 是两个相关变量 x 和 y 的协方差，σ_x 和 σ_y 分别是变量 x 和变量 y 的标准差。这种计算直线相关系数的方法称为"积差法"。

在实际计算时，为了简化计算，可采用"简捷法"公式，即：

$$r=\frac{n\sum xy-\sum x\cdot\sum y}{\sqrt{[n\sum x^2-(\sum x)^2][n\sum y^2-(\sum y)^2]}}。$$

二、直线相关系数的解释

r 的数值介于 -1 和 $+1$ 之间,$r<0$ 表示负相关,$r>0$ 表示正相关。$|r|$ 值越接近于 1,表明两变量之间的线性相关程度越高,如等于 1,说明完全相关。$|r|$ 值越接近于 0,说明两变量之间的线性相关程度越低,如等于 0,说明不存在线性相关关系,但有可能存在曲线相关关系。评价不完全相关常用下列标准判断:$|r|<0.3$,微弱相关;$0.3<|r|<0.5$,低度相关;$0.5<|r|<0.8$,中度相关;$|r|>0.8$,高度相关。

第三节 等级相关系数

等级相关系数主要用于计算观察数据的序数或等级,它把数量标志或品质标志的具体表现改编成等级,得到两个等级序列,再测定两个等级序列的相关程度。常用的有斯皮尔曼等级相关系数和肯德尔等级相关系数,其测定原理与直线相关系数 r 相似。肯德尔等级相关系数有多种,主要是交错系数和和谐系数,前者用于测定两个变量间的等级相关程度,后者用于测定多个变量间的等级相关程度。计算公式分别为:

斯皮尔曼等级相关系数 $\quad r_S = 1 - \dfrac{6\sum D^2}{n(n^2-1)}$;

肯德尔交错系数 $\quad r_K = 1 - \dfrac{4\sum i}{n(n-1)}$;

肯德尔和谐系数 $\quad r_K = \dfrac{12\sum R^2}{k^2 n(n^2-1)} - \dfrac{3(n+1)}{n-1}$。

需要注意 r_S 与 r 的关系:即 $|r|=1$,则 $|r_S|=1$;而 $|r_S|=1$,则 $|r|$ 不一定等于 1。

第四节 回归分析

相关分析研究的是如何测定变量 x 和 y 之间关系的紧密程度,而回归分析则是根据变量 x 与 y 之间的关系,建立两个变量之间的函数关系近似表达式并进行参数估计和预测分析。

回归有简单回归(一元回归,指两个变量)和复回归(多元回归,指三个及三个以上变量);有线性(直线)回归和非线性(曲线)回归。简单线性回归分析是一般回归分析的基础。

一、简单线性回归分析

简单线性回归方程的一般形式为:

$$y_c = a + bx,$$

式中,y_c 为 y 的估计值或预测值;a 为截距,说明 x 为 0 时,y_c 的估计值;b 为斜率,说明 x 每增加一个单位所引起的 y 的增加值,称为回归系数。以最小二乘法求解直线回归方程,可得如下标准(正规)方程:

$$\sum y = na + b\sum x;$$

$$\sum xy = a\sum x + b\sum x^2 。$$

整理得

$$b = \frac{n\sum xy - \sum x \sum y}{n\sum x^2 - (\sum x)^2};$$

$$a = \frac{\sum y}{n} - b\frac{\sum x}{n} = \bar{y} - b\bar{x} 。$$

当变量 x 和 y 存在互为因果关系,可以建立 x 对 y 的直线回归方程,即:

$$x_c = a' + b'y ,$$

按最小二乘法求解,可得:

$$b' = \frac{n\sum yx - \sum y \sum x}{n\sum y^2 - (\sum y)^2};$$

$$a' = \bar{x} - b'\bar{y} 。$$

相关系数与回归系数之间有着数量上的联系,可用以下公式表示:

(1) $r = \sqrt{b \cdot b'}$;

(2) $r = \frac{\sigma_x}{\sigma_y} \cdot b$ 或 $b = r \cdot \frac{\sigma_y}{\sigma_x}$。

二、回归方程的代表性分析

运用回归方程进行预测之前,需要检验回归方程的代表性。检验方程回归系数拟合优劣程度的指标有可决系数、相关指(系)数、估计标准误差等,为此需进行变差分析。

(一) 总变差的分解

线性回归方程的总变差可以分解为:

总变差(S_T) = 回归变差(S_R) + 剩余变差(S_E);

$$\sum (y - \bar{y})^2 = \sum (y_c - \bar{y})^2 + \sum (y - y_c)^2 。$$

总变差表示各观察值 y 与平均值 $\bar{y}$ 的离差平方和;回归变差表示估计值 y_c 与平均值 $\bar{y}$ 的离差平方和,它说明各个估计值 y_c 的变动是由于 x 的变动而引起的变动程度,说明 S_R 是由 x 和 y 的直线回归关系引起的,是可以由回归直线做出解释的部分;剩余变差是各观察值与估计值的离差平方和,表示各观察值 y 围绕回归直线 $y_c = a + bx$ 的变动程度,它是除了 x 对 y 的线性影响之外的一切随机因素所引起的 y 的变动,是回归直线所不能解释的部分。

(二) 可决系数和相关指数

在总变差中,回归变差占总变差的比例,称为可决系数,用 R^2 表示,公式为:

$$R^2 = \frac{\sum (y_c - \bar{y})^2}{\sum (y - \bar{y})^2} = 1 - \frac{\sum (y - y_c)^2}{\sum (y - \bar{y})^2} \quad 0 \leqslant R^2 \leqslant 1 。$$

可决系数 R^2 越大,即回归变差占总变差的比重越大,说明观察值离回归直线越近,用自变量 x 通过回归方程求得其相应的 y_c 值去估计实际值 y 就越准确,说明 x 与 y 之间关系越密切,回归直线的代表性越好。

将可决系数开平方根,可得相关指数 R,公式为:

$$R = \pm\sqrt{\frac{\sum(y_c - \bar{y})^2}{\sum(y - \bar{y})_2}} = \pm\sqrt{1 - \frac{\sum(y - y_c)^2}{\sum(y - \bar{y})^2}} \quad -1 \leqslant R \leqslant +1。$$

无论是直线相关还是曲线相关,都可以用相关指数来反映相关程度。直线相关条件下,$R=r$,R 的符号应与回归系数 b 的符号一致,以说明正相关还是负相关。

(三)估计标准误差与回归区间估计

回归直线是在直线相关条件下反映两个变量之间一般数量关系的平均线。为了说明这条平均线的代表性大小,可采用估计标准误差指标 $S_{y \cdot x}$ 来反映,其公式为:

$$S_{y \cdot x} = \sqrt{\frac{\sum(y - y_c)^2}{n - 2}}。$$

为方便计算,也可按下式计算,即:

$$S_{y \cdot x} = \sqrt{\frac{\sum y^2 - a\sum y - b\sum xy}{n - 2}}。$$

从 $S_{y \cdot x}$ 的定义公式可知,估计标准误差是给定 x 值时,实际观察值 y 对其估计值 y_c 的平均离差。如 $S_{y \cdot x} = 0$,则 $y = y_c$,可见其值越小,则离散程度越小,估计值的代表性越高。因此,估计标准误差是用来说明回归方程估计结果准确程度,衡量回归直线代表性大小的重要指标。

估计标准误差与相关指数之间有着密切的联系。具体表现为:

$$R = \sqrt{1 - \frac{S_{y \cdot x}^2}{\sigma_y^2}}; \qquad S_{y \cdot x} = \sigma_y\sqrt{1 - R^2}。$$

在一定概率保证下,根据回归方程和估计标准误差,可用来对因变量 y 进行区间估计。在给定的概率度 t 下,因变量 y 的估计区间为 $y_c \pm tS_{y \cdot x}$ 范围之内。

三、多元线性回归与非线性回归分析

多元线性回归是因变量对两个或两个以上的变量进行线性回归分析。多元线性回归方程的一般式为:

$$y_c = a + b_1 x_1 + b_2 x_2 + \cdots + b_k x_k。$$

多元线性回归是一元线性回归的扩展,其分析原理与一元线性回归分析基本相似。

非线性回归变量的分析,可拟合适当的曲线方程来反映变量之间的关系,曲线方程从求解方法来说,比较复杂,但在很多情况下,可以将非线性方程进行线性化处理,如指数曲线、对数曲线、双曲线、幂函数、S 型曲线、抛物线等多种曲线形式,可以通过变量的变换转化为线性回归,再用线性回归分析方法来解决。

本章练习题

一、思考题

1. 什么是相关关系?其主要特征是什么?它和函数关系有何不同?举例说明之。

2. 概述相关分析与回归分析的联系和区别。

3. 应用相关分析法研究社会经济现象时,应注意什么问题?

4. 相关系数 r 值说明什么问题?

5. 什么是积差法公式?其原理是什么?

6. 试述等级相关的分析方法,并举例说明等级相关系数的运用。

7. 简单直线回归方程的基本形式是什么?其参数代表什么意义?

8. 如何根据最小二乘法求解回归直线?

9. 什么叫总变差、回归变差和剩余变差?怎样计算?其关系如何?

10. 什么是相关指数?如何计算?它与相关系数有什么联系和区别?

11. 什么叫估计标准误差?它有哪些作用?它与标准差有何异同点?

12. 回归系数与相关系数间有何关系?试以公式说明之?

13. 试说明相关指数与估计标准误差之间的联系。

14. 怎样进行 y 值的区间估计和预测?

15. 进行回归分析时,应注意哪些问题?

16. 如何求解二元线性回归方程?如何将非线性方程线性化,试列举两种曲线计算说明之。

二、填空题

1. 现象之间确实存在的,但关系数值不确定的相互依存关系称为_____,又称为_____。

2. 在相关关系中,有许多是由于_____而产生的。

3. 相关关系的一般式为_____。

4. 直线相关中,如变量 x 增加或减少,变量 y 也相应增加或减少,称为_____;如 x 增加或减少,y 也相应减少或增加,称为_____。

5. 相关关系和函数关系并没有严格的界限,从统计意义上讲,函数关系就是_____关系。

6. 变量 x 与 y 间存在一定的依存关系,但又不是函数关系,则称为_____相关。

7. 单相关是指_____之间的相关关系,复相关是指_____之间的相关关系。

8. 直线相关分析中,两个变量之间是_____关系;直线回归分析中,两个变量之间是_____。

9. 反映直线相关关系密切程度的指标是_____;反映曲线相关关系密切程度的指标是_____。

10. 相关系数 r 的取值在_____和_____之间,其绝对值在 0.3 与 0.5 之间,称为_____,在 0.8 以上,称为_____。

11. 相关分析中,$\frac{1}{n}\sum(x-\bar{x})(y-\bar{y})$ 称为_____,它表示_____。

12. 当处理的数据表现为_____时,应计算等级相关系数来测定变量间的相关程度。

13. 在确定等级相关中两个变量序列的等级时,如遇有相同变量值的情况,应以_____为各自的等级。

14. 测定多个变量之间等级相关程度的指标称为_____,其算式中的 R 代表_____。

15. 直线回归方程 $y_c=a+bx$ 中,b 称为_____,如 $b>0$,说明 x 与 y 之间是_____关系,该直线为一条_____直线;如 $b<0$,说明 x 与 y 之间是_____关系,该直线为一条_____直线。

16. 如两个变量存在_____关系,可求得两个直线回归方程,即_____直线回归方程与_____直线回归方程。

17. 相关系数 r 等于两个回归系数 b,b' 的_____。

18. 各观察值 y 与平均值 $\bar{y}$ 的离差平方和称为_____,它可以分解为_____和_____两部分,用公式表示为_____和_____。

19. 可决系数 R^2 是指_____占_____的比例,其值等于1,说明变量之间_____,其值等于0,说明变量之间_____。

20. _____条件下,相关指数 R 等于相关系数 r,_____条件下,R 具有独立运用的意义。

21. 说明回归直线代表性大小和回归方程推算结果准确程度的分析指标称为_____,其公式为_____。

22. $S_{x \cdot y}$ 是表示_____回归方程的估计标准误差,它与_____指标的性质、计算方法有相似之处,只不过后者用来说明_____的代表性大小,而它则用来说明_____的代表性大小。

23. 若相关指数 $R=0$,则估计标准误差 $S_{y \cdot x}=$_____;若相关指数 $R=1$,则估计标准误差 $S_{y \cdot x}=$_____。

24. $y_c=a+b_1x_1+b_2x_2+b_3x_3$ 称为_____方程,b_1,b_2,b_3 称为_____。

25. 对 S 型曲线 $y=\dfrac{1}{a+be^{-x}}$,可令 $y'=$_____,$x'=$_____,就能将其转化为线性方程_____进行处理。

26. 拟合回归直线最常用的方法是_____。

27. 进行一元线性回归预测,如概率保证程度为 95.45%,其预测区间公式应为_____。

三、判析题

1. 计算相关系数时,应首先确定自变量和因变量。（　　）
2. 相关系数 r 等于0,说明两变量之间不存在相关关系。（　　）
3. 如两组资料的协方差相同,则说明这两组资料的相关程度也相同。（　　）
4. 相关与回归分析是在定性分析的基础上进行的定量分析。（　　）
5. 积差法相关系数 r 实质上就是两变量离差系数乘积的平均数。（　　）

6. 根据每对 x 和 y 的等级计算结果得 $6\sum D^2 = 0$,说明 x 与 y 之间不相关。
（   ）

7. 根据同一组数据计算的两条回归直线重合的条件是变量 x 与 y 之间高度相关。
（   ）

8. 回归方程中,回归系数 b 的绝对值大小与变量所用计量单位的大小有关。（   ）

9. 由直线回归方程 $y_c = -450 + 2.5x$,可知变量 x 与 y 之间存在正相关关系。
（   ）

10. 根据一定范围内的有限资料建立的回归方程,一般适用于内插而不宜外推。
（   ）

11. 回归系数 b 大于 0 或小于 0 时,则相关系数 r 也大于 0 或小于 0。（   ）

12. 可决系数 $R^2 = 0.8$,表明在 y 的总变差中有 20% 的变差是由随机因素引起的。
（   ）

13. 如变量 x 和 y 的等级相同而变动方向相反,则 x 与 y 之间存在完全负相关。
（   ）

14. 可决系数是衡量因变量 y 随自变量 x 的变动而出现的变异在回归线的变异总值中所占的比重。
（   ）

15. 样本回归方程的 y 轴截距与总体回归方程的 y 轴截距可能不同,但它们的斜率总是相等的。
（   ）

16. 剩余变差可表示为回归标准差平方的 $(n-2)$ 倍。（   ）

17. 如估计标准误差 $S_{y \cdot x} = 0$,说明实际值 y 与估计值 y_c 完全一致。（   ）

18. 如估计标准误差 $S_{y \cdot x} = \sigma_y$,则表明拟合的回归直线 $y_c = \bar{y}$。（   ）

19. 估计标准误差 $S_{y \cdot x}$ 与 $S_{x \cdot y}$ 的值是相同的。（   ）

20. 如剩余变差等于总变差,说明变量 x 与 y 之间完全相关。（   ）

21. 当变量 x 与 y 之间存在严格的函数关系时,x 倚 y 的回归直线和 y 倚 x 的回归直线才能重合。
（   ）

22. 如 $|r_s| = 1$,则 $|r|$ 不一定等于 1。（   ）

四、单项选择题

1. 相关分析是一种（   ）。

   A. 定性分析　　　　　　　　B. 定量分析
   C. 以定性分析为前提的定量分析　　D. 以定量分析为前提的定性分析

2. 相关分析中,用于判断两个变量之间相关关系类型的图形是（   ）。

   A. 直方图　　　　　　　　　B. 散点图
   C. 次数分布多边形图　　　　D. 累计频率曲线图

3. 学生的学号与学习成绩之间的相关系数如等于 0.82,可以断定两者是（   ）。

   A. 高度相关　　B. 直线相关　　C. 不完全正相关　　D. 虚假相关

4. 两个相关变量呈反方向变化,则其相关系数 r（   ）。

   A. 小于 0　　　B. 大于 0　　　C. 等于 0　　　D. 等于 1

5. 相关分析和回归分析的一个重要区别是( )。
   A. 前者具有方向性,后者没有方向性　B. 前者没有方向性,后者具有方向性
   C. 两者都具有方向性　　　　　　　　D. 两者都没有方向性
6. 当所有观察值都落在回归直线 $y_c = a + bx$ 上,则变量 x 与 y 之间的相关系数为( )。
   A. 0　　　　　B. 1　　　　　C. +1 或 −1　　　　　D. 小于 1 大于 0
7. 每吨铸件的成本(元)和每一工人劳动生产率(吨/人)之间的线性回归方程为 $y = 300 - 2.5x$,这说明劳动生产率提高 1 吨,成本( )。
   A. 降低 297.5 元　　　　　　　　B. 提高 297.5 元
   C. 提高 2.5 元　　　　　　　　　D. 降低 2.5 元
8. 下列直线回归方程中,( )是错误的。
   A. $y = 35 + 0.3x, r = 0.8$　　　　B. $y = -124 + 1.4x, r = 0.89$
   C. $y = 18 - 2.2x, r = 0.74$　　　　D. $y = -87 - 0.9x, r = -0.9$
9. 根据线性回归方程求出下述指标,其中( )是错误的。
   A. 可决系数为 0.49　　　　　　　B. 回归系数为 0.2
   C. 相关指数为 0.7　　　　　　　　D. 相关系数为 0.8
10. 多元线性回归方程 $y_c = a + b_1 x_1 + b_2 x_2 + b_3 x_3$ 中,b_2 说明( )。
    A. x_2 与 y_c 之间的相关程度
    B. x_2 每变化一个单位,y_c 平均变化多少单位
    C. 当 x_1, x_3 不变时,x_2 每变化一个单位,y_c 平均变化多少单位
    D. 在影响 y_c 的所有因素不变时,x_2 每变化一个单位,y_c 平均变化多少单位
11. 可决系数是指( )。
    A. $\sum(y - y_c)^2$ 占 $\sum(y - \bar{y})^2$ 的比重
    B. $\sum(y - \bar{y})^2$ 占 $\sum(y_c - \bar{y})^2$ 的比重
    C. $\sum(y_c - \bar{y})^2$ 占 $\sum(y - y_c)^2$ 的比重
    D. $\sum(y_c - \bar{y})^2$ 占 $\sum(y - \bar{y})^2$ 的比重
12. 相关系数 r 与等级相关系数 r_S 有下述关系( )。
    A. $|r| = 1$,则 $|r_S| = 1$　　　　B. $|r| = 1$,则 $r_S = 0$
    C. $|r_S| = 1$,则 $|r| = 1$　　　　D. $|r_S| = 1$,则 $r = 0$
13. 当两个相关变量之间只有配合一条回归直线的可能,那么这两个变量之间的关系是( )。
    A. 明显因果关系
    B. 自身相关关系
    C. 完全相关关系
    D. 不存在明显因果关系而存在相互联系

五、多项选择题

1. 下列哪些现象之间存在相关关系( )。

A. 家庭收入与消费支出 B. 物价水平与商品需求量
C. 消费品物价与商业网点 D. 劳动消耗与产品产量
E. 时间与距离

2. 下述关系中,相关系数 $r<0$ 的是(　　)。
   A. 商业劳动效率与流通费用之间的关系
   B. 商品销售量与售价之间的关系
   C. 工业固定资产与产品价值量之间的关系
   D. 工业劳动生产率与生产单位产品的消耗时间之间的关系
   E. 单位产量的耗电量与单位成本之间的关系

3. 简单直线回归分析中(　　)。
   A. 两个变量之间是从属关系
   B. 要求因变量是随机的,自变量是给定值
   C. 在一定条件下,可以求得两个回归方程
   D. 两个回归方程的回归系数值是相同的
   E. 两条回归直线相交于 $\bar{x}$ 与 $\bar{y}$ 的交点

4. 如变量 x 与 y 之间的相关系数 $0<r<1$,从不同角度可说明 x 与 y 之间存在(　　)。
   A. 正相关   B. 高度相关   C. 直线相关   D. 单相关
   E. 不完全相关

5. 由直线回归方程 $y=a+bx$ 所推算出来的 y 值(　　)。
   A. 是一组估计值   B. 是一组平均值
   C. 是一个等差级数   D. 可能等于实际值
   E. 与实际值的离差平方和等于 0

6. 相关指数 R 和估计标准误差 $S_{y \cdot x}$ 的联系表现为(　　)
   A. R 越小,$S_{y \cdot x}$ 越大   B. R 越小,$S_{y \cdot x}$ 越小
   C. $R=0$,$S_{y \cdot x}=1$ D. $R=1$,$S_{y \cdot x}=0$
   E. $S_{y \cdot x}=\sigma_y \sqrt{1-R^2}$

7. 下列相关系数 r 的计算公式中,正确的是(　　)。
   A. $\dfrac{\overline{xy}-\bar{x}\,\bar{y}}{\sigma_x \sigma_y}$ B. $\dfrac{\sum(x-\bar{x})(y-\bar{y})}{\sqrt{\sum(x-\bar{x})^2 \cdot \sum(y-\bar{y})^2}}$
   C. $\dfrac{\sum xy-n\bar{x}\bar{y}}{\sqrt{\sum x^2-n\bar{x}^2}\sqrt{\sum y^2-n\bar{y}^2}}$ D. $\dfrac{\sum(x-\bar{x})(y-\bar{y})}{n\sigma_x \sigma_y}$
   E. $\dfrac{\sigma_{xy}}{\sigma_x^2 \sigma_y^2}$

8. 变差分析中,回归变差是指(　　)。
   A. 实际值 y 与平均值 $\bar{y}$ 的离差平方和
   B. 估计值 y_c 与平均值 $\bar{y}$ 的离差平方和

C. 实际值 y 与估计值 y_c 的离差平方和

D. 受自变量 x 变动影响所引起的变差

E. 受随机因素影响所产生的变差

9. 估计标准误差可用于（　　）。

   A. 说明回归方程拟合的优劣程度

   B. 反映实际值与估计值的离差大小

   C. 说明变量间的相关程度

   D. 反映回归直线的代表性大小

   E. 进行区间估计和预测

10. 回归变差可表达为（　　）。

    A. $\sum(y_c-\bar{y})^2$ 　　B. $\sum(y-\bar{y})^2-\sum(y-y_c)^2$

    C. $b\sum(x-\bar{x})(y-\bar{y})$ 　　D. $b^2\sum(x-\bar{x})^2$

    E. $r^2\sum(y-\bar{y})^2$

11. 反映线性回归方程拟合优劣程度的指标有（　　）。

    A. 相关指数   B. 回归系数   C. 相关系数   D. 回归标准差

    E. 可决系数

六、计算题

1. 生产同种产品的六个企业的产量和单位产品成本的资料如下：

企业序号	产　　量(千件)x	单位成本(元)y
1	2	52
2	3	54
3	4	52
4	4	48
5	5	48
6	6	46

要求分别用积差法和简捷法计算产量与单位产品成本之间的相关系数。

2. 抽取由 10 名大学生组成的随机样本，研究他们在高中与大学的英语成绩，得出下表结果：

高中成绩(分)x	40	60	95	88	76	83	98	80	95	68
大学成绩(分)y	50	72	95	90	75	88	95	83	90	73

试用等级相关系数 r_s，测定其相关程度。

3. 某公司所属 10 个企业生产某种化工产品的有关资料如下：

单位成本 (元/吨)x_1	固定资产 (万元)x_2	工资总额 (万元)x_3	广告费 (万元)x_4	利润率 (%)y
40	380	25	12	20
38	730	35	2	18.5
40.6	600	32	11.5	18
40.8	550	27	11	16
41	570	27.2	7	15.2
40.7	200	23.5	6	14.8
41.3	620	34	5.4	14.4
41.5	400	23	5.7	12.9
42	700	35.2	9	9
42.8	710	34.5	3	7

试用肯德尔交错系数 r_K 分析哪一种因素对利润率的影响最大？

4. 在相关与回归分析中，已知下列资料：$\sigma_x^2=16, \sigma_y^2=25, \sigma_{xy}=-18, a=25$，

要求：(1) 计算相关系数 r，说明相关程度；

(2) 求出直线回归方程。

5. 在相关和回归分析中，已知下列有关资料：$\sigma_x=5, \sigma_y=10, n=20, r=0.9, \sum(y-\bar{y})^2=2000$，

试计算：(1) 回归系数 b；

(2) 回归变差和剩余变差；

(3) 估计标准误差。

6. 已知相关系数 $r=0.6$，估计标准误差 $S_{y\cdot x}=8$，样本容量 $n=62$，

试计算：(1) 剩余变差；

(2) 剩余变差占总变差的比例；

(3) 总变差。

7. 对 50 个企业的横截面样本数据进行一元线性回归分析，因变量与其平均数的离差平方和为 8000，而回归直线拟合的剩余变差为 1500。试求：

(1) 变量间的相关指数 R；

(2) 该方程的估计标准误差。

8. 有 8 个企业的可比产品成本降低率和销售利润资料如下表：

企业编号	可比产品成本降低率(%)	销售利润(万元)
1	2.1	4.1
2	2	4.5
3	3	8.1
4	3.2	10.5
5	4.5	25.4
6	4.3	25
7	5	35
8	3.9	23.4

试计算:

(1) 相关系数 r;

(2) 直线回归方程;

(3) 说明回归系数 b 的经济含义;

(4) 估计标准误差;

(5) 当可比产品成本降低率为 6% 时,估计的销售利润是多少? 如概率保证程度为 95.45%,则销售利润的估计区间为多少?

9. 某 10 户家庭样本具有下列收入和食品支出(元/天)数据:

收入 x	20	30	33	40	15	13	26	38	34	43
支出 y	7	9	8	11	5	4	8	10	9	10

要求:

(1) 求出以最小二乘法计算的直线回归方程;

(2) 求在 95.45% 的概率保证程度下,当 $x=45$ 时,y 值的预测区间。

10. 某企业有下述资料:

资金(万元)	18.6	20.4	19.4	24.2	24	28.4	37.2	56.8	26.4	23.6	45.4	24.6
利润(万元)	2.7	3.6	1.8	5.5	5.2	6.3	1.3	8.4	4.6	5.9	7.1	4.1

要求:

(1) 用最小二乘法分别求以资金为自变量,利润为因变量的直线回归方程和以利润为自变量,资金为因变量的直线回归方程。

(2) 根据回归系数与相关系数的关系,说明资金与利润之间的相关程度。

11. 已知下述资料: $\overline{xy}=135, \bar{x}=10, \bar{y}=12, \overline{x^2}=180, \overline{y^2}=150, a=10.125$,试计算:

(1) 直线回归方程;

(2) 相关系数 r。

12. 某企业对上半年生产情况分析,随机抽选 30 天,测得这 30 天中日产量(件)与单位成本(元)的关系为: $y_c=250-2x$,其中 x 为日产量,y_c 为单位成本估计值。并知该方程的估计标准误差 $S_{y·x}=9$。

试求:(1) 写出 x 与 y 之间相关系数 r 值的区间;

(2) 在其他条件不变的情况下,若某日产量为 50 件,试以 95.45% 的可靠性估计单位成本预测值的区间。

13. 相关和回归分析中,已知下列有关资料:

相关指数 $R=0.8$,估计标准误差 $S_{y·x}=3$,样本容量 $n=22$,求回归变差。

本章练习题参考答案

一、思考题(略)

二、填空题

1. 非确定性关系、相关关系
2. 因果关系
3. $y=f(x_i)+\varepsilon$
4. 正相关、负相关
5. 完全相关
6. 不完全
7. 两个变量、三个或三个以上变量
8. 对等、从属
9. 相关系数 r、相关指数 R
10. -1、$+1$、低度相关、高度相关
11. 协方差、平均每项离差乘积
12. 序数（等级）
13. 原有等级的平均数
14. 肯德尔和谐系数 r_k、不同序列评价值的等级和
15. 回归系数、正相关、上升、负相关、下降
16. 互为因果、y 倚 x、x 倚 y
17. 几何平均数
18. 总变差、回归变差、剩余变差、$\sum(y_c-\bar{y})^2$、$\sum(y-y_c)^2$
19. 回归变差、总变差、完全相关、不相关
20. 直线相关、曲线相关
21. 估计标准误差、$S_{y\cdot x}=\sqrt{\dfrac{\sum(y-y_c)^2}{n-2}}$
22. x 倚 y、标准差、平均数、平均线（回归直线）
23. σ_y、0
24. 三元线性回归、偏回归系数
25. $\dfrac{1}{y}$、e^{-x}、$y'=a+bx'$
26. 最小二乘（平方）法
27. $\hat{y}_0=a+bx_0\pm 2S_{y\cdot x}$

三、判析题

1. × 2. × 3. × 4. √ 5. √ 6. × 7. × 8. √ 9. √ 10. √ 11. √ 12. √
13. √ 14. √ 15. × 16. √ 17. √ 18. √ 19. × 20. × 21. √ 22. √

四、单项选择题

1. C 2. B 3. D 4. A 5. B 6. C 7. D 8. C 9. D 10. C 11. D 12. A 13. A

五、多项选择题

1. A、B、D 2. A、B、D 3. A、B、C、E 4. A、C、D、E 5. A、B、D 6. A、D、E 7. A、B、C、D
8. B、D 9. A、B、C、D、E 10. A、B、C、D、E 11. A、C、D、E

六、计算题

1. 解：$r=-0.82$。
2. 解：$r_s=0.98$，高度正相关。

3. 解：

$r_{Kx_1}=0.87, r_{Kx_2}=-0.2, r_{Kx_3}=-0.11, r_{Kx_4}=0.42$，单位成本对利润率影响最大。

4. 解：

(1) $r=-0.9$，高度负相关。

(2) $b=-1.125, y_c=25-1.125x$。

5. 解：

(1) $b=1.8$；

(2) 回归变差为 1620，剩余变差为 380；

(3) $S_{y \cdot x}=4.59$。

6. 解：

(1) 剩余变差为 3840；

(2) 剩余变差占总变差的比例为 0.64；

(3) 总变差为 6000。

7. 解：

(1) $R=0.90$；

(2) $S_{y \cdot x}=5.59$。

8. 解：

(1) $r=0.97$；

(2) $y_c=-18.64+10.18x$；

(3) $b=10.18$，说明可比产品成本降低率每增加 1%，销售利润平均增加 10.18 万元；

(4) $S_{y \cdot x}=2.99$；

(5) 当 $x=6\%$ 时，$y_c=42.44$ 万元，$F(t)=95.45\%$，36.46 万元 $\leqslant y_c \leqslant 48.42$ 万元。

9. 解：(1) $y_c=2.1726+0.2023x$；

(2) $S_{y \cdot x}=0.73, F(t)=95.45\%, x=45, 9.82$ 元 $\leqslant y_c \leqslant 12.74$ 元。

10. 解：

(1) 利润为因变量的直线回归方程为：

$y_c=1.51+0.11x$；

资金为因变量的直线回归方程为：

$x_c=13.83+3.24y$。

(2) $r=0.6$，中度正相关。

11. 解：

(1) $y_c=10.125+0.1875x$；

(2) $r=0.68$。

12. 解：

(1) $r<0$；

(2) $132(元) \leqslant \hat{y}_0 \leqslant 168(元)$。

13. 解：

回归变差 $\sum(y_c-\bar{y})^2=320$。

第九章 统计推算和预测

教学目的与要求

本章主要介绍了统计推算和预测的意义、原则、分类和基本方法。这一章有不少内容和前面各章，尤其是和时间数列、相关与回归分析这两章有着密切的联系。学习本章时，应结合其他有关章节的内容来学习和理解，要求在掌握各种统计推算和预测方法的基础上，能根据研究目的、研究对象的特点来选择适当的模型进行推算和预测，能熟练地求解模型中的参数。在各种统计推算和预测方法中应重点了解时间数列的预测方法，包括移动平均法、指数平滑法、三点法以及趋势季节模型预测方法等，熟练掌握这几种预测方法的思路及计算，能比较其优劣，并能结合实例灵活运用。

本章内容提要图示

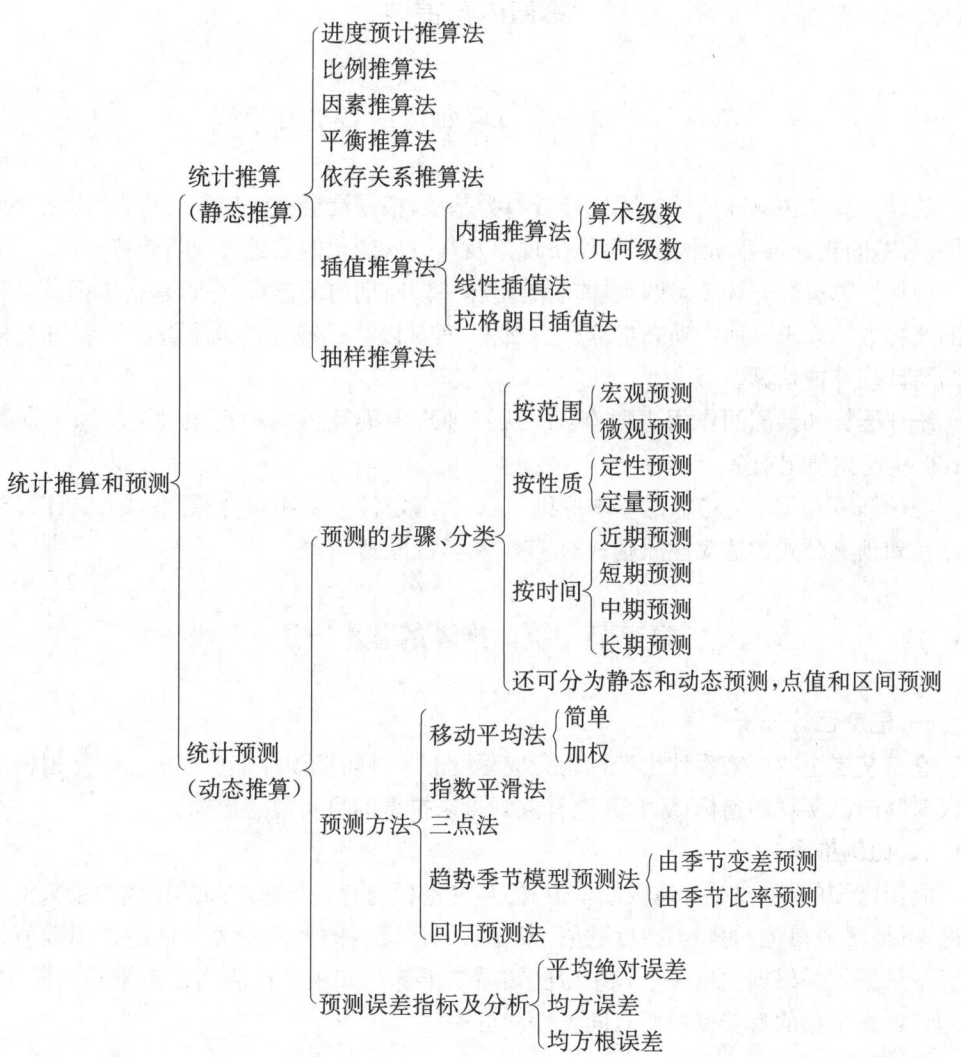

本章内容提要

第一节 统计推算和预测的意义及原则

统计推算和预测就是以实际统计资料为基础,根据社会经济现象的特点、内在联系和发展规律,间接地推算和预测社会经济现象及其发展变化的数量表现与趋势。

统计推算有静态和动态两类,前者是指在一定时期内的推算,后者是指根据过去和现在的资料推算未来。通常动态推算称为预测,而对以往或现在尚未掌握的资料进行推算称为统计推算或估算。

统计推算和预测的作用主要有:① 从一种现象推算另一种现象;② 从局部推算总体;③ 从现在预测未来。

统计推算和预测应遵循的基本原则是:(1) 与定性分析相结合原则;(2) 统计资料的可靠性和预测公式的适应性原则;(3) 连贯和类推原则。

第二节 统计推算的基本方法

一、进度预计分析法

它是基层企业用来预计生产计划完成程度的一种短期预计推算方法。它是根据过去一段时间内已实现的指标,综合其他有关因素来推算即将实现的指标。

二、比例推算法

利用已知的某一时期(地区或单位)的某种指标与有关指标之间的比例关系来推算类似时期(地区或单位)的同类指标数值,或者从局部资料的比例推算总体的指标数值。其推算的依据就是根据比例关系式中由已知项来推算未知项。在应用比例推算法时,要注意用作推算依据的有关资料要有同类性和可比性。

三、因素推算法

因素推算法即根据社会经济现象内部各因素之间的联系,由已知因素的统计资料来推算未知因素的指标数值的方法。

四、平衡推算法

平衡推算法就是根据社会经济现象之间客观存在的收支平衡关系,从已掌握的实际统计资料来推算某项指标数值的方法。

五、依存关系推算法

依存关系推算法即根据现象之间在数量上存在的某种相互依存关系,由已知资料推算有关的未知资料的方法。运用该方法推算时,应和相关分析结合起来。

六、插值推算法

插值推算法也是一种比例推算法,常用于统计资料的补缺。主要包括:内插推算法、线性插值法和拉格朗日插值法。

七、抽样推算法

抽样推算法就是根据样本资料来推断总体资料,其推算方法如第七章中所述。

第三节 统计预测的一般问题

统计预测研究如何以经济理论为指导,以实际统计资料为基础,根据事物的联系和发展规律性,运用各种统计手段以取得比较准确的预测结果的原则和方法,即研究预测的方法论。就社会经济统计学而论,主要研究经济领域中的统计预测。

经济预测按照范围的大小,分为宏观经济预测和微观经济预测;按所测时间的长短,分为近期(一年以内)、短期(二年以内)、中期(三至五年)和长期预测(五年以上);按预测的性质,分为定性预测和定量预测。此外,还可分为静态和动态预测、点值和区间预测。

统计预测的步骤:① 确定预测目标;② 搜集、审核及分析统计资料;③ 确定预测模型,选择预测方法;④ 进行预测;⑤ 预测误差分析。

第四节 统计预测的基本方法

统计预测的方法很多,本节主要介绍时间数列的预测方法。学习各种预测方法,应注意把握其基本原理及公式的来龙去脉,并能熟练地计算和灵活地运用。

时间数列预测就是搜集历史时序数据,分析和模拟时间数列的发展变化规律,从而预测时间数列未来的发展趋势。对因素构成不同的时间数列应采用不同的预测方法,可分为以下三类:

一、平滑预测方法

适用于不存在长期趋势和季节变动的时间序列,主要有移动平均法和指数平滑法。

移动平均法既可用于时序修匀,也可用于时序预测,是一种较为简单的预测方法。又可分为简单移动平均法和加权移动平均法,计算公式分别为:

简单移动平均法
$$\hat{y}_{t+1}=\frac{y_t+y_{t-1}+\cdots+y_{t-n+1}}{n};$$

加权移动平均法 $\hat{y}_{t+1}=\dfrac{y_t x_t+y_{t-1}x_{t-1}+\cdots+y_{t-n+1}x_{t-n+1}}{x_t+x_{t-1}+\cdots+x_{t-n+1}}$。

加权移动平均法较简单移动平均法预测的结果要准确。因为它对各期值给予不同的权数,以加大近期值和减小远期值对预测值的影响,符合外推预测的要求。移动平均法适用于长期稳定,而短期有波动的时序资料。

指数平滑法是加权移动平均法的改进和发展,该方法采用权数 $\alpha(0 \leqslant \alpha \leqslant 1)$,对本期实际值 y_t 和本期预测值 $\hat{y}_t$ 加权平均来推算下一期预测值 $\hat{y}_{t+1}$,计算公式为:

$$\hat{y}_{t+1}=\alpha y_t+(1-\alpha)\hat{y}_t$$

或

$$\hat{y}_{t+1}=\hat{y}_t+\alpha(y_t-\hat{y}_t)。$$

指数平滑法具有递推性质,当 t 很大时,其展开式可表示为:
$$\hat{y}_{t+1} = \sum_{i=0}^{t-1} \alpha(1-\alpha)^i y_{t-i}。$$

其采用的权数之和 S 接近等于 1。运用指数平滑法预测,正确选择平滑系数 a 值与初始值 $\hat{y}_1$ 是个关键问题。如原数列波动较小,a 取较小值(如 0.1~0.3),如原数列波动较大,a 应取较大值(如 0.6~0.8)。初始值应根据资料项数多少来确定。如资料项数很多,初始值的影响已很小,可用第一期的实际值作为初始值,当资料项数较少时,初始值的影响则较大,应取最初若干期数据的平均值作为初始值。

指数平滑法除了可直接用于外推预测外,也可作为估计直线或曲线趋势模型参数的方法。

二、趋势线外推预测方法

适用于存在长期趋势但不含季节变动的时间序列。趋势线外推预测方法就是以数学方法对时间数列配合一个合适的方程,用以描述和预测时间数列未来的发展趋势。用以配合的方程可以是直线方程,也可以是曲线方程。配合趋势线方程的方法有分段平均法、最小二乘法、指数平滑法以及三点法等。三点法的基本原理类似分段平均法,其区别主要在于,它是采用加权平均代替简单平均,而且不用全部资料计算。

三、趋势季节模型预测方法

适用于同时存在长期趋势和季节变动的时间序列。该方法是根据加法模型和乘法模型思路,将测定的长期趋势值($\hat{T}_t$)和季节变差(SV)或季节比率(SI)结合起来进行外推预测,可求得趋势季节模型预测值($\hat{y}_t$)。公式为:
$$\hat{y}_t = T_t + \text{SV};$$
$$\hat{y}_t = T_t \times \text{SI}。$$

运用趋势季节模型进行预测,需将求得的年趋势方程转换为季或月的趋势方程,以求得各季(月)的趋势值。其转换公式为:季转换
$$\hat{T}_t = \frac{a\text{年}}{4} - 1.5\left(\frac{b\text{年}}{16}\right) + \frac{b\text{年}}{16}t;$$

月转换
$$\hat{T}_t = \frac{a\text{年}}{12} - 5.5\left(\frac{b\text{年}}{144}\right) + \frac{b\text{年}}{144}t。$$

四、回归预测

一元线性回归预测,即变量 x 与 y 存在线性相关关系,则可用线性回归方程 $y_c = a + bx$ 进行外推预测。外推预测有点预测和区间预测两种,实际中应用较多的是区间预测,即以一定的概率保证程度和精确程度对总体回归线做区间估计。其区间预测公式的一般形式为:
$$\hat{y}_0 = a + bx_0 \pm t S_{y \cdot x}。$$

非线性回归预测,可将其转化为直线,再按照直线回归预测的方法进行预测。

自回归预测,如果某种现象的发展变化主要受该现象自身前期水平的影响,则可建立自回归模型进行预测。一元线性自回归模型为:

$$\hat{y}_t = a + b y_{t-i}$$

式中,下标 t 为本期,下标 i 称为错后期,i 为 $1,\cdots,n$ 均可。

第五节 预测误差分析

预测是对现象未来情况的一种估计,因此,预测估计值 $\hat{y}_i$ 与实际观察值 y_i 难免会有一定的差别,这就产生了预测误差 $e_i(e_i = y_i - \hat{y}_i)$,其值大小反映了预测准确程度的高低。

反映预测误差大小的综合指标主要有以下三种:

1. 平均绝对误差　　　　$\text{MAE} = \dfrac{1}{n}\sum |e_i|$;

2. 均方误差　　　　　　$\text{MSE} = \dfrac{1}{n}\sum e_i^2$;

3. 均方根误差　　　　　$\text{RMSE} = \sqrt{\dfrac{1}{n}\sum e_i^2}$。

进行区间预测时,预测值 $\hat{y}_i$ 的置信区间为:

$$\hat{y}_i \pm t(\text{RMSE})。$$

本章练习题

一、思考题

1. 简述统计推算和预测的意义、作用和基本原则。
2. 常用的统计推算的方法有哪几种?各种方法在运用上有何特点?
3. 什么是统计预测?它与经济预测有哪些联系和区别?
4. 进行统计预测一般需要经历哪几个步骤?
5. 什么是移动平均法?怎样运用简单或加权的方法进行预测?
6. 什么是指数平滑法?它与加权移动平均法有何异同?
7. 运用指数平滑法进行预测时,怎样确定初始值和平滑系数。
8. 试述指数平滑法的优缺点。
9. 什么是趋势线外推预测?应如何预测?
10. 直线、抛物线、指数曲线各适用于预测哪类现象的发展趋势?
11. 什么是三点法?它与分段平均法有何不同?
12. 什么情况下需采用趋势季节模型进行预测?应怎样预测?
13. 怎样把年趋势方程转换为月或季趋势方程?其转换的基本原理是什么?
14. 什么叫预测误差?测定预测误差的指标有哪几种?怎样计算?
15. 对一个给定的资料,应如何选择一个合适的预测模型和预测方法进行预测?试结合实例分析计算说明之。

二、填空题

1. 统计推算分为_____和_____两类,统计预测属于_____。
2. 进行模型外推预测时,应遵循_____的原则和_____的原则。
3. 一定的预测模型和一定的预测方法结合起来,就形成了_____。
4. 经济预测中的长期预测所预测时间的长度为_____。
5. 比例推算法中,可用作推算的比例有_____、_____、_____、_____等。
6. 插值推算法也是一种_____的方法,根据时间数列的变动情况进行插值推算的方法,称为_____;根据两个有关变量对应关系推算另一个未知变量的方法,称为_____。
7. 线性插值多项式的推广称为_____。
8. 移动平均预测法可分为_____和_____,它适用于一个_____的资料。
9. 指数平滑法既可作_____使用,直接用于预测,也可作_____使用,用于估计预测模型参数。
10. 加权移动平均法中,加权的作用是加大_____对平均数的影响。
11. 指数平滑法公式中采用的权数 α 称为_____,其取值范围是_____。
12. 指数平滑法采用的权数之和,当观察数据很多时,接近于_____。
13. 应用指数平滑法估计直线趋势模型的参数时,需计算_____进行直线趋势拟合及预测。
14. 三点法与分段平均法的主要区别在于,它采用_____代替简单平均,并可根据_____资料计算。
15. 不存在长期趋势和季节变动的时间数列,适宜采用_____方法预测;存在长期趋势但不含季节变动的时间数列,可采用_____方法预测;同时存在长期趋势和季节变动的时间数列,则应采用_____方法预测。
16. 将年直线趋势方程转换为季或月的趋势方程的公式分别为_____和_____。
17. 运用趋势季节模型预测时,季预测值等于_____和_____之和;或等于_____和_____之积。
18. 测定预测误差的综合指标有_____、_____和_____。
19. 确定平滑系数 α 值时,如时间数列波动较小,α 应取_____;如时间数列波动较大,α 则应取_____。
20. 如果现象的发展趋势各期比较表现为对数一次差近似相同,可拟合_____方程进行预测。
21. 将指数曲线化为直线形式的对数趋势直线方程为_____。

三、判析题

1. 具有稳定结构的统计资料,是进行预测的必要条件。( )
2. 统计预测中的外推预测要求对远期值比对近期值给予较小的权数。( )

3. 时间趋势中,据以配合趋势线的资料,只能是原时间数列。　　　　　(　　)
4. 经济预测和统计预测都是预测方法的具体运用,属于实质性预测。　　(　　)
5. 进度预计分析法既是一种统计推算的方法,也是一种统计预测的方法。(　　)
6. 根据平均发展速度对时间数列进行内插推算,要求原数列每期大体按等差速度增长。　　　　　　　　　　　　　　　　　　　　　　　　　　　　　　(　　)
7. 移动平均法既可用于对时间数列的发展趋势进行修匀,也可用来进行预测。
　　　　　　　　　　　　　　　　　　　　　　　　　　　　　　　(　　)
8. 采用指数平滑法进行预测时,其初始值的确定和资料的项数的多少有关。(　　)
9. 通常根据同一时间序列,用最小二乘法拟合的趋势直线,要比分段平均法拟合的直线更接近于实际。　　　　　　　　　　　　　　　　　　　　　　(　　)
10. 指数平滑法是用指数方法对一系列变量值进行加权的一种特殊的加权指数。
　　　　　　　　　　　　　　　　　　　　　　　　　　　　　　　(　　)
11. 在进行趋势线外推预测时,只有确认在外推范围内现象的趋势没有根本变化,其预测值才是有效的。　　　　　　　　　　　　　　　　　　　　　　　(　　)
12. 对一个呈稳定上升趋势的时间数列进行预测,一般宜采用移动平均法和指数平滑法。　　　　　　　　　　　　　　　　　　　　　　　　　　　　　(　　)
13. 从指数平滑法的展开式中可知$\hat{y}_t$是t期及以前各期观察值的指数加权平均数。
　　　　　　　　　　　　　　　　　　　　　　　　　　　　　　　(　　)
14. 加权移动平均法中,其权数的大小取决于移动平均时期的长短。　　(　　)
15. 一般回归预测适用于内插而不宜外推。　　　　　　　　　　　　　(　　)
16. 因果关系预测属于静态预测,时间数列预测则属于动态预测。　　　(　　)

四、单项选择题

1. 在简单移动平均法中(　　)。

   A. 对远近各期值均给以同等的权数$\frac{1}{n}$

   B. 对远近各期值均给以同等的权数n

   C. 对远期值给的权数大于给近期值的权数

   D. 对近期值给的权数大于给远期值的权数

2. 统计预测属于(　　)。

   A. 经济预测　　　B. 实质性预测　　　C. 定性预测　　　D. 方法论预测

3. 统计预测中所指的预测公式是指(　　)。

   A. 预测模型　　　　　　　　　　B. 预测方法

   C. 参数估计　　　　　　　　　　D. 预测模型和预测方法的结合

4. 指数平滑法中的权数α越接近于1,说明(　　)。

   A. 本期实际值对下期预测值影响越小

   B. 本期实际值对下期预测值影响越大

   C. 本期预测值对下期实际值影响越小

   D. 本期预测值对下期实际值影响越大

5. 将时间数列年直线趋势方程改为季直线趋势方程,其截距的变化为(   )。

   A. $-1.5\left(\dfrac{b\text{年}}{16}\right)$ B. $\dfrac{a\text{年}}{4}-1.5\times\left(\dfrac{b\text{年}}{16}\right)$

   C. $\dfrac{a\text{年}}{4}$ D. $\dfrac{a\text{年}}{16}$

6. 进行区间预测,预测值$\hat{y}_i$的置信区间通常为(   )。

   A. $\hat{y}_i\pm t(\sum|e_i|)$ B. $\hat{y}_i\pm t\left(\dfrac{1}{n}\sum|e_i|\right)$

   C. $\hat{y}_i\pm t(\sum e_i^2)$ D. $\hat{y}_i\pm t\left(\sqrt{\dfrac{1}{n}\sum e_i^2}\right)$

7. 运用趋势季节模型进行预测,是因为(   )。

   A. 时间数列同时存在长期趋势和季节变动
   B. 时间数列不存在长期趋势和季节变动
   C. 时间数列存在长期趋势,但无季节变动
   D. 时间数列不存在长期趋势,但有季节变动

8. 若时间数列各期水平的二次差近似相同,应采用下列哪个方程进行拟合(   )。

   A. $y_c=a+bt$ B. $y_c=ab^t$ C. $y_c=a+bt+ct^2$ D. $y_c=kab^t$

9. 某时间数列有30年的数据,采用5年移动平均法修匀,修匀后新的时间数列的项数为(   )。

   A. 30项   B. 28项   C. 26项   D. 25项

10. 社会总产品=生产消费+非生产消费+积累,根据上式中各指标的相互关系进行的推算,属于(   )。

    A. 比例推算法   B. 平衡推算法   C. 因素推算法   D. 依存关系推算法

11. 具有递推性质的指数平滑法,当t很大时,其各项权数之和(   )。

    A. 大于1   B. 小于1   C. 接近等于1   D. 接近于0

五、多项选择题

1. 下列预测方法中,哪些方法加大了近期值对预测值的影响(   )。

   A. 最小平方法   B. 三点法   C. 分段平均法   D. 加权移动平均法
   E. 指数平滑法

2. 选择预测方法应考虑的因素有(   )。

   A. 预测误差的大小   B. 方差的大小
   C. 预测方法的繁简程度   D. 预测方法的费用高低
   E. 预测方法出成果的时效性

3. 指数平滑法直接用于外推预测时,只适用于(   )。

   A. 逐期预测   B. 远期预测
   C. 时间数列本身的预测   D. 有季节变动的资料
   E. 没有明显趋势升降和季节变动的资料

4. 拟合抛物线方程进行预测,可采用的方法有(   )。

   A. 指数平滑法   B. 最小二乘法

C. 分段平均法 D. 三点法
E. 移动平均法

5. 反映预测误差大小的综合指标有（　　）。

A. MAE B. $\dfrac{1}{n}\sum e_i^2$ C. RMSE D. $\sum |e_i|$

E. MSE

6. 一次指数平滑法的基本公式是（　　）。

A. $\hat{y}_{t+1}=\alpha y_t+(1-\alpha)\hat{y}_t$ B. $\hat{y}_t=\alpha y_t+(1-\alpha)\hat{y}_t$

C. $\hat{y}_{t+1}=\hat{y}_t+\alpha(y_t-\hat{y}_t)$ D. $\hat{y}_t=\hat{y}_{t-1}+\alpha(y_t-\hat{y}_t)$

E. $\hat{y}_{t+1}=\alpha y_t+(y_t+\hat{y}_t)$

7. 应用指数平滑法进行预测，其优点是（　　）。

A. 只需储存上期对本期的预测值一个数据就可预测下一期

B. 给近期值比远期值以较大的权数

C. 给近期值比远期值以较小的权数

D. 通过对平滑系数 α 的不同设定，可有效控制预测结果的准确程度

E. 不会产生预测值滞后于实际值的情况

8. 区间预测的特点是（　　）。

A. 可以知道预测值的可能范围

B. 可以知道预测值估计的可信程度

C. 计算要比点预测简便

D. 可以通过缩小区间范围来提高可信程度

E. 实际值肯定在预测区间内

9. 三点法的计算特点是（　　）。

A. 用加权平均代替简单平均

B. 不用全部资料计算

C. 取时间数列的首、中、尾各 3 项或 5 项数据计算

D. 时间数列的项数应为奇数

E. 只能配合曲线

六、计算题

1. 某地区各年年末人口数资料如下：

年　份	年末人口数（万人）	年　份	年末人口数（万人）
1991	250	1995	538
1992	320	1996	610
1993	390	1997	684
1994	465	1998	756

分析该时间数列的发展趋势，应用分段平均法和最小二乘法建立趋势方程，并预测该地区 1999 年的人口数。

2. 某企业历年生产某种产品的产量资料如下：

年　份	产量(万件)	年　份	产量(万件)
1996	25	1999	44
1997	30	2000	53
1998	36		

要求：(1) 观察该企业产品产量时间序列发展趋势的类型。

(2) 运用最小二乘法配合合适的趋势方程，并预测该企业 2001 年的产品产量。

3. 某商场彩电销售量有关资料如下：

单位：台

销售量＼季度　年　份	第一季度	第二季度	第三季度	第四季度
1997	845	1052	980	1164
1998	1123	1098	1150	1372
1999	1218	1143	1298	1437

要求：(1) 试用移动平均法($n=4$)对原时间数列进行修匀。

(2) 计算新数列的变动趋势值，并预测 2000 年第一季度的彩电销售量。

4. 某企业各季度产值资料如下：

季度序号	1	2	3	4	5	6	7	8	9
产值(万元)	23.4	23.8	25	28	33	39.8	48.8	59.7	71.5

要求：(1) 试用分段平均法与最小二乘法，分别拟合二次曲线模型，并预测第 10 季度的产值。

(2) 比较两种方法估计的平均绝对误差，说明哪种方法拟合较好。

5. 某地区各年的基建项目投资情况如下：

单位：百万元

年　份	1991	1992	1993	1994	1995	1996	1997	1998	1999
投资额	100	120	160	222	302	402	520	658	814

要求：(1) 上述资料适宜拟合何种趋势线？

(2) 用三点法求趋势预测方程，并预测 2000 年的投资额。

6. 某电视机厂各年产量如下：

年　　份	产量(千台)	年　　份	产量(千台)
1992	12.2	1996	13.1
1993	12	1997	14.2
1994	13.4	1998	14.5
1995	12.5		

要求：(1)试用简单移动平均法和加权移动平均法分别预测1999年的产量。($n=3$，权数取0.5、1、1.5)

(2)试用指数平滑法预测1999年的产量。(α分别取0.3和0.8，以第一期的实际值为初始值)

7. 在研究企业生产规模经济效益时，甲企业生产能力为150万吨，年利润额为35万元；乙企业生产能力比甲企业低10%，年利润额比甲企业低5%，如新建丙企业生产能力为180万吨，估计年利润额为多少？

8. 某地区1993—1999年棉花产量如下表：

年　　份	1993	1994	1995	1996	1997	1998	1999
棉花产量(吨)	161	172	166	175	181	178	192

试用指数平滑法预测2000年棉花产量。(分别取$\alpha=0.1$和$\alpha=0.6$进行试测，取预测误差较小者为正式预测用平滑系数值，以第一期水平为初始值)

9. 某研究与开发机构科技开发收入额(万元)时间趋势方程式为$y_c=47.14+12.5t$，方程原点在1996年中，单位1年。

要求：(1)求1998年趋势值。

(2)将上述年趋势方程改为月趋势方程，方程原点在1996年1月中，单位1个月。

(3)若1998年3月的季节比率为120%，求该月季节预测值。

10. 某企业历年产量和生产费用资料如下：

年　　份	产量(百吨)	生产费用(百万元)
1996	10	2
1997	12.4	2.8
1998	14.5	3.6
1999	16	4.3
2000	19.5	6

要求：(1)求出生产费用对产量的直线回归方程。

(2)求出产量数列的直线趋势方程，并推算2002年的产量。

(3)根据2002年的产量预计数和回归方程推算该年的生产费用。

11. 某企业生产某种产品单位成本和生产批量之间有下述资料：

序　号	1	2	3	4	5	6	7	8
单位产品成本(元)	5	4	3.5	3.6	3.2	3	2.8	2.5
生产批量(千件)	1	1.5	2	2.5	3	3.5	4	4.5

要求：(1) 试以单位产品成本为因变量求双曲线方程。

(2) 当下期批量生产计划为 5000 件时，下期单位产品成本预测值为多少？

12. 某商店历年商品流通费用率资料如下：

年　份	1991	1992	1993	1994	1995	1996	1997	1998	1999
商品流通费用率(%)	7.35	6.36	6.02	5.84	5.75	5.67	5.64	5.59	5.57

根据上述资料，拟合双曲线模型，并预测 2000 年的商品流通费用率。

13. 根据下表资料，用二次指数平滑法配合直线趋势方程。（$\alpha=0.3$，初始值均为 4.06 万吨）

单位：万吨

年份	1990	1991	1992	1993	1994	1995	1996	1997	1998	1999	2000
产量	4.13	4.82	4.83	5.5	6.18	6.35	6.2	6.22	6.66	7.15	7.72

14.

y	4	4.2	4.4	4.9	5.3	5.8	6.5	7.2	6.9	7.2
x_1	5	5.3	5.7	6.1	6.5	7.2	8.1	8.8	9.5	10.2
x_2	2	2.1	2.2	2.3	3.1	3.4	5.2	5.8	3.5	3.1

根据上表资料，要求：

(1) 建立二元线性回归方程。

(2) 若 x_1 为 11.8，x_2 为 2.9，试估计 y 为多少？

15. 已知某地农业总产值(亿元)资料如下：

年　份	1995	1996	1997	1998	1999	2000
农业总产值(亿元)	102	104	108	109	116	122

试以错后一期的自回归模型，采用最小二乘法对上述资料求直线回归方程，并预测该地 2001 年农业总产值可达到多少亿元。

16. 某企业历年产量资料如下：

年　份	1992	1993	1994	1995	1996	1997	1998	1999
产量(吨)	15.8	28.9	51.4	75.2	119.9	157.7	188.9	223.1

根据上表资料，根据平均发展速度预测 2000 年和 2005 年的产量。

本章练习题参考答案

一、思考题(略)

二、填空题

1. 静态推算、动态推算、动态推算

2. 连贯、类推

3. 预测公式

4. 五年以上

5. 结构相对数、指数、换算系数、利用率

6. 比例推算、内插推算法、线性插值法

7. 拉格朗日插值法

8. 简单移动平均法、加权移动平均法、长期稳定而短期有波动

9. 预测公式、预测方法

10. 近期(观察)值

11. 平滑系数,$0 \leqslant a \leqslant 1$

12. 1

13. 二次指数平滑值

14. 加权平均、非全面

15. 平滑、趋势线外推、趋势季节模型

16. $\hat{T}_t = \frac{a年}{4} - 1.5\left(\frac{b年}{16}\right) + \frac{b年}{16}t$、$\hat{T}_t = \frac{a年}{12} - 5.5\left(\frac{b年}{144}\right) + \frac{b年}{144}t$

17. 季趋势预测值、季节变差、季趋势预测值、季节比率

18. 平均绝对误差、均方误差、均方根误差

19. 较小值(0.1~0.3)、较大值(0.6~0.8)

20. 指数曲线

21. $\lg y_c = \lg a + t \lg b$

三、判析题

1. √ 2. √ 3. × 4. × 5. √ 6. × 7. √ 8. √ 9. √ 10. × 11. √ 12. × 13. × 14. × 15. √ 16. √

四、单项选择题

1. A 2. D 3. D 4. B 5. B 6. D 7. A 8. C 9. C 10. B 11. C

五、多项选择题

1. B,D,E 2. A,C,D,E 3. A,C,E 4. A,B,C,D 5. A,B,C,E 6. A,C 7. A,B,D 8. A,B 9. A,B,C,D

六、计算题

1. 解:

应拟合趋势直线 $y_c = a + bt$。

用分段平均法求得的直线趋势方程为:$y_c = 174.53 + 72.69t$,预测 1999 年的人口数为 828.74 万人;

用最小二乘法求得的直线趋势方程为:$y_c = 501.63 + 36.28t$,预测 1999 年的人口数为 828.15 万人。

2. 解：(1) 应拟合指数曲线 $y_c=ab^t$；

(2) 用最小二乘法求得指数曲线方程为：$y_c=36.2911(1.2075)^t$，预测 2001 年的产品产量为 63.89 (万件)。

3. 解：

(1) 修匀后新的时间数列值为：
1045.00，1085.50，1112.50，1159.75，1197.63，1215.13，1239.25，1265.88。

(2) 新数列的变动趋势值为：
40.50，27.00，47.25，37.88，17.50，24.12，26.63。

2000 年第一季度彩电销售量的预测值为：
1265.88＋3×26.63＝1345.77(台)≈1346(台)。

4. 解：

(1) 分段平均法求得抛物线方程为：$y_c=26.5-3.41t+0.94t^2$，第 10 季度产值预测值为 86.4 万元；

最小二乘法求得抛物线方程为：$y_c=33.16+5.99t+0.91t^2$(方程原点在 5 季度)，第 10 季度产值预测值为 85.86 万元。

(2) 分段平均法：$MAE=\dfrac{2.4}{9}=0.27$；最小二乘法：$MAE=\dfrac{2.2}{9}=0.24$。

最小二乘法比分段平均法的预测误差小，采用最小二乘法拟合较好。

5. 解：

(1) 应拟合抛物线(二次差近似相同)。

(2) $y_c=93.32-6.03t+9.57t^2$，2000 年投资额的预测值为 990.02(万元)。

6. 解：

(1) 用简单移动平均法预测 1999 年的产量为 13.9(千台)；用加权移动平均法预测 1999 年的产量为 14.2(千台)。

(2) $\alpha=0.3$ 时，指数平滑法预测 1999 年的产量为 13.5(千台)；$\alpha=0.8$ 时，指数平滑法预测 1999 年的产量为 14.4(千台)。

7. 解：

丙企业年利润额估计为 38.5(万元)。

8. 解：

应选 $\alpha=0.6$，预测 2000 年棉花产量为 186.3(吨)。

9. 解：

(1) 1998 年趋势值为 72.14(万元)；(2) $y_c=3.45+0.09t$；

(3) 季节预测值为 6.95(万元)。

10. 解：

(1) 生产费对产量的直线回归方程为：$y_c=-2.34+0.42x$；

(2) 产量数列的直线趋势方程为 $x_c=14.48+2.26t$，2002 年的产量为 23.52(百吨)；

(3) 2002 年的生产费用估计为 7.54(百万元)。

11. 解：

(1) 双曲线方程为：$\dfrac{1}{y_c}=0.1638+0.0503x$；

(2) 单位产品成本预测值为 2.4 元。

12. 解：

双曲线方程为：$y_c=5.34+\dfrac{2.03}{t}$，2000 年的商品流通费用率估计为 5.54%。

13. 解：

	1990	1991	1992	1993	1994	1995	1996	1997	1998	1999	2000
$S_t^{(1)}$	4.08	4.3	4.46	4.77	5.19	5.54	5.74	5.88	6.12	6.43	6.66
$S_t^{(2)}$	4.07	4.14	4.23	4.39	4.63	4.91	5.16	5.37	5.60	5.85	6.09

$a = 2S_t^{(1)} - S_t^{(2)} = 2 \times 6.66 - 6.09 = 7.23$，$b = \left(\dfrac{\alpha}{1-\alpha}\right)(S_t^{(1)} - S_t^{(2)}) = \dfrac{0.3}{0.7}(6.66 - 6.09) = 0.2443$，$y_c = 7.23 + 0.2443t$。

14. 解：

(1) $y_c = 0.84 + 0.55x_1 + 0.25x_2$；

(2) y_c 为 8.06。

15. 解

自回归方程式为 $\hat{y}_t = -25.11 + 1.27 y_{t-1}$；2001 年该地农业总产值预计可达到 129.83 亿元。

16. 解：

2000 年的产量为 325.7(吨)；

2005 年的产量为 2158.1(吨)。

第二部分 综合测试题

综合测试题(1)

一、填空题(每空 1 分,共 10 分)

1. 政治算术学派的代表人物_____被称为统计学的创始人。
2. 重点调查中的重点单位是指这些单位的_____占总体的绝大比重。
3. 编制变量数列时,如果变量是连续的,一般应编制_____数列。
4. 计算平均发展速度时,对于基本建设投资额、毕业生人数等的发展情况,应按_____法计算。
5. 平均数有_____平均数和_____平均数之分,后者又称为序时平均数。
6. 最小二乘法的数学依据可用公式表示为_____。
7. 在确定移动平均的项数 n 时,如果原数列没有周期变动,一般宜采用_____移动平均。
8. 某车间生产 800 件产品,合格品 785 件,其是非标志的平均数为_____,标准差为_____。

二、判析题(每小题 1 分,共 10 分)

判别下列各题,在每小题后的括号内,判对用"√"号表示,判错用"×"号表示。若全部判对或全部判错,不给分。

1. 统计总体具有相对性、客观性、大量性、同质性和变异性等特点。 ( )
2. 习惯上,编制质量指标综合指数时,应将作为同度量因素的数量指标固定在报告期。 ( )
3. 根据每对 x 和 y 的等级计算,结果得:
$$6\sum D^2 = n(n^2-1),$$
这说明 x 与 y 之间存在完全直线相关。 ( )
4. 在宾词指标的复合设计中,其指标的栏数是相加的关系。 ( )
5. 加权算术平均数是以单位总量为权数,加权调和平均数是以标志总量为权数。 ( )
6. 计算平均比率指标宜采用几何平均数。 ( )
7. 进行全面调查,只会产生登记性误差,不存在偏差。 ( )
8. 当样本估计量分布的平均数等于相应的总体参数,这个估计量称为该参数的一致性估计量。 ( )

9. 当某变量数列的次数分布为右偏时,则众数>中位数>算术平均数。（　　）

10. 每增减百分之一的绝对值指标等于基期水平除以100。（　　）

三、单项选择题（每小题2分,共10分）

在每小题四个备选答案中,选出一个正确的答案,并把正确答案的号码写在题目后的括号内。

1. 甲乙两企业生产同一产品,在质量检验中发现两企业产品使用寿命的标准差系数相等,说明　　　　　　　　　　　　　　　　　　　　　　　　　　　　　　（　　）

  A. 两企业产品的平均使用寿命相等
  B. 两企业产品使用寿命的标准差相等
  C. 甲企业的标准差大于乙企业的标准差
  D. 两企业产品使用寿命的均方差不一定相等

2. 在公式"工资总额=平均工资×职工人数"中,平均工资指标是（　　）

  A. 数量指标　　　　　　　　B. 质量指标
  C. 比重指标　　　　　　　　D. 强度相对指标

3. 采用纯随机重复抽样方法检验产品质量,要求在其他条件不变的情况下,抽样误差由40克降到20克,则抽样单位数目比原来（　　）

  A. 扩大$\sqrt{2}$倍　　　　　　　B. 扩大2倍
  C. 扩大4倍　　　　　　　　D. 缩小1/2

4. 有三个企业,今年一季度甲企业完成生产计划90%,乙企业完成生产计划100%,丙企业完成生产计划110%,则三个企业平均完成生产计划是（　　）

  A. 100%　　B. 95%　　C. 不能确定　　D. 105%

5. 销售额增长5%,物价下降2%,则销售量增长（　　）

  A. 10%　　B. 7.14%　　C. 3%　　D. 2.5%

四、多项选择题（每小题2分,共10分）

在每小题给出的五个备选答案中,选出二至五个正确的或合适的答案,将其序号填入题干后的括号内。多选、少选、错选的均不给分。

1. 中位数是（　　）。

  A. 一种根据位置来确定的总体的代表值
  B. 处于任意数列中间位置的那个变量值
  C. 易受极端变量值影响的平均数
  D. 在顺序排列的数列中,位于$\frac{n+1}{2}$的那个变量值
  E. 将总体某标志的全部数值均等地分为两半的变量值

2. 随机性原则就是（　　）。

  A. 随意性原则　　　　　　　B. 等概率原则
  C. 主观性原则　　　　　　　D. 同等可能性原则
  E. 每个单位中选的可能性相同

3. 统计报表是（　　）。

A. 一种全面调查的方法

B. 以原始记录为基础的统计报告制度

C. 逐级提供基本统计资料的统计调查方式

D. 一切国家搜集统计资料的主要方式

E. 系统积累统计数据资料的表册

4. 存在指数连乘关系的指数数列,可以( )。

A. 把定基指数改变为环比指数　　B. 把环比指数改变为定基指数

C. 便于变换指数数列的基期　　　D. 便于指数数列的编接

E. 反映产品物量的实际变动

5. 计算平均发展速度最适宜的平均数有( )。

A. 简单算术平均数　　　　　　B. 调和平均数

C. 简单几何平均数　　　　　　D. 加权算术平均数

E. 加权几何平均数

五、计算题(每小题 10 分,共 60 分)

要求:(1) 写出必要的计算公式和计算过程,否则,酌情扣分。

(2) 计算结果保留到小数点后两位。

1. 某工业局所属 20 个企业,按全员劳动生产率分组,有关资料如下:

按全员劳动生产率分组(百元/人)	企业数(个)
55～65	6
65～75	8
75～85	4
85 以上	2

要求计算:

(1) 全局平均全员劳动生产率;

(2) 反映全局平均全员劳动生产率代表性高低的标志变动系数。

2. 某地区有下述资料:

指　　标	基　期	报告期
国民收入(万元)	10000	11781
总人口数(万人)	10	10.2
总人口中劳动者比重(%)	50	55
劳动生产率(元/人)	2000	2100

要求:分别从相对数和绝对数两方面分析,在该地区报告期与基期相比的国民收入增长中,总人口数、总人口中劳动者人数比重和劳动生产率三因素各自的影响程度和影响的绝对额。

3. 某市 1991 年至 1998 年的 8 年中,工业总产值增长了 1.1 倍,又知该市 1991 年至 1994 年工业总产值各年环比增长速度分别为 10%,12.5%,13%,16%,试计算

(1) 该市 1995 年至 1998 年工业总产值年平均增长速度；

(2) 若按照上述年平均增长速度发展,该市多少年后工业总产值可以翻两番？

4. 为了取得定期储蓄存款的有关资料,某储蓄所年终按定期储蓄存款账号,用机械抽样的方式从每 10 户中抽取 1 户,得出如下资料：

定期储蓄存款额(百元)	户　数
100 以下	83
100～300	204
300～500	433
500～800	120
800 以上	60
合　计	900

试以 95.45% 的概率估算该储蓄所全部储户中,存款额在 500(百元)以上的户数所占的比重。

5. 在相关与回归分析中,已知下列资料：

$\bar{x}=2, \bar{y}=18, n=6, \sum xy=400, \sum x^2=250$

试求出直线回归方程 $y_c = a + bx$。

6. 某粮库历年收购的粮食入库量(单位：万吨)资料如下：

年　份	1995	1996	1997	1998	1999	2000
入库量	9.5	12.5	14	16	17	21

要求：(1) 用分段平均法拟合直线趋势方程,并预测 2001 年的入库量。

(2) 计算并说明分段平均法的数学依据。

综合测试题(2)

一、填空题(每空1分,共10分)

1. 典型调查一般有两种类型:(1)"解剖麻雀"式,(2)_____。
2. 在统计史上,被后人誉为近代统计学之父的是_____。
3. 统计报表按调查范围的不同,可以分为_____和_____。
4. 编制时间数列的基本要求是保证数列中各项指标数值之间的_____。
5. 若 $K=P_1/P_0$,P 表示价格,Q 表示销售量,则 $\dfrac{\sum P_1 Q_1}{\sum \dfrac{1}{K}P_1 Q_1}$ 表示按_____形式编制的_____公式。
6. 影响抽样误差的因素,除了样本容量与抽样的方式和方法以外,还有_____。
7. 相关分析中,$\dfrac{1}{n}\sum(x-\bar{x})(y-\bar{y})$ 称为_____。
8. 进行指数曲线的拟合,可以将指数曲线化为直线形式,亦即对指数曲线方程两边各取对数,得出对数趋势直线方程为_____。

二、判析题(每小题1分,共10分)

1. 某车间1月份工人出勤率是一个结构相对指标。( )
2. 品质标志和质量指标是不能用数值表示的。( )
3. 根据指数 $\dfrac{\sum Q_1 P_0}{\sum Q_0 P_0}=110\%$,说明总产量上升了10%。($Q$ 为产量,P 为价格) ( )
4. 相关系数 r 等于0,说明变量 x 与 y 之间不存在相关关系。( )
5. 不论是离散变量或是连续变量,其组限的划分在技术上并没有不同的要求。( )
6. 时期数列中各个指标数值具有可加性的特点。( )
7. 拟合抛物线方程进行统计预测,可以采用分段平均法、最小二乘法、三点法以及移动平均法。( )
8. 对30年的时间数列,用五年移动平均法进行修匀,新的时间数列的项数应为25。( )
9. 调和平均数是指各个变量值的算术平均数的倒数。( )
10. 抽样调查只有代表性误差而没有登记性误差,而全面调查只有登记性误差而没有代表性误差。( )

三、单项选择题(每小题 2 分,共 10 分)

1. 对在全国钢产量中占很大比重的十大钢铁企业进行钢产量生产调查,这种调查方式属于 ( )
   A. 普查　　　B. 抽样调查　　　C. 重点调查　　　D. 典型调查

2. 统计表是表现统计资料的一种常用的形式,从内容上看,它主要由_____构成。 ( )
   A. 主词和宾词　　　　　　B. 标题与数字
   C. 总体及分组　　　　　　D. 标志和指标

3. 进行相关分析之前,必须首先对两变量作 ( )
   A. 相关图表　　　　　　B. 可比性分析
   C. 定量分析　　　　　　D. 定性分析

4. 《中华人民共和国统计法》正式颁布实施是在 ( )
   A. 1978 年 12 月　　　　B. 1982 年 12 月
   C. 1983 年 12 月　　　　D. 1985 年 12 月

5. 某企业 4 月份实际完成产值 200 万元,超额完成计划 5%,5 月份实际完成产值 300 万元,刚好完成计划,6 月份实际完成产值 320 万元,超额完成计划 4%,则第二季度该企业平均完成计划指标数为 ( )
   A. 3%　　　B. 2.74%　　　C. 103%　　　D. 102.74%

四、多项选择题(每小题 2 分,共 10 分)

1. 统计指标的主要特点是( )。
   A. 可量性　　B. 综合性　　C. 抽象性　　D. 同质性
   E. 具体性

2. 统计分组的作用是( )。
   A. 反映总体的内部结构
   B. 区分事物的性质
   C. 比较现象间的一般水平
   D. 研究现象之间的依存关系
   E. 分析现象的变化关系

3. 从全及总体 50000 个单位中,抽取 500 个单位进行调查,( )。
   A. 样本必要数是 500 个　　　B. 样本可能数是 500 个
   C. 样本容量是 500 个　　　　D. 样本单位数是 500 个
   E. 总体容量是 50000 个

4. 标志变异指标的作用是( )。
   A. 反映社会经济活动过程的均衡性
   B. 衡量平均数的代表性大小
   C. 反映总体标志值的离中趋势
   D. 表明生产过程的节奏性
   E. 衡量正态分布曲线的偏斜程度

5. 用趋势剔除法测定季节变动(　　)。
   A. 考虑了长期趋势的影响
   B. 所得季节变差之和要求等于0
   C. 所得季节比率之和要求等于400％或1200％
   D. 至少应具备连续三年以上的各月(季)资料
   E. 所得季节比率等于各年同月(季)平均数与总的月(季)平均数之比

五、计算题(每小题10分,共60分)

1. 某班学生年龄资料如下:(单位:岁)
   17、18、16、20、18、17、17、18、24、19、19、18、16、20、19、17、16、20、21、17、18、19、19、16、18、17、18、20、23、21、17、18、22、22、21

   要求编制一个单项数列,并计算算术平均数、中位数和众数。

2. 某商场有关资料如下:(单位:万元)

月　份	1	2	3	4
零售总额	11.7	12.0	13.7	—
月初库存额	6.5	6.7	6.9	7.1
流通费用额	0.95	1.00	1.04	—

试计算该商场第一季度平均每月商品流转次数和商品流通费用率。

3. 根据下表资料计算三种产品的产量指数,分析由于产量变动对总产值的影响,并利用指数体系计算价格指数。

产品	实际产值(万元)		报告期产量比基期增长％
	基　期	报告期	
甲	200	240	25
乙	450	485	10
丙	350	480	40

4. 某企业产量时间序列资料如下:

年　份	1995	1996	1997	1998
产量(万吨)	12	22	34	40

要求:(1)用最小二乘法求出各年的趋势值。

(2)若该产品季节指数值分别为95％,120％,140％,45％,试估计2000年各季度产量的预测值。

5. 在某大学9000名学生中,随机抽选10％,调查每月看电影的次数,所得抽样资料如下:

看电影次数	0～2	2～4	4～6	6～8	8～10
学生数(人)	70	200	340	240	50

试以 95.45% 的可信程度估计,每月看电影在 4 次以上的比重(包括 4 次)。

6. 根据相关变量 x 与 y 的六对数据计算得如下资料:

$\sum x = 21, \sum y = 426, \sum xy = 1481, \sum x^2 = 79, \sum y^2 = 30268$

要求:(1) 计算相关系数 r 和回归系数 b。

(2) 根据(1)的结果,推算以 y 为自变量,x 为因变量的回归直线的回归系数 b'。

综合测试题(3)

一、填空题(每空1分,共10分)

1. 按标志的性质分,某居委会居民的文化程度是_____标志。
2. 由总量指标的求和规则可知,$\sum x_i - \sum y_i + \sum z_i =$_____。
3. 总体单位的数量综合成为统计指标的前提条件是_____。
4. 由方差的加法定理可知,组间方差等于_____与_____之差。
5. 反映总体各单位标志值变异绝对程度最主要的指标是_____。
6. 当时间数列各期的_____大体相同,应选择指数曲线拟合。
7. 直线相关和曲线相关是根据_____来划分的。
8. 我国统计实践中,全社会零售物价指数通常是按_____方法编制的。
9. 抽样推断的基础是_____。

二、判析题(每小题1分,共10分)

1. 社会经济统计学侧重于宏观社会经济现象的定量分析。( )
2. 要了解800名职工的工资水平,则总体单位就是这800名职工的工资。( )
3. 如果甲组标志值的标准差大于乙组标志值的标准差,则说明甲组平均数的代表性比乙组低。( )
4. 已知两个数列的等级差数的平方总和$\sum D^2 = 0$,则可以判断其等级相关系数等于0。( )
5. 依据乘法模式建立的趋势季节模型预测公式为$\hat{y}_t = T_t + SI$。( )
6. 以报告期销售量加权的价格指数,和以报告期价格加权的销售量指数以及销售额指数构成一个指数体系。( )
7. 每增减百分之一的绝对值,是指逐期增减量与环比发展速度之比。( )
8. 对连续时点数列,应采用简单算术平均方法计算序时平均数。( )
9. 回归变差越接近于总变差,说明变量之间的相关程度越高。( )
10. 指数平滑法既可用于近期预测,又可用于远期预测。( )

三、单项选择题(每小题2分,共10分)

1. 在计算组距数列中位数的公式中,$\dfrac{\frac{1}{2}\sum f - S_{m-1}}{f_m} + \dfrac{\frac{1}{2}\sum f - S_{m+1}}{f_m}$ 的值是
( )

   A. 组距 i
   B. 该中位数值次数 f_m
   C. 组累积次数 S_m
   D. 100%

2. 统计工作中,营业员填写的发货票属于 （ ）
   A. 原始记录　　　　　　　　　　B. 统计台账
   C. 内部报表　　　　　　　　　　D. 会计凭证
3. 在下列若干个成数数值中,哪一个成数数值的方差最小 （ ）
   A. 0.2　　　B. 0.4　　　C. 0.5　　　D. 0.9
4. 不变权数是指一个指数数列中,各个指数的 （ ）
   A. 基期固定不变　　　　　　　　B. 同度量因素固定不变
   C. 质量指标固定不变　　　　　　D. 数量指标固定不变
5. 对两个相关的变量 x 和 y,搜集历年有关数值,拟合不同形式的回归线,回归线拟合优劣的评价标准是 （ ）
   A. 相关系数 r 趋近于 0
   B. 相关指数 R 趋近于 0
   C. 估计标准误差 $S_{y·x}$ 越大越好
   D. 估计标准误差 $S_{y·x}$ 越小越好

四、多项选择题(每小题 2 分,共 10 分)

1. 1999 年年末某市职工人数 145 万人,这是一个（　　）。
   A. 总量指标　　　　　　　　　　B. 综合指标
   C. 时点指标　　　　　　　　　　D. 质量指标
   E. 数量指标
2. 统计台账是（　　）。
   A. 对生产经营活动所做的最初记录
   B. 原始记录的汇总表
   C. 未经加工整理的初级资料
   D. 一种系统积累统计资料的表册
   E. 企业车间报表的数据资料来源
3. 计算偏斜度指标的方法主要有（　　）。
   A. 比较法　　　B. 水平法　　　C. 累计法　　　D. 动差法
   E. 观察法
4. 对全国钢材库存量的调查,属于（　　）。
   A. 全面调查　　　　　　　　　　B. 非全面调查
   C. 经常性调查　　　　　　　　　D. 一次性调查
   E. 专门调查
5. 根据相关图可以判断现象之间存在（　　）。
   A. 正相关　　　B. 直线相关　　　C. 完全相关　　　D. 零相关
   E. 不完全负相关

五、计算题(每小题 10 分,共 60 分)

1. 某市商业网点按销售额分组的资料如下:

销售额分组(万元)	商业网点(个)	总销售额(万元)	比率(%)	
			商业网点	销售额
500 以上	9	5500	6	20
300～500	18	7500	12	27.27
200～300	30	7200	20	26.18
100～200	27	4000	18	14.55
50～100	30	2200	20	8
50 以下	36	1100	24	4

计算基尼系数,并分析该市销售额在各商业网点之间分布的均衡性。

2. 某高校今年招收学生 1000 人,计划明、后两年招生数是今年的 2.31 倍,用方程法求年平均增长速度及明、后两年的招生数。

3. 某地区 1999 年社会商品零售总额为 5000 万元,比 1998 年增长 10%,如果扣除物价上涨因素,则仅比 1998 年增长 7%。要求:

(1) 通过相对数指数体系求出社会商品零售物价指数。

(2) 运用绝对数指数体系分析社会商品零售总额增长中,社会商品零售量和社会商品零售物价两因素变动的影响。

4. 已知某市各百货商场的流动资金周转天数服从正态分布,又知其平均数为 50 天,标准差为 18 天。要求:

(1) 对这些商场随机抽取 36 家进行调查,估计被抽查的商场实际流动资金周转天数的平均数落在 44 天～56 天的概率为多少?

(2) 在概率度 t 为 3 时,估计被抽取商场的流动资金周转天数的平均数的抽样极限误差。

5. 在相关和回归分析中,已知下述资料:

$\sum(y-\bar{y})^2 = 900, S_{y \cdot x} = 2,$ 回归系数 $b = -1.5, n = 40$。

试计算:(1) 回归变差;(2) 相关指数。

6. 某企业历年产值资料如下表所示:

年 份	1994	1995	1996	1997	1998	1999	2000
产值(百万元)	11	11	12	14	13	15	16

要求:(1) 分别采用简单移动平均法和加权移动平均法预测 2001 年的产值。(移动平均的间隔长度为三年,权数分别取 1,2,3)

(2) 计算平均绝对误差对上述两种方法进行预测效果的比较分析。

综合测试题(4)

一、填空题(每空 1 分,共 10 分)

1. 统计实践史已有四五千年,最早的统计萌芽于_____。
2. 统计分组,对总体而言是"_____",对个体而言是"_____"。
3. 根据算术平均数的数学性质可知,两个独立的同性质变量代数和的平均数$\overline{(x+y)}$=_____。
4. 已知某地区年初和各季季末人口数分别为 a_1,a_2,a_3,a_4 和 a_5,则该地区年平均人口数$(\bar{a})$可按公式_____计算。
5. 标准差和估计标准误差的区别在于,前者说明平均数的代表性,后者则说明_____的代表性。
6. 大数定律论证了随着样本容量的增大,抽样平均数趋近于_____的趋势,这为抽样推断提供了重要依据。
7. 一个时间数列其数值前后期之间表现出依存关系,这种关系称为_____。
8. 对于各种不同性质的社会经济现象,次数分布的主要类型概括起来有钟型分布、J型分布和_____。
9. 加权几何平均数的对数形式为_____。

二、判析题(每小题 1 分,共 10 分)

1. 由于统计总体还具有相对性的特点,品质标志和质量指标之间存在着变换关系。( )
2. 根据同一变量数列的计算结果表明,算术平均数小于众数,则次数分布曲线向左偏斜。( )
3. 各个变量值对其中位数的离差绝对值之和等于最小值。( )
4. 当基尼系数等于 1 时,说明社会收入分配处于绝对公平状态。( )
5. 均方差一般具有与平均数相同的名数。( )
6. 总产值指数=总产量指数×劳动生产率固定构成指数×劳动生产率结构影响指数。( )
7. 在以德国经济学家派许命名的派氏物价指数公式中,同度量因素固定在报告期。( )
8. 年末商品库存量是时点指标,经济学中又称之为流量。( )
9. 若剩余变差占总变差的比例为 25%,则相关指数应为 0.75。( )
10. 进行随机重复抽样,在其他条件不变时,要使抽样平均误差减少 15%,抽样单位数应增加 138%。( )

三、单项选择题（每小题2分，共10分）

1. 大量观察法是 （ ）
   A. 统计调查的一种具体方法
   B. 统计分析的一种手段
   C. 统计调查必须遵循的一个基本原则
   D. 统计分析必须遵循的一个基本原则

2. 在分组条件下，若变量数列的组间方差等于总方差，这说明 （ ）
   A. 组内方差等于0
   B. 组间方差等于0
   C. 各组内方差和组内方差的平均数都等于0
   D. 组平均数彼此相等

3. 用加权算术平均数指数编制价格指数，应采用下列哪一个公式 （ ）

   A. $\dfrac{\sum KQ_0 P_0}{\sum Q_0 P_0}$ B. $\dfrac{\sum KQ_1 P_0}{\sum Q_1 P_0}$ C. $\dfrac{\sum Q_1 P_1}{\sum \dfrac{1}{K} Q_1 P_1}$ D. $\dfrac{\sum Q_1 P_0}{\sum \dfrac{1}{K} Q_1 P_0}$

4. 用"三点法"拟合抛物线方程预测的基本原理是 （ ）
   A. 用其中三段时期的平均值求得三个参数值
   B. 用其中三段时期的加权平均值求得三个参数值
   C. 根据全部资料计算加权平均值求得三个参数值
   D. 运用实际值与预测值的离差和最小的原理求得三个参数值

5. 某变量数列经分组整理后绘制直方图如下。从图中，可以判断出该分布的众数值是 （ ）

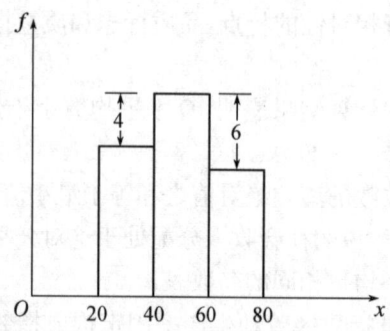

   A. 44   B. 46   C. 48   D. 52

四、多项选择题（每小题2分，共10分）

1. 统计工作的认识过程表现为（   ）。
   A. 从定量开始到定性结束的认识过程
   B. 从定性开始到定量认识，再回到定性认识的工作过程
   C. 从定性开始到定量结束的认识过程
   D. 质与量辩证统一的认识过程
   E. 自始至终进行定量分析的认识过程

2. 在偏斜度不大的条件下, $\overline{X}, M_o, M_e$ 三者之间存在如下关系(　　)。

   A. $M_e = \overline{X} - 3(\overline{X} - M_o)$ B. $M_o = 3M_e - 2\overline{X}$

   C. $\overline{X} = \frac{1}{2}(3M_e - M_0)$ D. $M_o = \frac{1}{3}(M_e + 2\overline{X})$

   E. $\overline{X} = M_o + 3(\overline{X} - M_e)$

3. 简单直线回归分析中(　　)。

   A. 两个变量之间是对等关系

   B. 两个变量之间是从属关系

   C. 自变量是给定值,因变量是随机值

   D. 因变量是给定值,自变量是随机值

   E. 自变量和因变量均是随机值

4. 相对数的表现形式有(　　)。

   A. 无名数　　B. 系数　　C. 复名数　　D. 成数

   E. 千分数

5. 计算平均发展速度可以采用的公式有(　　)。

   A. $a_n = a_0 \bar{x}^n$ B. $\bar{x}^n = R$

   C. $\bar{x} = \sqrt[n]{\frac{a_n}{a_0}}$ D. $\bar{x} = \frac{\sum a}{a_0}$

   E. $(\bar{x} + \bar{x}^2 + \cdots + \bar{x}^n) = \frac{a_1 + a_2 + \cdots + a_n}{a_0}$

五、计算题(每小题 10 分,共 60 分)

1. 根据下表资料,计算工人的平均奖金额及标准差。

奖金额分组(元)	奖金总额(元)
55 以下	1500
55～65	3000
65～75	4900
75～85	2400
85 以上	1800
合　计	13600

2. 某企业 1995 年的总产值为 1580 万元,计划在十年内总产值翻一番。要求计算:

(1) 从 1996 年起,每年应保持怎样的平均增长速度,才能达到十年翻一番的目标?

(2) 如果 1996 年和 1997 年两年的平均发展速度为 105%,那么后八年应以怎样的平均发展速度才能做到十年内翻一番?

(3) 如果要求提前两年达到总产值指标翻一番的要求,则每年应以怎样的发展速度发展?

(4) 按第(3)题的平均发展速度发展,则到 2005 年总产值可达到多少?

(5) 按第(2)题情况计算,2000 年总产值是多少?

3. 某企业基期和报告期工人基本工资如下表：

按工人技术级别分组	基期		报告期	
	工人数（人）	工资总额（元）	工人数（人）	工资总额（元）
3级以下	120	72000	72	44640
3～8级	100	90000	168	154560
合 计	220	162000	240	199200

要求：(1) 计算该企业平均工资的动态变化；

(2) 排除企业工人结构变动的影响，反映企业全部工人的平均工资提高的情况。

4. 某储蓄所有储户 5000 户，经过调查知，该所储蓄额在 10000 元以上的储户约占 20%，现对该所储蓄情况进行不重复随机抽样，要求成数的抽样误差范围不超过 8%，在 95.45% 的把握程度下，其必要抽样单位数目是多少？若要求的抽样误差范围比原来减少 30%，其他条件不变，其必要抽样单位数目又等于多少？

5. 从某市抽取 20 家中型百货商场进行调查，取得利润率(x)与商品流通费用率(y)之间相关与回归分析的有关资料如下：

$$\sqrt{\sum(x-\bar{x})^2} = 25, \sqrt{\sum(y-\bar{y})^2} = 28,$$
$$\sum(y_c-\bar{y})^2 = 598, \sigma_{xy}^2 = 26。$$

要求：(1) 计算相关系数 r；(2) 计算估计标准误差 $S_{y \cdot x}$。

6. 对某企业某产品产量时间序列进行趋势预测，求得直线趋势方程 $y_c = 1440 + 288t$ [t 代表年份，1999 年 6 月 30 日为方程起始点，y_c 代表产量趋势值（万件）]。

要求：把上述年趋势方程改为月趋势方程（起始点移至 1999 年 1 月 15 日）。

综合测试题(5)

一、填空题(每空1分,共10分)

1. 统计审核主要有两种检查方法,一种是计算检查,另一种是_____。
2. 粮食产量,从不同角度看,既是总体的_____,又是总体单位的_____。
3. 按斯特奇斯公式确定组数,其算式为_____。
4. $\hat{y}_{t+1}=a+by_t$ 等式表示_____方程。
5. 由逐期增减水平与累计增减水平的换算关系可知:$a_i - a_{i-1} =$ _____。
6. 一个无偏估计量如果比其他无偏估计量的方差小,则该估计量满足统计检验的_____要求。
7. 如果调查的对象是时点现象,一般要明确规定统一的_____。
8. 总量指标作为社会经济现象总体_____的描述,是认识社会经济现象的起点。
9. 已知 y 的点预测值为80箱,估计标准误差为3箱,在99.73%的可信程度下,y 的预测区间为_____。

二、判析题(每小题1分,共10分)

1. 全面调查与非全面调查是以最后取得资料是否全面来划分的。( )
2. 在不分组条件下,求算术平均数的简捷法公式是:$\bar{X} = A + \dfrac{\sum(X-A)f}{\sum f}$。

( )

3. 根据同一资料计算全距和平均差,一般前者大于后者。( )
4. 所谓总体的同质性,就是总体中的各个单位都具有某一个可变标志。( )
5. 统计表的主词和宾词在表中的位置是不能互换的。( )
6. 如果平均数 $\bar{x}$ 固定不变,正态分布曲线随着标准差的增大而向扁平方向变化。

( )

7. 由直线趋势方程 $y=a+bt$ 所推算出来的 y 值,形成一个等差级数。( )
8. 环比指数的连乘积都等于定基指数。( )
9. 设某种蔬菜早、中、晚价格各不相同,现在早、中、晚各买1斤和各买1元,其平均价格是相同的。( )
10. 在抽样调查中,不重复抽样的必要样本容量与被研究标志的变异无关。( )

三、单项选择题(每小题2分,共10分)

1. 某地区1999年比1995年国有企业职工平均工资增长量是同期零售物价总指数

的增长量的2倍,这一数字是 ( )

    A. 比较相对数   B. 结构相对数

    C. 动态相对数   D. 强度相对数

2. 按无关标志排列的系统抽样方式抽选样本,求其抽样成数的抽样平均误差公式为 ( )

    A. $\sqrt{\dfrac{P(1-P)}{n}\left(1-\dfrac{n}{N}\right)}$ B. $\sqrt{\dfrac{P(1-P)}{n}}\left(1-\dfrac{n}{N}\right)$

    C. $\sqrt{\dfrac{P(1-P)}{n}}$ D. $\sqrt{\dfrac{P(1-P)}{n}}$

3. 对去年生产的三种不同的产品,用去年的价格和今年的价格分别计算其价值,反映这三种产品价格变动的综合指数形式是($P\sim$价格,$Q\sim$产量) ( )

    A. $\dfrac{\sum P_1 Q_0}{\sum P_0 Q_0}$ B. $\dfrac{\sum P_1 Q_1}{\sum P_0 Q_1}$ C. $\dfrac{\sum Q_1 P_1}{\sum Q_0 P_0}$ D. $\dfrac{\sum Q_1 P_0}{\sum Q_0 P_0}$

4. 对下图中的次数分布图中部做一垂直虚线(如图),将次数曲线下左右两块分成面积相等的部分,则垂线与 x 轴相交点 A 点是 ( )

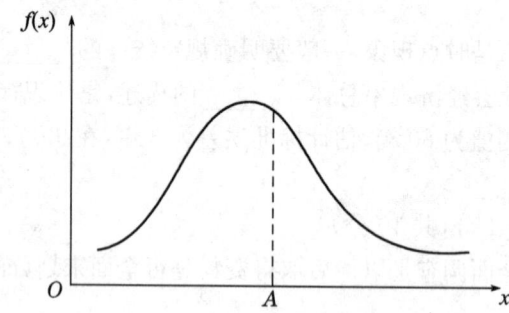

    A. 众数值点   B. 中位数值点

    C. 算术平均数值点   D. 几何平均数值点

5. 反映产量逐期增长程度的指标是 ( )

    A. 逐期增长量   B. 平均增长量

    C. 环比增长速度   D. 平均增长速度

四、多项选择题(每小题2分,共10分)

1. 政治算术学派的创始人主要有( )。

    A. 威廉·配第   B. 阿道夫·凯特勒

    C. 康令   D. 约翰·格朗特

    E. 阿享瓦尔

2. 制定原始记录时,要注意的是( )。

    A. 统计、会计、业务核算三者相互独立

    B. 动态上连续可比的需要

    C. 与本单位管理水平相适应

    D. 力求简便、通俗易懂

E. 符合本单位的生产经营特点

3. 如果 P 代表商品价格，Q 代表商品销售量，则公式 $\sum P_1 Q_1 - \sum P_0 Q_1$ 的经济意义是（　　）。

A. 综合反映价格变动的绝对额
B. 综合反映销售额变动的绝对额
C. 反映价格变化而引起的销售额变动的绝对额
D. 反映销售量变化而引起的销售额变动的绝对额
E. 反映价格变化而使消费者多（少）支付的货币额

4. 根据产品单位成本(元)与产品批量(千件)在 1 千件～10 千件之间的关系拟合出的回归方程是：$y_c = 100 - 2x$，则表明（　　）。

A. 产量每增加 1 千件，单位成本增加 2 元
B. 产量每增加 1 千件，单位成本减少 2 元
C. 产量为 1 千件，单位成本为 100 元
D. 产量为 1 千件，单位成本为 98 元
E. 产量为 50 千件，单位成本为 0

5. 同度量因素在指数计算分析中所起的作用是（　　）。

A. 比较作用　　　　　　　　B. 平衡作用
C. 加权作用　　　　　　　　D. 中介作用
E. 简化作用

五、计算题（每小题 10 分，共 60 分）

1. 某车间五个班组开展劳动竞赛，四月份产量分别为 12.2, 12.5, 13, 14.1, 14.8（百件），根据这一资料，要求计算该车间五个班组四月份产量的算术平均数、几何平均数和调和平均数，并分析说明这三种平均数之间的关系。

2. 某企业有甲、乙两个车间，六月份总产值及每日在册工人资料如下：

车间	总产值（万元）	每日在册工人数（人）		
		1日～10日	11日～16日	17日～30日
甲	30	120	110	124
乙	20	100	96	92

要求：(1) 分别计算甲、乙两车间的月劳动生产率；
(2) 计算该企业综合的月劳动生产率。

3. 已知某商店几年销售某商品的有关资料如下：

年　份	季度	销售量（百件）	四项移动平均趋势值
1996	1	20	
	2	24	
	3	29	
	4	35	

年 份	季度	销售量(百件)	四项移动平均趋势值
1997	1	24	
	2	29	
	3	34	
	4	42	
1998	1	29	
	2	35	
	3	41	
	4	50	
1999	1	33	
	2	40	
	3	48	
	4	58	

根据上表资料

(1) 求四项移动平均趋势值,并填入表中;

(2) 求剔除长期趋势值变动后的季节变差。

4. 某企业生产三种规格的主要产品,基期与报告期的有关资料如下:

产品名称	产量(件)		单位成本(元)		总成本(元)	
	基 期	报告期	基 期	报告期	基 期	报告期
J02	1500	2000	8	7	12000	14000
T14	4500	4000	6	5	27000	20000
B97	4000	6000	10	9	40000	54000
合 计	10000	12000	—	—	79000	88000

(1) 计算三种产品的平均单位成本指数和三种产品平均单位成本的降低额。

(2) 计算三种产品的固定构成的平均单位成本指数及平均单位成本的降低额。

5. 两位电影评论家对十部不同的影片评定的等级顺序如下,试用等级相关系数 r_S 来衡量两位评论家的评价是否显著相关?

电影片名	A	B	C	D	E	F	G	H	I	J
甲评论家评定等级	3	5	8.5	10	7	2	1	4	6	8.5
乙评论家评定等级	4.5	6	4.5	9	8	3	1	2	10	7

6. 某校有学生1200人,按不重复抽样方式从中随机抽取100人,测得其平均体重为60千克,样本标准差为9千克。要求:

(1) 若把握程度为95.45%,试估计全校学生平均体重的范围;

(2) 如果允许误差减少到原来的二分之一,其他条件不变,则需抽查多少名学生?

参考答案

综合测试题(1)

一、填空题(每空1分,共10分)

1. 威廉·配第 2. 标志总量 3. 组距 4. 方程法(或累计法) 5. 静态、动态 6. $\sum(y-y_c)^2$ = 最小值 7. 奇数项 8. 0.98、0.14

二、判析题(每小题1分,共10分)

1. ✓ 2. ✓ 3. ✗ 4. ✗ 5. ✓ 6. ✓ 7. ✓ 8. ✗ 9. ✗ 10. ✗

三、单项选择题(每小题2分,共10分)

1. D 2. B 3. C 4. C 5. B

四、多项选择题(每小题2分,共10分)

1. A,D,E 2. B,D,E 3. A,B,C,E 4. A,B,C,D,E 5. C,E

五、计算题(每小题10分,共60分)

1. (1) $\bar{x}=\dfrac{\sum xf}{\sum f}=71$(百元/人); (2) $\sigma=\sqrt{\dfrac{\sum(x-\bar{x})^2 f}{\sum f}}=9.43$(百元/人)

$\left[\text{或}:\sigma=\sqrt{\dfrac{\sum x^2 f}{\sum f}-(\bar{x})^2}=9.43(\text{百元}/\text{人})\right]$, $V_\sigma=\dfrac{\sigma}{\bar{x}}\times 100\%=13.28\%$。

2. 相对数指数体系：117.81% = 102% × 110% × 105%；绝对数指数体系：1781(万元) = 200(万元) + 1020(万元) + 561(万元)。

3. (1) $\bar{x}=\sqrt[n]{R}=106.67\%$,平均增长速度为6.67%; (2) $n=21.5$(年)。

4. $\mu_p=1.26\%$, $\Delta_p=2.52\%$, $17.48\% \leqslant P \leqslant 22.52\%$。

5. $b=\dfrac{n\sum xy-\sum x\sum y}{n\sum x^2-(\sum x)^2}=0.81$, $a=\bar{y}-b\bar{x}=16.37$, $y_c=16.37+0.81x$。

6. (1) $y_c=8+2t$,2001年的入库量预测值为22(万吨); (2) $\sum(y-y_c)=0$。

综合测试题(2)

一、填空题(每空1分,共10分)

1. "划类选典式" 2. 阿道夫·凯特勒 3. 全面统计报表、非全面统计报表 4. 可比性 5. 加权调和平均、物价指数 6. 总体标志的变异程度 7. 协方差 8. $\lg y_c=\lg a+t\lg b$

二、判析题(每小题1分,共10分)

1. ✓ 2. ✗ 3. ✗ 4. ✗ 5. ✗ 6. ✓ 7. ✗ 8. ✗ 9. ✓ 10. ✗

三、单项选择题(每小题2分,共10分)

1. C 2. A 3. D 4. C 5. D

四、多项选择题(每小题2分,共10分)

1. A,B,E 2. A,B,D 3. C,D,E 4. A,B,C,D 5. A,B,C,D

五、计算题(每小题10分,共60分)

1.

年龄分组(岁)x	人数 f	年龄分组(岁)x	人数 f
16	4	21	3
17	7	22	2
18	8	23	1
19	5	24	1
20	4	合 计	35

$\bar{x}=18.74$(岁),$M_e=18$(岁),$M_o=18$(岁)。

2. 第一季度平均每月商品流转次数为1.83(次);
第一季度平均每月商品流通费用率7.99%。

3. 产量总指数 $\dfrac{\sum KP_0Q_0}{\sum P_0Q_0}=123.5\%$;由于产量增长23.5%,使总产值增加了235万元;由指数体系推算价格指数为97.57%。

4. (1) $y_c=27+4.8t$ (方程起始点在1996年底,t 单位为半年)

年份	1995	1996	1997	1998
y_c	12.6	22.2	31.8	41.4

(2) 2000年各季度产量的预测值分别为14.39(万吨)、18.18(万吨)、21.21(万吨)、6.82(万吨)。

5. $\mu_P=0.015$,$\Delta_P=0.03$,$67\%\leqslant P\leqslant 73\%$。

6. (1) $r=-0.91$,$b=-1.82$;(2) $b'=-0.46$。

综合测试题(3)

一、填空题(每空1分,共10分)

1. 品质 2. $\sum(x_i-y_i+z_i)$ 3. 这些单位必须是同质的 4. 总方差、组内方差的平均数 5. 标准差(均方差) 6. 环比发展速度(环比增减速度) 7. 相关形式 8. 固定权数加权算术平均 9. 样本

二、判断题(每小题1分,共10分)

1. √ 2. × 3. √ 4. × 5. × 6. × 7. × 8. × 9. √ 10. ×

三、单项选择题(每小题2分,共10分)

1. D 2. A 3. D 4. B 5. D

四、多项选择题(每小题2分,共10分)

1. A,B,C,E 2. B,D,E 3. A,D 4. A,D,E 5. A,B,C,D,E

五、计算题(每小题10分,共60分)

1. 基尼系数 $G=\left|\sum\limits_{i=1}^{n-1}(M_iV_{i+1}-M_{i+1}V_i)\right|=0.4632$;计算结果表明销售额在各商业网点之间分布不均衡,存在显著差异。

2. 年平均增长速度为10%;明、后两年的招生数分别为1100(人)和1210(人)。

3. (1) 物价指数 $\dfrac{\sum p_1q_1}{\sum p_0q_1}=102.8\%$;(2) 绝对数指数体系:454.55(万元)=318.36(万元)+

136.19(万元)。

4. (1) 概率为 95.45%；(2) 抽样极限误差为 9(天)。

5. (1) 回归变差 $\sum(y_c-\bar{y})^2$ 为 748；(2) 相关指数 R 为 -0.91。

6. (1) 简单移动平均法预测 2001 年产值为 14.67(百万元)；加权移动平均法预测 2001 年产值为 15.17(百万元)。(2) 简单移动平均法 MAE=1.84；加权移动平均法 MAE=1.58。采用加权移动平均法预测效果较好。

综合测试题(4)

一、填空题(每空 1 分，共 10 分)

1. 原始社会末期 **2.** 分、合 **3.** 各变量平均数的代数和 $(\bar{x}+\bar{y})$ **4.** $\dfrac{a_1/2+a_2+a_3+a_4+a_5/2}{4}$

5. 平均线(回归线) **6.** 总体(全及)平均数 **7.** 自相关 **8.** U 型分布 **9.** $\lg\bar{X}_G=\dfrac{\sum f\lg X}{\sum f}$

二、判析题(每小题 1 分，共 10 分)

1. × **2.** √ **3.** √ **4.** × **5.** √ **6.** × **7.** √ **8.** × **9.** √ **10.** ×

三、单项选择题(每小题 2 分，共 10 分)

1. C **2.** C **3.** B **4.** B **5.** C

四、多项选择题(每小题 2 分，共 10 分)

1. B,D **2.** B,C,E **3.** B,C **4.** A,B,C,D,E **5.** A,B,C,E

五、计算题(每小题 10 分，共 60 分)

1. $\overline{X}_H=\dfrac{\sum M}{\sum \dfrac{1}{X}M}=68(元)$；$\sigma=\sqrt{\dfrac{\sum(x-\bar{x})^2 f}{\sum f}}$ 或 $\sqrt{\dfrac{\sum x^2 f}{\sum f}-\left(\dfrac{\sum xf}{\sum f}\right)^2}=11.66(元)$。

2. (1) 1996 年至 2005 年平均增长速率为 7.2%；(2) 1998 年至 2005 年平均发展速度为 107.7%；(3) 1996 年至 2003 年平均发展速度为 109.1%；(4) 2005 年总产值为 3775(万元)；(5) 2000 年总产值为 2176(万元)。

3. (1) 该企业工人平均工资指数 $\dfrac{\sum X_1 f_1}{\sum f_1}\div\dfrac{\sum X_0 f_0}{\sum f_0}=112.71\%$，平均工资增加 93.6(元)；(2) 固定构成指数 $\dfrac{\sum X_1 f_1}{\sum f_1}\div\dfrac{\sum X_0 f_1}{\sum f_1}=102.4\%$，纯平均工资增加 20(元)。

4. (1) $n_p=98.04\approx 98(户)$；(2) $n_p=196.08\approx 196(户)$。

5. (1) $r=0.74$；(2) $S_{y\cdot x}=3.21$。

6. $y_c=\dfrac{1440}{12}+\dfrac{288}{144}(t-5.5)=109+2t$。

综合测试题(5)

一、填空题(每空 1 分，共 10 分)

1. 逻辑检查 **2.** 数量指标、数量标志 **3.** $1+3.322\lg n$ **4.** 自回归 **5.** $(a_i-a_0)-(a_{i-1}-a_0)$

6. 有效性 **7.** 标准(调查)时点 **8.** 外延量 **9.** 71 箱~89 箱

二、判析题(每小题 1 分，共 10 分)

1. ✗ **2.** ✗ **3.** ✓ **4.** ✗ **5.** ✗ **6.** ✓ **7.** ✓ **8.** ✗ **9.** ✗ **10.** ✗

三、单项选择题(每小题 2 分,共 10 分)

1. A **2.** A **3.** A **4.** B **5.** C

四、多项选择题(每小题 2 分,共 10 分)

1. A,D **2.** C,D,E **3.** C,E **4.** B,D **5.** C,D

五、计算题(每小题 10 分,共 60 分)

1. $\bar{X}_A = \dfrac{\sum X}{N} = 13.32$(百件);$\bar{X}_G = \sqrt[N]{\prod X} = 13.28$(百件);$\bar{X}_H = \dfrac{N}{\sum \dfrac{1}{X}} = 13.25$(百件)。 计算结果表明,根据同一资料计算这三种平均数,必定有 $\bar{X}_A > \bar{X}_G > \bar{X}_H$。

2. (1) 甲车间月劳动生产率为 0.25(万元/人),乙车间月劳动生产率为 0.21(万元/人);(2) 企业综合的月劳动生产率为 0.23(万元/人)。

3. (1) 四项移动平均趋势值为:—,—,27.50,28.63,29.88,31.38,32.88,34.25,35.88,37.75,39.25,40.38,41.88,43.75,—,—。(2) 调整后各季度的季节变差依次为:-7.01,-2.76,1.66,8.11。

4. 解:(1) 三种产品的平均单位成本指数为 92.78%,降低额为 0.57(元);(2) 三种产品固定构成的平均单位成本指数为 88%,降低额为 1(元)。

5. $r_S = 1 - \dfrac{6\sum D^2}{n(n^2-1)} = 0.73$,显著相关。

6. (1) $u_{\bar{x}} = \sqrt{\dfrac{\sigma^2}{n}\left(1-\dfrac{n}{N}\right)} = 0.86$(千克),$\Delta_{\bar{x}} = t u_{\bar{x}} = 1.72$(千克),$58.28$(千克)$\leq \bar{X} \leq 61.72$(千克)。 (2) $n = 321$(人)。

第三部分 各章计算题及综合测试题选析

第四章 综合指标

第 6 题(题略)

解 （1）平均一级品率 $=\dfrac{\text{一级品产值}}{\text{全部产品产值}}$，1998 年的平均一级品率 $\overline{X}=\dfrac{\sum Xf}{\sum f}=$

$\dfrac{0.90\times 30+0.82\times 25}{30+25}=\dfrac{47.5}{55}=86.36\%$；1999 年的平均一级品率 $\overline{X}=\dfrac{\sum M}{\sum \dfrac{M}{\overline{X}}}=$

$\dfrac{38+34}{\dfrac{38}{0.95}+\dfrac{34}{0.90}}=\dfrac{72}{77.78}=92.57\%$。

（2）1999 年与 1998 年相比全部产品产值完成程度 $=\dfrac{1999\text{ 年全部产品产值}}{1998\text{ 年全部产品产值}}\times 100\%$

$=\dfrac{77.78}{55}\times 100\%=141.42\%$；

1999 年与 1998 年相比一级品产值完成程度 $=\dfrac{1999\text{ 年一级品产值}}{1998\text{ 年一级品产值}}\times 100\%=\dfrac{72}{47.5}=$

151.58%。

第 9 题(题略)

解 （1）本题产品等级是变量 X，产量为权数 f，采用加权算术平均方法计算产品平均等级。

1997 年产品平均等级 $\overline{X}=\dfrac{\sum Xf}{\sum f}=\dfrac{1\times 600+2\times 400+3\times 1000}{600+400+1000}=2.20(级)$；

1998 年产品平均等级 $\overline{X}=\dfrac{\sum Xf}{\sum f}=\dfrac{1\times 1200+2\times 600+3\times 1000}{1200+600+1000}=1.93(级)$；

$1.93(级)-2.20(级)=-0.27(级)$，该产品平均等级提高 $0.27(级)$。

（2）1997 年产品平均价格 $\overline{P_0}=\dfrac{10\times 600+8\times 400+6\times 1000}{600+400+1000}=7.60(元/千克)$；

1998 年产品平均价格 $\overline{P_1}=\dfrac{10\times 1200+8\times 600+6\times 1000}{1200+600+1000}=8.14(元/千克)$；由于产品平均等级提高而增加的产值为：$(\overline{P_1}-\overline{P_0})\times \sum Q_1=(8.14-7.60)\times 2800=1512(元)$。

第 12 题(题略)

解 设新数列的平均数为 $\overline{X}'$,标准差为 σ',则 $\overline{X}' = \dfrac{\sum X - 5}{n-1} = \dfrac{n\overline{X} - 5}{n-1} = \dfrac{20 \times 10 - 5}{20-1} = 10.26$,因为 $\sigma = \sqrt{\dfrac{\sum X^2}{n} - (\overline{X})^2}$,$2 = \sqrt{\dfrac{\sum X^2}{20} - 10^2}$,所以 $\sum X^2 = 2080$,则 $\sigma' = \sqrt{\dfrac{\sum X^2 - 5^2}{n-1} - (\overline{X}')^2} = \sqrt{\dfrac{2080 - 25}{20-1} - 10.26^2} = 1.7$。

第 13 题(4)(5)(题略)

解 (4)由算术平均数的数学性质 $\sum(X-\overline{X})^2 = $ 最小值可知:$\sum(X-X_0)^2 = \sum(X-\overline{X})^2 + NC^2, X_0$ 为任意值,$C = \overline{X} - X_0$

等式两边同除以 N,

则可得 $\sigma_{X_0}^2 = \sigma^2 + (\overline{X}-X_0)^2 = 30^2 + (50-90)^2 = 2500$。

(5) $\sigma^2 = \sigma_{X_0}^2 - (\overline{X}-X_0)^2 = 300 - 100 = 200$。

第 15 题(题略)

解 由方差的加法定理可知:$\sigma^2 = \delta^2 + \overline{\sigma_i^2}$,$\delta^2 = \dfrac{\sum \overline{X_i}^2 f_i}{\sum f_i} - \overline{X}^2 = \dfrac{48^2 \times 40 + 53^2 \times 60}{40+60} - \left(\dfrac{48 \times 40 + 53 \times 60}{100}\right)^2 = 6$,$\overline{\sigma_i^2} = \dfrac{\sum \sigma_i^2 f_i}{\sum f_i} = \dfrac{8 \times 40 + 3 \times 60}{100} = 5$,$\sigma^2 = \delta^2 + \overline{\sigma_i^2} = 6 + 5 = 11$。

第 16 题(题略)

解 由方差的加法定理可知:$\overline{\sigma_i^2} = \sigma^2 - \delta^2$,$\sigma^2 = 3^2 = 9$,

$\delta^2 = \dfrac{\sum \overline{X_i}^2 f_i}{\sum f_i} - \overline{X}^2 = \dfrac{15^2 \times 4 + 20^2 \times 6}{4+6} - 18^2 = 6$,$\overline{\sigma_i^2} = \sigma^2 - \delta^2 = 9 - 6 = 3$。

第 17 题(题略)

解 (1)设工龄在五年以下的工人组为甲组,工龄在五年以上的工人组为乙组。

$\overline{X}_{甲} = \dfrac{\sum Xf}{\sum f}$

$= \dfrac{75 \times 10 + 85 \times 15 + 95 \times 20 + 102.5 \times 100}{210} + \dfrac{107.5 \times 45 + 115 \times 15 + 125 \times 5}{210}$

$= \dfrac{21362.5}{210} = 101.7(\%)$,

$\overline{X}_{乙} = \dfrac{\sum Xf}{\sum f}$

$= \dfrac{85 \times 5 + 95 \times 15 + 105 \times 200 + 115 \times 80 + 125 \times 40}{380} + \dfrac{140 \times 20 + 160 \times 20}{380}$

$= \dfrac{43050}{380} = 113.3(\%)$,

$$\overline{X}_{总} = \frac{\sum Xf}{\sum f} = \frac{21362.5 + 43050}{210 + 380} = \frac{64412.5}{590} = 109.2(\%),$$

组间方差 $\delta^2 = \frac{\sum (\overline{X}_i - \overline{X})^2 f_i}{\sum f_i}$ 或

$$\frac{\sum \overline{X}_i^2 f_i}{\sum f_i} - (\overline{X})^2 = \frac{\left(\frac{21362.5}{210}\right)^2 \times 210 + \left(\frac{43050}{380}\right)^2 \times 380}{210 + 380} - \left(\frac{64412.5}{590}\right)^2 = 30.7。$$

(2) 组内方差 $\sigma_i^2 = \frac{\sum (X_i - \overline{X}_i)^2 f_i}{\sum f_i}$ 或 $\frac{\sum X_i^2 f_i}{\sum f_i} - (\overline{X}_i)^2$

$$\sigma_甲^2 = \frac{75^2 \times 10 + 85^2 \times 15 + 95^2 \times 20 + 102.5^2 \times 100}{210}$$
$$+ \frac{107.5^2 \times 45 + 115^2 \times 15 + 125^2 \times 5}{210} - \left(\frac{21362.5}{210}\right)^2$$
$$= 91.2;$$

$$\sigma_乙^2 = \frac{85^2 \times 5 + 95^2 \times 15 + 105^2 \times 200 + 115^2 \times 80}{380}$$
$$+ \frac{125^2 \times 40 + 140^2 \times 20 + 160^2 \times 20}{380} - \left(\frac{43050}{380}\right)^2$$
$$= 227.3;$$

组内方差的平均数

$$\overline{\sigma_i^2} = \frac{\sum \sigma_i^2 f_i}{\sum f_i} = \frac{91.2 \times 210 + 227.3 \times 380}{590} = 178.9。$$

(3) 总方差

$$\sigma^2 = \delta^2 + \overline{\sigma_i^2} = 30.7 + 178.9 = 209.6。$$

第18题(题略)

解 比较法

$$\overline{X} = \frac{\sum Xf}{\sum f} = \frac{20 \times 12 + 40 \times 24 + 60 \times 30 + 80 \times 14}{80} = 51.5(百个),$$

$$M_o = X_L + \frac{f_2 - f_1}{(f_2 - f_1) + (f_2 - f_3)} \times i$$
$$= 50 + \frac{30 - 24}{(30 - 24) + (30 - 14)} \times 20 = 55.45(百个),$$

$$\sigma = \sqrt{\frac{\sum X^2 f}{\sum f} - \left[\frac{\sum Xf}{\sum f}\right]^2} = \sqrt{\frac{240800}{80} - (51.5)^2} = 18.91(百个),$$

偏斜度 $\alpha = \frac{\overline{X} - M_o}{\sigma} = \frac{51.5 - 55.45}{18.91} = -0.21。$

动差法

偏斜度 $\alpha = \dfrac{V_3}{\sigma^3} = \dfrac{\dfrac{\sum(X-\overline{X})^3 f}{\sum f}}{\sigma^3} = \dfrac{-863.25}{(18.91)^3} = -0.13$。

该分布呈左偏,且偏斜程度较小。

第 19 题(题略)

解 根据算术平均数的数学性质(3)、(4)、(5)及另一个数学性质:每个变量值 X 的权数都缩小或扩大一定的倍数,算术平均数不变。可求得实际平均数

$$\overline{X} = \dfrac{\sum\left(\dfrac{X-100}{10}\right)\dfrac{f}{4}}{\sum \dfrac{f}{4}} \times 10 + 100 = 0.6 \times 10 + 100 = 106。$$

第 20 题(题略)

解 $\overline{X}_{甲} = \dfrac{\sum M}{\sum \dfrac{M}{X}} = \dfrac{5000+9200+4200}{\dfrac{5000}{5.00}+\dfrac{9200}{4.60}+\dfrac{4200}{4.20}} = \dfrac{18400}{4000} = 4.6(元)$,

$\overline{X}_{乙} = \dfrac{\sum M}{\sum \dfrac{M}{X}} = \dfrac{5000+4600+8400}{\dfrac{5000}{5.00}+\dfrac{4600}{4.60}+\dfrac{8400}{4.20}} = \dfrac{18000}{4000} = 4.5(元)$,

$\overline{X}_{甲} > \overline{X}_{乙}$。

原因分析:甲、乙两地区该商品的销售量虽然相等(都是 4000),但由于售价最低的三等品在甲地区的销售量只占总销售量的 25%,而在乙地区却占销售总量的 50%,因而导致甲地区的平均价格高于乙地区。

第 21 题(题略)

解 (1) $\overline{X}_{甲} = \dfrac{\sum Xf}{\sum f} = \dfrac{1.24\times35+1.22\times23+1.26\times11+1.25\times22}{91}$

$\qquad = 1.24(元/千克)$;

$\overline{X}_{乙} = \dfrac{\sum Xf}{\sum f} = \dfrac{1.30\times35+1.28\times23+1.27\times11+1.31\times22}{91}$

$\qquad = 1.29(元/千克)$。

(2) $\overline{X}_{综合} = \dfrac{\sum M}{\sum \dfrac{M}{X}} = \dfrac{300000+260000}{\dfrac{300000}{1.24}+\dfrac{260000}{1.29}} = 1.26(元/千克)$。

第五章 时间数列

第 5 题(题略)

解 由各月总产值形成的时间数列为时期数列,由各月月初工人数形成的时间数列为时点数列,本题是由一个时期数列与一个时点数列对比构成的相对数时间数列计算序

时平均数,其计算公式为:

$$\bar{c} = \frac{\bar{a}}{\bar{b}} = \frac{\sum \dfrac{a}{n}}{\dfrac{\dfrac{b_1}{2} + b_2 + b_3 + \dfrac{b_4}{2}}{n-1}} = \frac{\sum a}{\dfrac{b_1}{2} + b_2 + b_3 + \dfrac{b_4}{2}}。$$

(1) 第一季度工人平均月劳动生产率

$$\bar{c}_1 = \frac{362+358+341}{\dfrac{2000}{2}+2020+2025+\dfrac{2040}{2}} = 0.1749(万元/人) = 1749(元/人);$$

第二季度工人平均月劳动生产率

$$\bar{c}_2 = \frac{347+333+333}{\dfrac{2040}{2}+2035+2045+\dfrac{2050}{2}} = 0.1654(万元/人) = 1654(元/人)。$$

第二季度比第一季度工人平均月劳动生产率下降 $5.43\% \left(\dfrac{1654}{1749}-1\right)$。

(2) 上半年工人的劳动生产率 $= \dfrac{\sum a}{\bar{b}}$

$$= \frac{362+358+341+347+333+333}{\dfrac{\dfrac{2000}{2}+2020+2025+2040+2035+2045+\dfrac{2050}{2}}{7-1}}$$

$=1.0208(万元/人)=10208(元/人)$。

第7题(题略)

解 (1) 该时间数列是间隔不等的间断时点数列,求其序时平均数的公式为:

$$\bar{a} = \frac{\dfrac{a_1+a_2}{2} \times f_1 + \dfrac{a_2+a_3}{2} \times f_2 + \cdots + \dfrac{a_{n-1}+a_n}{2} \times f_{n-1}}{\sum\limits_{i=1}^{n-1} f_i}。$$

则1996年该乡平均拥有空调台数

$$\bar{a} = \frac{\dfrac{150+172}{2}\times 2 + \dfrac{172+168}{2}\times 3 + \dfrac{168+180}{2}\times 4 + \dfrac{180+182}{2}\times 3}{12} = 173 台。$$

(2) 分别计算该乡1996年和1995年平均每(百)户拥有空调台数,再加以对比,可反映该乡空调普及程度的动态变化。

$$\dfrac{182}{1200} \div \dfrac{150}{1200} = \dfrac{0.15}{0.13} = 115.38\%;$$

该乡1996年比1995年平均每百户增加2台,增长15.38%。

第9题(题略)

九五计划平均增长速度为:

解 (1) $\bar{X} = \sqrt[n]{R} - 1 = \sqrt[5]{1.5} - 1 = 8.45\%$;

(2) 九五计划后三年平均增长速度为:

$$\overline{X} = \sqrt[n]{R} - 1 = \sqrt[3]{\frac{1.5}{1.11 \times 1.125}} - 1 = 6.30\%;$$

(3) 十年间平均增长速度为:

$$\overline{X} = \sqrt[n]{R} - 1 = \sqrt[10]{1.5 \times 1.35} - 1 = 7.31\%。$$

第10题(题略)

解 劳动生产率的分子总产值是时期指标,分母工人数是时点指标,计算月劳动生产率应以总产值除以每日在册人数时间数列按间隔日数加权计算的月平均在册人数。计算公式为:

$$\overline{c} = \frac{a}{\overline{b}} = \frac{a}{\frac{\sum bf}{\sum f}}。$$

(1) 甲企业工人月劳动生产率 $\overline{c}_{甲} = \dfrac{415000}{\frac{330 \times 15 + 312 \times 5 + 345 \times 8}{28}} = 1254$(元/人);

乙企业工人月劳动生产率 $\overline{c}_{乙} = \dfrac{452000}{\frac{332 \times 15 + 314 \times 5 + 328 \times 8}{28}} = 1378$(元/人)。

(2) 综合两企业工人的月劳动生产率 $\overline{c}_{综合} = \dfrac{415000 + 452000}{331 + 328} = 1316$(元/人)。

第11题(题略)

解 $a_0 = 80, \sum a = 80 \times 2.8 = 224$,

由方程法公式得:$\overline{X}^2 + \overline{X} - 2.8 = 0$,

解方程得正根 $\overline{X} = 1.2464$,

年平均增长速度 $= 1.2464 - 1 = 24.64\%$;

明年计划基建投资额为:$80 \times 124.64\% = 99.71$(百万元);

后年计划基建投资额为:$99.71 \times 124.64\% = 124.28$(百万元)。

第13题(题略)

解 (1) $\overline{X}_{甲} = \sqrt[n]{\dfrac{a_n}{a_0}} = \sqrt[6]{\dfrac{4000}{3500}} = 102.25\%$;

$\overline{X}_{乙} = \sqrt[n]{\dfrac{a_n}{a_0}} = \sqrt[6]{\dfrac{5500}{4800}} = 102.29\%$。

(2) $n = \dfrac{\lg a_n - \ln a_0}{\lg \overline{X}} = \dfrac{\lg 5500 - \lg 4000}{\lg 1.0225} = 14.3$(年)。

(3) $\overline{X}_{甲} = \sqrt[n]{\dfrac{a_n}{a_0}} = \sqrt[5]{\dfrac{5500}{4000}} = 106.58\%$。

第14题(题略)

解 1996年—2000年平均增长速度为:$\sqrt[n]{R} - 1 = \sqrt[5]{1.28} - 1 = 5.06\%$。

2000年产量 $a_n = a_0 \overline{X}^n = 50 \times 1.28 = 64$(万吨),

2001年每增长1%的绝对值为:$\dfrac{前一期发展水平}{100} = \dfrac{64}{100} = 0.64$(万吨)。

1998年—2000年平均增长速度为：$\sqrt[n]{R}-1=\sqrt[3]{\dfrac{1.28}{1.028\times 1.031}}-1=6.50\%$。

第 15 题（题略）

解 已知：$\dfrac{a_{96}}{a_{80}}=1.115^{16}, \dfrac{a_{97}}{a_{96}}=1.12$。

根据加权几何平均法计算，则 1980 年至 1997 年总产值平均增长 11.53%，即：

$$\sqrt[17]{\dfrac{a_{96}}{a_{80}}\times\dfrac{a_{97}}{a_{96}}}-1=\sqrt[17]{1.115^{16}\times 1.12}-1=11.53\%。$$

已知：$\dfrac{a_{97}}{a_{80}}=5.2\text{ 倍}, \dfrac{a_{97}}{a_{96}}=1.048$。

则 1981 年至 1996 年的 16 年中每年劳动生产率平均增长 10.53%，即：

$$\sqrt[16]{\dfrac{a_{97}}{a_{80}}\div\dfrac{a_{97}}{a_{96}}}-1=\sqrt[16]{5.2\div 1.048}-1=10.53\%。$$

第 16 题（题略）

解 本题是由两个时点数列对比构成的相对数时间数列求序时平均数，这两个时点数列属于间隔相等的间断时点数列，应采用首末折半简单平均方法计算，其公式为：

$$\bar{c}=\dfrac{\bar{a}}{\bar{b}}=\dfrac{\dfrac{a_1}{2}+a_2+\cdots+\dfrac{a_n}{2}}{\dfrac{b_1}{2}+b_2+\cdots+\dfrac{b_n}{2}}=\dfrac{\dfrac{362}{2}+358+341+347+333+\dfrac{333}{2}}{\dfrac{2000}{2}+2020+2025+2040+2035+\dfrac{2045}{2}}$$

$=17.02\%$，

该企业 1994 年—1999 年非生产人员占全部职工人数的平均比重为 17.02%。

第 22 题（题略）

解

（1）　　　　　　　　　　按季平均法求季节比率计算表

年份＼季度	一	二	三	四	合 计
1995	—	—	12	16	28
1996	18	14	15	18	65
1997	20	15	16	22	73
1998	21	16	20	24	81
1999	24	27	—	—	51
合 计	83	72	63	80	298
季平均数	20.75	18	15.75	20	18.625
季节比率(%)	111.41	96.65	84.56	107.38	400

(2) 移动平均求趋势值及剔除趋势值计算表

年份	季度	销售额（百万元）	四期移动平均数	趋势值 y_c（百万元）	剔除趋势值 $y - y_c$（百万元）	y/y_c（%）
1995	三	12	—	—		
	四	16		—	—	
			15			
1996	一	18	15.75	15.375	2.625	117.07
	二	14	16.25	16	−2	87.5
	三	15	16.75	16.5	−1.5	90.91
	四	18	17	16.875	1.125	106.67
1997	一	20	17.25	17.125	2.875	116.79
	二	15	18.25	17.75	−2.75	84.51
	三	16	18.5	18.375	−2.375	87.07
	四	22	18.75	18.625	3.375	118.12
1998	一	21	19.75	19.25	1.75	109.09
	二	16	20.25	20	−4	80
	三	20	21	20.625	−0.625	96.97
	四	24	23.75	22.375	1.625	107.26
1999	一	24		—	—	
	二	27				

季节变差计算表　　　　　　　　　　　　　　　　　　　单位:百万元

年份＼季度	一	二	三	四
1996	2.625	−2	−1.5	1.125
1997	2.875	−2.75	−2.375	3.375
1998	1.75	−4	−0.625	1.625
合　计	7.25	−8.75	−4.5	6.125
季平均数	2.4167	−2.9167	−1.5	2.0417
调整数	0.0104	0.0104	0.0104	0.0104
季节变差	2.4063	−2.9271	−1.5104	2.0313

(3) 季节比率计算表 单位:%

年份＼季度	一	二	三	四
1996	117.07	87.5	90.91	106.67
1997	116.79	84.51	87.07	118.12
1998	109.09	80	96.97	107.26
合　计	342.95	252.01	274.95	332.05
季平均数	114.32	84	91.65	110.68
调整系数	0.9984	0.9984	0.9984	0.9984
季节比率	114.14	83.87	91.50	110.50

第 24 题(题略)

解　(1) 调整系数 $=\dfrac{400}{408}=0.9804$，调整后各季度的季节比率依次为 90%、100%、115%、95%。

(2) 明年第三季度的销售值 $=\dfrac{24}{4}\times 115\%=6.9$ 万元；明年第四季度的销售值 $=\dfrac{24}{4}\times 95\%=5.7$ 万元。

(3) 第三季度比第一季度销售值的变动比率 $=\dfrac{5}{1.15}\div\dfrac{4}{0.9}=97.83\%$；第三季度比第一季度销售值下降了 2.17%。

(4) 由年直线趋势方程可求得 2000 年的销售趋势值，即 $y_c=16+2t=16+2\times 2=20$(2000 年 t 等于 2)，除以 4，可得季销售趋势值，再乘以第一季度的季节比率，就可求得经季节性调整后的 2000 年第一季度销售的估计值为 $\dfrac{20}{4}\times 0.90=4.5$ 万元。

第 25 题(题略)

解　各季节比率之和应为 400%，现为 401%，应予调整。调整系数为 $\dfrac{400}{401}=0.9975$，调整后的季节比率为：

季度编号　　　　$t=13$　　$t=14$　　$t=15$　　$t=16$
季节比率(%)　　79.80%　　99.75%　　125.69%　　94.76%

求直线趋势方程 $y_c=a+bt$，

由 $a=\bar{y}-b\bar{t}$，则 $b=\dfrac{\bar{y}-a}{\bar{t}}=\dfrac{30-25}{2.5}=2$，

得 $y_c=25+2t$。

根据趋势季节模型 $\hat{y}_t=T_t(y_c)\times SI$ 可求得考虑季节变动在内的各季度的预测值：

$\hat{y}_{13}=(25+2\times 13)\times 79.80\%=40.70$(万只)；
$\hat{y}_{14}=(25+2\times 14)\times 99.75\%=52.87$(万只)；
$\hat{y}_{15}=(25+2\times 15)\times 125.69\%=69.13$(万只)
$\hat{y}_{16}=(25+2\times 16)\times 94.76\%=54.01$(万只)。

第六章 统计指数

第2题（题略）

解 本题为总量指标的两因素分析,分析的对象是产品生产费用总额,它受到产品产量和单位产品成本两个因素的影响。

先计算总变动指数,测定其变动的程度和绝对值：

生产费用总额指数 $\dfrac{\sum Q_1 Z_1}{\sum Q_0 Z_0} = \dfrac{100}{94} = 106.38\%$；$\sum Q_1 Z_1 - \sum Q_0 Z_0 = 100 - 94 = 6$ 万元。

再计算两个因素指数,测定其变动的程度和绝对值：

产量指数 $\dfrac{\sum Q_1 Z_0}{\sum Q_0 Z_0} = 111.2\%$，$\sum Q_1 Z_0 = 111.2\% \times 94 = 104.53$ 万元；$\sum Q_1 Z_0 - \sum Q_0 Z_0 = 104.53 - 94 = 10.53$ 万元。

单位成本指数 $\dfrac{\sum Z_1 Q_1}{\sum Z_0 Q_1} = \dfrac{\sum Q_1 Z_1}{\sum Q_0 Z_0} \div \dfrac{\sum Q_1 Z_0}{\sum Q_0 Z_0} = \dfrac{106.38\%}{111.2\%} = 95.67\%$；$\sum Z_1 Q_1 - \sum Z_0 Q_1 = 100 - 104.53 = -4.53$ 万元。

根据指数体系从相对数和绝对数两方面进行影响因素的综合分析：

相对数分析：$106.38\% = 111.2\% \times 95.67\%$；

绝对数分析：6 万元 = 10.53 万元 - 4.53 万元。

第3题（题略）

解 本题为平均指标的两因素分析,分析的对象是三个企业的平均单位成本,它受各企业单位成本和各企业产量占全部产量的比重两个因素的影响。

首先测定平均单位成本变动的程度和绝对值：

平均单位成本可变构成指数 $\dfrac{\sum Z_1 Q_1}{\sum Q_1} \div \dfrac{\sum Z_0 Q_0}{\sum Q_0} = \dfrac{14760}{3200} \div \dfrac{14440}{2900} = \dfrac{4.61}{4.98} = 92.6\%$；$\dfrac{\sum Z_1 Q_1}{\sum Q_1} - \dfrac{\sum Z_0 Q_0}{\sum Q_0} = 4.61 - 4.98 = -0.37$ 元。

再测定各企业单位成本变动和产量结构变动对平均单位成本变动影响的程度和绝对值：

平均单位成本固定构成指数 $\dfrac{\sum Z_1 Q_1}{\sum Q_1} \div \dfrac{\sum Z_0 Q_1}{\sum Q_1} = \dfrac{4.61}{5.03} = 91.7\%$；$\dfrac{\sum Z_1 Q_1}{\sum Q_1} - \dfrac{\sum Z_0 Q_1}{\sum Q_1} = 4.61 - 5.03 = -0.42$ 元。

平均单位成本结构变动影响指数 $\dfrac{\sum Q_1 Z_0}{\sum Q_1} \div \dfrac{\sum Q_0 Z_0}{\sum Q_0} = \dfrac{5.03}{4.98} = 101\%$;$\dfrac{\sum Q_1 Z_0}{\sum Q_1} -$
$\dfrac{\sum Q_0 Z_0}{\sum Q_0} = 5.03 - 4.98 = 0.05$ 元。

根据平均指标指数体系从相对数和绝对数两方面对影响因素综合分析:
相对数分析:$92.6\% = 91.7\% \times 101\%$;
绝对数分析:-0.37 元 $= -0.42$ 元 $+ 0.05$ 元。

第 4 题(题略)

解 物价指数 $\dfrac{\sum P_1 Q_1}{\sum P_0 Q_1} = \dfrac{\text{零售额指数}}{\text{零售量指数}} = \dfrac{119.8\%}{107.2\%} = 111.75\%$。

$\sum P_1 Q_1 = 4700$ 万元,$\sum P_0 Q_1 = \dfrac{4700}{111.75\%} = 4205.82$ 万元,$\sum P_1 Q_1 - \sum P_0 Q_1 =$
$4700 - 4205.82 = 494.18$ 万元,因物价上涨当地居民多支付的货币额为 494.18 万元。

第 5 题(题略)

解 (1) 本题是总量指标的两因素分析。
首先计算总变动指数:
生产支出总额指数 $\dfrac{\sum Q_1 Z_1}{\sum Q_0 Z_0} = \dfrac{475}{420} = 113.10\%$;$\sum Q_1 Z_1 - \sum Q_0 Z_0 = 475 - 420 =$
55 万元。

再计算两个因素指数
产量指数 $\dfrac{\sum Q_1 Z_0}{\sum Q_0 Z_0} = \dfrac{\sum K_Q Q_0 Z_0}{\sum Q_0 Z_0} = \dfrac{1.12 \times 150 + 1 \times 90 + 1.08 \times 180}{420} = \dfrac{452.4}{420} =$
107.71%;$\sum K_Q Q_0 Z_0 - \sum Q_0 Z_0 = 452.4 - 420 = 32.4$ 万元。

成本指数 $\dfrac{\sum Z_1 Q_1}{\sum Z_0 Q_1} = \dfrac{475}{452.4} = 105\%$

(或利用指数体系推算成本指数 $= \dfrac{\text{生产支出总额指数}}{\text{产量指数}} = \dfrac{113.10\%}{107.71\%} = 105\%$);$\sum Z_1 Q_1$
$- \sum Z_0 Q_1 = 475 - 452.4 = 22.6$ 万元。

指数体系分析:
相对数分析 $113.10\% = 107.71\% \times 105\%$;
绝对数分析 55 万元 $= 32.4$ 万元 $+ 22.6$ 万元。

(2) 第 3 季度产量指数为 130%,生产支出总额指数为 120%,则成本指数为:
$\dfrac{\sum Z_1 Q_1}{\sum Z_0 Q_1} = \dfrac{120\%}{130\%} = 92.31\%$,下降 7.69%。

由于成本降低而节约的生产支出总额就是求 $\sum Z_1 Q_1 - \sum Z_0 Q_1$ 的差额,

$\sum Z_1Q_1$ 为第 3 季度的生产支出总额 $= 475 \times 120\% = 570$ 万元,

$\sum Z_0Q_1 = \dfrac{\sum Z_1Q_1}{92.31\%} = \dfrac{570}{92.31\%} = 617.48$ 万元,

$\sum Z_1Q_1 - \sum Z_0Q_1 = 570 - 617.48 = -47.48$ 万元,

由于成本降低而节约的生产支出总额为 47.48 万元。

第 6 题(题略)

解 本题为平均指标的两因素数分析,分析的对象是平均工资,它受各组平均工资和工人数结构两个因素变动的影响。

先测定平均工资总变动的程度和绝对值:

平均工资可变构成指数 $\dfrac{\sum X_1 f_1}{\sum f_1} \div \dfrac{\sum X_0 f_0}{\sum f_0} = \dfrac{984500}{1100} \div \dfrac{680000}{1000} = \dfrac{895}{680} = 131.62\%$;

总平均工资变动的绝对额 $\dfrac{\sum X_1 f_1}{\sum f_1} - \dfrac{\sum X_0 f_0}{\sum f_0} = 894 - 680 = 215$ 元。

再分别测定各组平均工资变动和工人数结构变动对总平均工资变动影响的程度和绝对值:

平均工资固定构成指数 $\dfrac{\sum X_1 f_1}{\sum f_1} \div \dfrac{\sum X_0 f_1}{\sum f_1} = \dfrac{984500}{1100} \div \dfrac{781000}{1100} = \dfrac{895}{710} = 126.06\%$,

各组平均工资变动对总平均工资影响的绝对额 $\dfrac{\sum X_1 f_1}{\sum f_1} - \dfrac{\sum X_0 f_1}{\sum f_1} = 895 - 710 = 185$ 元;

平均工资结构影响指数 $\dfrac{\sum X_0 f_1}{\sum f_1} \div \dfrac{\sum X_0 f_0}{\sum f_0} = \dfrac{781000}{1100} \div \dfrac{680000}{1000} = \dfrac{710}{680} = 104.41\%$,

工人数结构变动对总平均工资影响的绝对额 $\dfrac{\sum X_0 f_1}{\sum f_1} - \dfrac{\sum X_0 f_0}{\sum f_0} = 710 - 680 = 30$ 元。

根据平均指标指数体系对影响因素综合分析:

相对数分析:$131.62\% = 126.06\% \times 104.41\%$;

绝对数分析:215 元 = 185 元 + 30 元。

第 7 题(题略)

解 本题为总量指标与平均指标相结合的因素分析。

先计算总变动指数,测定其变动的程度和绝对值:

工资总额指数 $\dfrac{\sum X_1 f_1}{\sum X_0 f_0} = \dfrac{984500}{680000} = 144.78\%$;

工资总额变动的绝对额 $\sum X_1 f_1 - \sum X_0 f_0 = 304500$ 元。

再分别测定工人人数、各组的平均工资、工人人数结构变动对工资总额变动影响的程度和绝对值：

工人人数指数 $\dfrac{\sum f_1}{\sum f_0} = \dfrac{1100}{1000} = 110\%$，

工人人数变动影响的绝对额 $\left(\sum f_1 - \sum f_0\right)\overline{X}_0 = (1100-1000) \times 680 = 68000$ 元；

平均工资固定构成指数 $\dfrac{\sum X_1 f_1}{\sum f_1} \div \dfrac{\sum X_0 f_1}{\sum f_1} = \dfrac{984500}{1100} \div \dfrac{781000}{1100} = \dfrac{895}{710} = 126.06\%$，

各组平均工资变动影响的绝对额 $\left[\dfrac{\sum X_1 f_1}{\sum f_1} - \dfrac{\sum X_0 f_1}{\sum f_1}\right]\sum f_1 = (895-710) \times 1100 = 203500$ 元；

平均工资结构影响指数 $\dfrac{\sum X_0 f_1}{\sum f_1} \div \dfrac{\sum X_0 f_0}{\sum f_0} = \dfrac{781000}{1100} \div \dfrac{680000}{1000} = \dfrac{710}{680} = 104.41\%$，

工人数结构变动影响的绝对额 $\left[\dfrac{\sum X_0 f_1}{\sum f_1} - \dfrac{\sum X_0 f_0}{\sum f_0}\right]\sum f_1 = (710-680) \times 1100 = 33000$ 元。

指数体系分析：

相对数分析：$144.78\% = 110\% \times 126.06\% \times 104.41\%$；

绝对数分析：304500 元 = 68000 元 + 203500 元 + 33000 元。

第10题（题略）

解 价格综合指数公式为 $\dfrac{\sum P_1 Q_1}{\sum P_0 Q_1}$，因资料限制，无法直接按综合指数公式计算，则可对该公式进行变形，即采用平均数指数公式计算。由于缺少的是综合指数公式的分母资料，编制的是质量指标指数，因此应采用加权调和平均数指数公式编制，即：

$$\dfrac{\sum P_1 Q_1}{\sum P_0 Q_1} = \dfrac{\sum P_1 Q_1}{\sum \dfrac{1}{K_P} P_1 Q_1} = \dfrac{204+300}{\dfrac{204}{1.02} + \dfrac{300}{1}} = \dfrac{504}{500} = 100.8\%.$$

第11题（题略）

解 下列各题可根据指数体系进行推算求得。

(1) 劳动总消耗量指数 = 产品物量指数 × 单位产品劳动消耗量指数 = 115% × 92% = 105.8%，劳动总消耗量增长 5.8%。

(2) 生产费用指数 = 产量指数 × 单位产品成本指数 = 120% × 80% = 96%，生产费用下降 4%。

(3) 粮食作物单位面积产量指数 = $\dfrac{粮食总产量指数}{粮食播种面积指数} = \dfrac{115\%}{97\%} = 118.56\%$，单位面积产量增长 18.56%。

(4) 零售物价指数 = $\dfrac{1}{货币购买力指数} = \dfrac{1}{90\%} = 111.11\%$，零售物价上涨 11.11%。

第 12 题（题略）

解 平均周转日数 = $\dfrac{平均商品库存额}{平均每日纯销售额}$，设 b 为各种商品的周转天数，m 为各种商品的平均每天纯销售额。

(1) 平均周转天数指数为 $\dfrac{\bar{b}_1}{\bar{b}_0} = \dfrac{\sum b_1 m_1}{\sum m_1} \div \dfrac{\sum b_0 m_0}{\sum m_0} = \dfrac{10\times 10 + 18\times 5.56 + 45\times 1.33}{16.89}$

$\div \dfrac{9\times 5.56 + 15\times 3.33 + 45\times 2.22}{11.11} = \dfrac{15.39}{17.99} = 85.55\%$；平均周转天数减少 $15.39 - 17.99 = -2.6$（天）。

(2) 平均周转天数的固定构成指数为

$\dfrac{\sum b_1 m_1}{\sum m_1} \div \dfrac{\sum b_0 m_1}{\sum m_1} = \dfrac{10\times 10 + 18\times 5.56 + 45\times 1.33}{16.89} \div \dfrac{9\times 10 + 15\times 5.56 + 45\times 1.33}{16.89} = $

$\dfrac{15.39}{13.81} = 111.44\%$；因各种商品的周转天数的变动影响使平均周转日数增加 $15.39 - 13.81 = 1.58$（天）。

平均周转天数的结构影响指数为 $\dfrac{\sum b_0 m_1}{\sum m_1} \div \dfrac{\sum b_0 m_0}{\sum m_0} = \dfrac{13.81}{17.99} = 76.76\%$；因各种商品的销售额结构变动影响使平均周转天数减少 $13.81 - 17.99 = -4.18$（天）。

(3) 相对数分析：$85.55\% = 111.44\% \times 76.76\%$；绝对数分析：$-2.6$（天）$= 1.58$（天）$-4.18$（天）。

第 13 题（题略）

解 (1) 各年定基指数

1996 年 $\dfrac{\sum Q_1 P_n}{\sum Q_0 P_n} = \dfrac{92\times 2.4 + 150\times 3.2 + 312\times 1.5}{80\times 2.4 + 140\times 3.2 + 300\times 1.5} = \dfrac{1168.8}{1090} = 107.23\%$；

1997 年 $\dfrac{\sum Q_2 P_n}{\sum Q_0 P_n} = \dfrac{110\times 2.4 + 142\times 3.2 + 320\times 1.5}{80\times 2.4 + 140\times 3.2 + 300\times 1.5} = \dfrac{1198.4}{1090} = 109.94\%$；

1998 年 $\dfrac{\sum Q_3 P_n}{\sum Q_0 P_n} = \dfrac{115\times 2.4 + 161\times 3.2 + 316\times 1.5}{80\times 2.4 + 140\times 3.2 \times 300\times 1.5} = \dfrac{1265.2}{1090} = 116.07\%$；

1999 年 $\dfrac{\sum Q_4 P_n}{\sum Q_0 P_n} = \dfrac{128\times 2.4 + 158\times 3.2 + 328\times 1.5}{80\times 2.4 + 140\times 3.2 + 300\times 1.5} = \dfrac{1304.8}{1090} = 119.71\%$。

（2）各年环比指数

1996 年 $\dfrac{\sum Q_1 P_n}{\sum Q_0 P_n} = \dfrac{1168.8}{1090} = 107.23\%$；

1997 年 $\dfrac{\sum Q_2 P_n}{\sum Q_1 P_n} = \dfrac{1198.4}{1168.8} = 102.53\%$；

1998 年 $\dfrac{\sum Q_3 P_n}{\sum Q_2 P_n} = \dfrac{1265.2}{1198.4} = 105.57\%$；

1999 年 $\dfrac{\sum Q_4 P_n}{\sum Q_3 P_n} = \dfrac{1304.8}{1265.2} = 103.13\%$。

采用不变权数编制的指数数列，如上例按不变价格编制的产量指数数列，不仅便于观察比较长时期内产量增减变化情况及变动趋势，而且具有换算关系：即各期环比指数的连乘积等于相应时期的定基指数；相邻两期的定基指数之比等于环比指数。如上例：

$$\dfrac{\sum Q_4 P_n}{\sum Q_0 P_n} = \dfrac{\sum Q_1 P_n}{\sum Q_0 P_n} \times \dfrac{\sum Q_2 P_n}{\sum Q_1 P_n} \times \dfrac{\sum Q_3 P_n}{\sum Q_2 P_n} \times \dfrac{\sum Q_4 P_n}{\sum Q_3 P_n},$$

$119.71\% = 107.23\% \times 102.53\% \times 105.57\% \times 103.13\%$；

$$\dfrac{\sum Q_4 P_n}{\sum Q_3 P_n} = \dfrac{\dfrac{\sum Q_4 P_n}{\sum Q_0 P_n}}{\dfrac{\sum Q_3 P_n}{\sum Q_0 P_n}}, \quad 103.13\% = \dfrac{119.71\%}{116.07\%}。$$

第 14 题（题略）

解 设耕地面积为 a，播种面积占耕地面积比重为 b，单位播种面积产量为 c。

相对数指数体系分析：$\dfrac{a_1 b_1 c_1}{a_0 b_0 c_0} = \dfrac{a_1}{a_0} \times \dfrac{b_1}{b_0} \times \dfrac{c_1}{c_0}$，$\dfrac{75.18}{64.24} = \dfrac{6.28}{6.20} \times \dfrac{\dfrac{11.76}{6.28}}{\dfrac{10.80}{6.20}} \times \dfrac{\dfrac{75.18}{11.76}}{\dfrac{64.24}{10.80}}$，

$117.03\% = 101.29\% \times 107.50\% \times 107.48\%$；

绝对数指数体系分析：$(a_1 b_1 c_1 - a_0 b_0 c_0) = (a_1 - a_0) b_0 c_0 + a_1 (b_1 - b_0) c_0 + a_1 b_1 (c_1 - c_0)$，

$75.18 - 64.24 = (6.28 - 6.20) \times \dfrac{10.80}{6.20} \times \dfrac{64.24}{10.80} + 6.28 \times (1.8726 - 1.7419) \times \dfrac{64.24}{10.80}$

$+ 6.28 \times 1.8726 \times (6.3929 - 5.9481)$，

$10.94(万担) = 0.8289(万担) + 4.8822(万担) + 5.2308(万担)$。

第 15 题（题略）

解 本题为总量指标的多因素分析。

设产量为 Q，每台机床原材料耗用量为 M，价格为 P。

原材料费用总额指数 $\dfrac{\sum Q_1 M_1 P_1}{\sum Q_0 M_0 P_0} = \dfrac{1200 \times 1.6 \times 100 + 1200 \times 1.8 \times 190}{1000 \times 2 \times 100 + 1000 \times 2 \times 200}$

$$\frac{+1200\times2.8\times185+800\times1\times100+800\times2\times190+800\times3\times186}{+1000\times3\times190+500\times1.2\times100+500\times2.2\times200+500\times3.3\times190}=\frac{2054400}{1763500}$$
$$=116.50\%;$$

原材料费用增加额 $\sum Q_1M_1P_1-\sum Q_0M_0P_0=2054400$ 元 -1763500 元 $=290900$ 元。

（1）机床产量指数 $\dfrac{\sum Q_1M_0P_0}{\sum Q_0M_0P_0}=\dfrac{1200\times2\times100+1200\times2\times200}{1763500}+$

$\dfrac{1200\times3\times190+800\times1.2\times100+800\times2.2\times200+800\times3.3\times190}{1763500}=\dfrac{2353600}{1763500}=$
$133.46\%;$

产量变动引起的原材料费用增加额 $\sum Q_1M_0P_0-\sum Q_0M_0P_0=2353600$ 元 -1763500 元 $=590100$ 元。

（2）每台机床原材料耗用量指数 $\dfrac{\sum Q_1M_1P_0}{\sum Q_1M_0P_0}=\dfrac{1200\times1.6\times100+1200\times1.8\times200}{2353600}+$

$\dfrac{1200\times2.8\times190+800\times1\times100+800\times2\times200+800\times3\times190}{2353600}=\dfrac{2118400}{2353600}=90.01\%;$

每台机床原材料耗用量变动引起的原材料费用减少额 $\sum Q_1M_1P_0-\sum Q_1M_0P_0=$
2118400 元 -2353600 元 $=-235200$ 元。

（3）原材料价格指数 $\dfrac{\sum Q_1M_1P_1}{\sum Q_1M_1P_0}=\dfrac{2054400}{2118400}=96.98\%;$

原材料价格变动引起的原材料费用减少额 $\sum Q_1M_1P_1-\sum Q_1M_1P_0=2054400$ 元 -2118400 元 $=-64000$ 元。

相对数分析：$116.50\%=133.46\%\times90.01\%\times96.98\%$；

绝对数分析：290900 元 $=590100$ 元 -235200 元 -64000 元。

第 16 题（题略）

解 先求出按 1980 年不变价计算的 1976 年的农业总产值。即

$\dfrac{\text{按 1980 年不变价计算的 1981 年总产值}}{\text{按 1970 年不变价计算的 1981 年总产值}}\times\text{按 1970 年不变价计算的 1976 年总产值}=$
$\dfrac{5.28}{4.80}\times3.30=3.63$ 亿元；

再求出按 1990 年不变价计算的 1976 年的农业总产值；即：

$\dfrac{\text{按 1990 年不变价计算的 1991 年总产值}}{\text{按 1980 年不变价计算的 1991 年总产值}}\times\text{按 1980 年不变价计算的 1976 年总产值}=$
$\dfrac{6.36}{6}\times3.63=3.85$ 亿元；

最后求出 1999 年比 1976 年该地区农业总产值年平均增长速度，即 $\sqrt[23]{\dfrac{10.80}{3.85}}-1=$

4.59%。

第17题（题略）

解 总产值指数＝职工人数指数×全员劳动生产率指数。

总产值指数 $\dfrac{Q_1 t_1}{Q_0 t_0} = \dfrac{2783}{2420} = 115\%$，

总产值增加额 $Q_1 t_1 - Q_0 t_0 = 2783 - 2420 = 363$（万元）；

职工人数指数 $\dfrac{Q_1}{Q_0} = \dfrac{1100}{1000} = 110\%$，

由于职工人数增加而影响的总产值增加额为 $(Q_1 - Q_0) \times t_0 = 100 \times \dfrac{2420}{1000} = 242$（万元）；

全员劳动生产率指数 $\dfrac{\frac{Q_1 t_1}{Q_1}}{\frac{Q_0 t_0}{Q_0}} = \dfrac{\frac{2783}{1100}}{\frac{2420}{1000}} = \dfrac{2.53}{2.42} = 104.55\%$，

由于全员劳动生产率的提高所影响的总产值增加额 $\left(\dfrac{Q_1 t_1}{Q_1} - \dfrac{Q_0 t_0}{Q_0}\right) \times Q_1 = (2.53 - 2.42) \times 1100 = 121$（万元）。

相对数分析体系：$115\% = 110\% \times 104.55\%$；

绝对数分析体系：$363(万元) = 242(万元) + 121(万元)$。

第七章 抽样调查

第1题（题略）

解 已知 $n = 300, p = \dfrac{6}{300} = 0.02, q = 1$

$\mu_P = \sqrt{\dfrac{p(1-p)}{n}} = \sqrt{\dfrac{0.02 \times 0.98}{300}} = 0.0081, \Delta_P = t\mu_P = 2 \times 0.0081 = 0.0162, p - \Delta_P \leqslant P \leqslant p + \Delta_P, 0.02 - 0.0162 \leqslant P \leqslant 0.02 + 0.0162, 0.0038 \leqslant P \leqslant 0.0362, 0.38\% \leqslant P \leqslant 3.62\%$，在95.45%的概率保证下，不合格的砖占全部砖的比重在0.38%至3.62%之间。

第3题（题略）

解 （1）$\bar{x} = \dfrac{\sum xf}{\sum f} = \dfrac{55 \times 10 + 65 \times 20 + 75 \times 22}{100} + \dfrac{85 \times 40 + 95 \times 8}{100} = 76.6$（分），

$\sigma = \sqrt{\dfrac{\sum x^2 f}{\sum f} - \left(\dfrac{\sum xf}{\sum f}\right)^2} = \sqrt{\dfrac{599700}{100} - 76.6^2} = 11.38$（分）

$\mu_{\bar{x}} = \dfrac{\sigma}{\sqrt{n}} = \dfrac{11.38}{\sqrt{100}} = 1.14, \Delta_{\bar{x}} = t\mu_{\bar{x}} = 2 \times 1.14 = 2.28, \bar{x} - \Delta_{\bar{x}} \leqslant \bar{X} \leqslant \bar{x} + \Delta_{\bar{x}}, 76.6 - 2.28 \leqslant \bar{X} \leqslant 76.6 + 2.28, 74.32(分) \leqslant \bar{X} \leqslant 78.88(分)$，在95.45%的概率保证下，该校学生英语测验的平均成绩在74.32(分)至78.88(分)之间。

(2) 已知 $n=100, p=\frac{40+8}{100}=0.48, 1-p=0.52, \mu_P=\sqrt{\frac{p(1-p)}{n}}=\sqrt{\frac{0.48\times 0.52}{100}}=0.05, \Delta_P=t\mu_P=2\times 0.05=0.1, p-\Delta_P\leqslant P\leqslant p+\Delta_P, 0.48-0.1\leqslant P\leqslant 0.48+0.1, 0.38\leqslant P\leqslant 0.58$,在 95.45%的概率保证下,平均成绩在 80 分以上的学生所占的比重在 38%至 58%之间。

第 5 题(题略)

解 本题为整群抽样,已知 $\delta_P^2=5\%, p=90\%, R=\frac{24\times 60}{5}=288$ 群,$r=24$ 群,$\mu_P=\sqrt{\frac{\delta_P^2}{r}\left(1-\frac{r}{R}\right)}=\sqrt{\frac{0.05}{24}\left(1-\frac{24}{288}\right)}=0.0437, \Delta_P=t\mu_P=2\times 0.0437=0.0874, p-\Delta_P\leqslant P\leqslant p+\Delta_P, 0.9-0.0874\leqslant P\leqslant 0.9+0.0874, 0.8126\leqslant P\leqslant 0.9874$,在 95.45%的概率保证下,全天产品合格率的范围在 81.26%至 98.74%之间。

第 6 题(题略)

本题为等比例分层抽样。

解 (1) $\bar{x}=\frac{\sum \bar{x}_i n_i}{\sum n_i}=\frac{1320\times 10+804\times 80+600\times 60}{150}=756.8(元)$。

(2) $\mu_{\bar{x}}=\sqrt{\frac{\overline{\sigma_i^2}}{n}}=\sqrt{\frac{\sum \sigma_i^2 n_i}{n^2}}=\sqrt{\frac{48^2\times 10+30^2\times 80+45^2\times 60}{150^2}}=3.1023$。

(3) $\Delta_{\bar{x}}=t\mu_{\bar{x}}=1.96\times 3.1023=6.0805, \bar{x}-\Delta_{\bar{x}}\leqslant \overline{X}\leqslant \bar{x}+\Delta_{\bar{x}}, 756.8-6.0805\leqslant \overline{X}\leqslant 756.8+6.0805, 750.72(元)\leqslant \overline{X}\leqslant 762.88(元)$。概率为 0.95 时,职工月平均收入的可能范围在 759.72 元至 762.88(元)之间。

第 8 题(题略)

解 随机重复抽样平均误差公式为:$\mu_{\bar{x}}=\frac{\sigma}{\sqrt{n}}$,

(1) 当 n 增加 2 倍或 2.5 倍时,$\mu_{\bar{x}}=\frac{\sigma}{\sqrt{3n}}=0.5773\frac{\sigma}{\sqrt{n}}$ 或 $\mu_{\bar{x}}=\frac{\sigma}{\sqrt{3.5n}}=0.5345\frac{\sigma}{\sqrt{n}}$,故 $\mu_{\bar{x}}$ 只相当于原来的 0.5773 倍或 0.5345 倍,即为原来的 57.73%或 53.45%。

(2) 当 n 减少 50%或 30%时,$\mu_{\bar{x}}=\frac{\sigma}{\sqrt{0.5n}}=1.4142\frac{\sigma}{\sqrt{n}}$ 或 $\mu_{\bar{x}}=\frac{\sigma}{\sqrt{0.7n}}=1.1952\frac{\sigma}{\sqrt{n}}$,则 $\mu_{\bar{x}}$ 相当于原来的 1.4142 倍或 1.1952 倍,即为原来的 141.42%或 119.527。

(3) 抽样误差减少 20%,即为原来的 80%,则 $0.8\mu_{\bar{x}}=0.8\frac{\sigma}{\sqrt{n}}=\frac{\sigma}{\sqrt{1.5625n}}$,即抽样单位数为原来的 1.5625 倍,比原来增加了 56.25%。

(4) 根据 $\mu_{\bar{x}}=\frac{\sigma}{\sqrt{n}}\sqrt{1-\frac{n}{N}}$,可得抽样平均误差之比为:$\frac{\sigma}{\sqrt{20\%N}}\sqrt{1-20\%}$: $\frac{\sigma}{\sqrt{30\%N}}\sqrt{1-3\%}=\frac{\sqrt{1-20\%}}{\sqrt{20\%}}:\frac{\sqrt{1-3\%}}{\sqrt{3\%}}=0.352$,即抽样平均误差减少 64.8%。

第 9 题(题略)

解 在掌握若干个标准差资料的情况下,应取最大的一个,则:$n=\dfrac{t^2\sigma^2}{\Delta_{\bar{x}}^2}=\dfrac{2^2\times 20^2}{1^2}=1600$(双)至少应抽查 1600 双。

第 10 题(题略)

解 $p=0.5$ 时,成数的方差最大,可假设 p 为 0.5,则:$n=\dfrac{t^2p(1-p)}{\Delta_p^2}=\dfrac{3^2\times 0.5\times 0.5}{0.02^2}=5625$。

第 11 题(题略)

解 先求样本平均数与样本标准差:

$$\bar{x}=\dfrac{\sum xf}{\sum f}=\dfrac{20\times 3+40\times 18+60\times 32+80\times 25+95\times 12+105\times 10}{100}$$
$$=68.90(\text{元});$$

$$S=\sqrt{\dfrac{\sum x^2 f}{\sum f}-(\bar{x})^2}$$
$$=\sqrt{\dfrac{20^2\times 3+40^2\times 18+60^2\times 32+80^2\times 25+95^2\times 12+105^2\times 10}{100}-(68.90)^2}$$
$$=22.14(\text{元})。$$

再计算:$\mu_{\bar{x}}=\dfrac{S}{\sqrt{n}}=\dfrac{22.14}{\sqrt{100}}=2.21(\text{元}),\Delta_{\bar{x}}=t\mu_{\bar{x}}=2\times 2.21=4.42(\text{元}),\bar{x}-\Delta_{\bar{x}}\leqslant\bar{X}\leqslant\bar{x}+\Delta_{\bar{x}}$,$68.90-4.42\leqslant\bar{X}\leqslant 68.90+4.42$,$64.48(\text{元})\leqslant\bar{X}\leqslant 73.32(\text{元})$。在 95.45% 的概率保证下,该乡农民的平均月纯收入在 64.48 元至 73.32 元之间。

第 12 题(题略)

解 (1) $\mu_{\bar{x}}=\dfrac{\sigma}{\sqrt{n}}=\dfrac{2}{\sqrt{25}}=4(\text{kg}),\Delta_{\bar{x}}=t\mu_{\bar{x}}=1.96\times 4=7.84(\text{kg}),\bar{x}-\Delta_{\bar{x}}\leqslant\bar{X}\leqslant\bar{x}+\Delta_{\bar{x}}$,$3450-7.84\leqslant\bar{X}\leqslant 3450+7.84$,$3442.16(\text{kg})\leqslant\bar{X}\leqslant 3457.84(\text{kg})$。

(2) 总体标志总量 $N\bar{X}$ 的区间估计:$(\bar{x}-\Delta_{\bar{x}})N\leqslant N\bar{X}\leqslant(\bar{x}+\Delta_{\bar{x}})N$,$3442.16\times 250\leqslant N\bar{X}\leqslant 3457.84\times 250$,$860540(\text{kg})\leqslant N\bar{X}\leqslant 864460(\text{kg})$。

第 13 题(题略)

解 (1) 本题为整群抽样,$R=21,r=3$,因各群规模不等,样本总平均数应为 r 个样本群平均数的加权算术平均数,即

$$\bar{x}=\dfrac{\sum \bar{x}_i m_i}{\sum m_i}=\dfrac{20000\times 5+25000\times 8+18000\times 3}{16}=22125(\text{元});$$

样本群间方差 $\delta_{\bar{x}}^2=\dfrac{\sum(\bar{x}_i-\bar{x})^2}{r}$

$$=\dfrac{(2000-22125)^2+(25000-22125)^2+(18000-22125)^2}{3}=9932292;$$

$$\mu_{\bar{x}}=\sqrt{\dfrac{\delta_{\bar{x}}^2}{r}\left(1-\dfrac{r}{R}\right)}=\sqrt{\dfrac{9932292}{3}\left(1-\dfrac{3}{21}\right)}=1684.58(\text{元})。$$

(2) $\Delta_{\bar{x}} = t\mu_{\bar{x}} = 1.96 \times 1684.58 = 3301.78$(元),$\bar{x} - \Delta_{\bar{x}} \leqslant \overline{X} \leqslant \bar{x} + \Delta_{\bar{x}}$,$22125 - 3301.78 \leqslant \overline{X} \leqslant 22125 + 3301.78$,$18823.22$(元)$\leqslant \overline{X} \leqslant 25426.78$(元)。

第 14 题(题略)

解 (1) $\mu_{\bar{x}} = \dfrac{\sigma}{\sqrt{n}} = \dfrac{12}{\sqrt{16}} = 3$ 厘米,$\bar{x} + \Delta_{\bar{x}} = 173$ 厘米,$\Delta_{\bar{x}} = 173 - 170 = 3$ 厘米,$t = \dfrac{\Delta_{\bar{x}}}{\mu_{\bar{x}}} = \dfrac{3}{3} = 1$ 得 $F(t) = 68.27\%$,可以 68.27% 的可信程度推断这 16 人的平均身高在 167 厘米~173 厘米。

(2) $n = \dfrac{t^2 \sigma^2}{\Delta_{\bar{x}}^2} = \dfrac{2^2 \times 12^2}{3^2} = 64$ 人。

(3) $n = \dfrac{t^2 \sigma^2}{\Delta_{\bar{x}}^2} = \dfrac{2^2 \times 12^2}{1.5^2} = 256$ 人。

(4) $n = \dfrac{t^2 \sigma^2}{\Delta_{\bar{x}}^2} = \dfrac{3^2 \times 12^2}{1.5^2} = 576$ 人。

第 15 题(题略)

解 由 $V_\sigma = \dfrac{\sigma}{\bar{x}} \times 100\%$ 得 $\dfrac{S_1}{36} \times 100\% = 30\%$,$S_1 = 10.8$,$\dfrac{S_2}{25} \times 100\% = 20\%$,$S_2 = 5$;

$\mu_{\bar{x}_1} = \dfrac{S_1}{\sqrt{n_1}} = \dfrac{10.8}{\sqrt{400}} = 0.54$,$\mu_{\bar{x}_2} = \dfrac{S_2}{\sqrt{n_2}} = \dfrac{5}{\sqrt{400}} = 0.25$。

抽样极限误差为:$\Delta_{\bar{x}_1} = t\mu_{\bar{x}_1} = 2 \times 0.54 = 1.08$;$\Delta_{\bar{x}_2} = t\mu_{\bar{x}_2} = 2 \times 0.25 = 0.5$。

相对极限误差为:$R_{\bar{x}_1} = \dfrac{\Delta_{\bar{x}_1}}{\bar{x}_1} = \dfrac{1.08}{36} = 3\%$;$R_{\bar{x}_2} = \dfrac{\Delta_{\bar{x}_2}}{\bar{x}_2} = \dfrac{0.5}{25} = 2\%$。

上述结论表明,在相同的抽样数目条件下,对变异程度小的总体估计的精度要高些。

第 16 题(题略)

解 (1) 先求各组组内方差,设非生产工人为甲组,生产工人为乙组,

$\sigma_\text{甲}^2 = \dfrac{\sum x_i^2 f_i}{\sum f_i} - (\bar{x}_\text{甲})^2$

$= \dfrac{60^2 \times 10 + 80^2 \times 20 + 100^2 \times 10}{40} - \left(\dfrac{60 \times 10 + 80 \times 20 + 100 \times 10}{40}\right)^2 = 200$;

$\sigma_\text{乙}^2 = \dfrac{\sum x_i^2 f_i}{\sum f_i} - (\bar{x}_\text{乙})^2$

$= \dfrac{60^2 \times 20 + 80^2 \times 30 + 90^2 \times 10}{60} - \left(\dfrac{60 \times 20 + 80 \times 30 + 90 \times 10}{60}\right)^2 = 125$。

再求组内方差平均数 $\overline{\sigma_i^2} = \dfrac{\sum \sigma_i^2 f_i}{\sum f_i} = \dfrac{200 \times 40 + 125 \times 60}{100} = 155$。

分层不重复抽样条件下 $n = \dfrac{Nt^2 \overline{\sigma_i^2}}{\Delta_{\bar{x}}^2 N + t^2 \overline{\sigma_i^2}} = \dfrac{10000 \times 2^2 \times 155}{1 \times 10000 + 2^2 \times 155} = 584$(人)。

(2) 先求组间方差

$$\delta^2 = \frac{\sum \bar{x}_i^2 f_i}{\sum f_i} - (\bar{x})^2 = \frac{80^2 \times 40 + 75^2 \times 60}{100} - \left(\frac{80 \times 40 + 75 \times 60}{100}\right)^2 = 6;$$

按方差加法定理求总方差 $\sigma^2 = \overline{\sigma_i^2} + \delta^2 = 155 + 6 = 161$;

纯随机不重复抽样条件下 $n = \frac{Nt^2\sigma^2}{\Delta_{\bar{x}}^2 N + t^2\sigma^2} = \frac{10000 \times 2^2 \times 161}{1 \times 10000 + 2^2 \times 161} = 605$(人)。

(3) 同样条件下，分层抽样比纯随机抽样所需抽样单位数少。

第 18 题（题略）

解 根据资料条件，本题要求推断的是全及平均数和全及成数。

(1) 全及平均数的推断

求样本方差：$S^2 = \frac{\sum(x-\bar{x})^2}{n} = \frac{5420}{40} = 135.5$, $\mu_{\bar{x}} = \sqrt{\frac{S^2}{n}} = \sqrt{\frac{135.5}{40}} = 1.84$,

$\Delta_{\bar{x}} = t\mu_{\bar{x}} = 1.96 \times 1.84 = 3.61$, $\bar{x} - \Delta_{\bar{x}} \leqslant \bar{X} \leqslant \bar{x} + \Delta_{\bar{x}}$, $112 - 3.61 \leqslant \bar{X} \leqslant 112 + 3.61$, $108.39 \leqslant \bar{X} \leqslant 115.61$。

(2) 全及成数的推断

求样本成数：$p = \frac{n_1}{n} = \frac{12}{40} = 0.3$, $\mu_P = \sqrt{\frac{p(1-p)}{n}} = \sqrt{\frac{0.3 \times 0.7}{40}} = 0.07$, $\Delta_P = t\mu_P = 1.96 \times 0.07 = 0.14$, $p - \Delta_P \leqslant P \leqslant p + \Delta_P$, $0.3 - 0.14 \leqslant P \leqslant 0.3 + 0.14$, $0.16 \leqslant P \leqslant 0.44$。

第八章 相关与回归分析

第 2 题（题略）

解

等级：x	10	9	2.5	4	7	5	1	6	2.5	8
等级：y	10	9	1.5	3.5	7	5	1.5	6	3.5	8
等级差 D	0	0	1	0.5	0	0	−0.5	0	−1	0
D^2	0	0	1	0.25	0	0	0.25	0	1	0

由上表计算结果得 $\sum D^2 = 2.5$, $r_S = 1 - \frac{6\sum D^2}{n(n^2-1)} = 1 - \frac{6 \times 2.5}{10(10^2-1)} = 0.98$, 属高度正相关。

第 3 题（题略）

解

等级：y	1	2	3	4	5	6	7	8	9	10	$\sum i$
等级：x_1	2	1	3	5	6	4	7	8	9	10	3
等级：x_2	9	1	5	7	6	10	4	8	3	2	27
等级：x_3	8	2	5	7	6	9	4	10	1	3	25
等级：x_4	1	10	2	3	5	6	8	7	4	9	13

$$rK_{x_1} = 1 - \frac{4\sum i}{n(n-1)} = 1 - \frac{4 \times 3}{10(10-1)} = 0.87;$$

$$rK_{x_2} = 1 - \frac{4\sum i}{n(n-1)} = 1 - \frac{4 \times 27}{10(10-1)} = -0.2;$$

$$rK_{x_3} = 1 - \frac{4\sum i}{n(n-1)} = 1 - \frac{4 \times 25}{10(10-1)} = -0.11;$$

$$rK_{x_4} = 1 - \frac{4\sum i}{n(n-1)} = 1 - \frac{4 \times 13}{10(10-1)} = 0.42.$$

计算结果表明单位成本对利润率影响最大。

第5题(题略)

解 (1) $b = \frac{\sigma_y}{\sigma_x} r = \frac{10}{5} \times 0.9 = 1.8$。

(2) 因 $y_c = a + bx, \bar{y} = a + b\bar{x}$,所以 $\sum(y_c - \bar{y})^2 = \sum(a + bx - a - b\bar{x})^2 = b^2\sum(x - \bar{x})^2 = b^2 \times n \times \sigma_x^2 = 1.8^2 \times 20 \times 5^2 = 1620$;

$\sum(y - y_c)^2 = \sum(y - \bar{y})^2 - \sum(y_c - \bar{y})^2 = 2000 - 1620 = 380$。

(3) $S_{y \cdot x} = \sqrt{\frac{\sum(y - y_c)^2}{n - 2}} = \sqrt{\frac{380}{20 - 2}} = 4.59$。

第6题(题略)

解 (1) $\sum(y - y_c)^2 = (n - 2)S_{y \cdot x}^2 = (62 - 2)8^2 = 3840$。

(2) $\frac{\sum(y - y_c)^2}{\sum(y - \bar{y})^2} = 1 - \frac{\sum(y_c - \bar{y})^2}{\sum(y - \bar{y})^2} = 1 - 0.36 = 0.64$。(因为直线相关条件下,相

关系数 r 等于相关指数 $R = 0.6$,所以 $R^2 = \frac{\sum(y_c - \bar{y})^2}{\sum(y - \bar{y})^2} = 0.36$)

(3) $\sum(y - \bar{y})^2 = \frac{\sum(y - y_c)^2}{0.64} = \frac{3840}{0.64} = 6000$。

第7题(题略)

解 (1) $R = \sqrt{1 - \frac{\sum(y - y_c)^2}{\sum(y - \bar{y})^2}} = \sqrt{1 - \frac{1500}{8000}} = 0.90$。

(2) $S_{y \cdot x} = \sqrt{\frac{\sum(y - y_c)^2}{n - 2}} = \sqrt{\frac{1500}{50 - 2}} = 5.59$。

第8题(题略)

解 (1) $r = \frac{n\sum xy - \sum x \sum y}{\sqrt{n\sum x^2 - (\sum x)^2} \sqrt{n\sum y^2 - (\sum y)^2}}$

$= \frac{8 \times 563.57 - 28 \times 136}{\sqrt{8 \times 106.6 - 28^2}\sqrt{8 \times 3255.64 - 136^2}} = 0.97,$

为高度正相关。

(2) $b = \dfrac{n\sum xy - \sum x \sum y}{n\sum x^2 - (\sum x)^2} = \dfrac{8 \times 563.57 - 28 \times 136}{8 \times 106.6 - 28^2} = 10.18$；

$\bar{x} = \dfrac{\sum x}{n} = \dfrac{28}{8} = 3.5, \bar{y} = \dfrac{\sum y}{n} = \dfrac{136}{8} = 17$，由 $\bar{y} = a + b\bar{x}$，求得 $a = \bar{y} - b\bar{x} = 17 - 10.18 \times 3.5 = -18.64$。

则 $y_c = -18.64 + 10.18x$。

(3) $b = 10.18$，说明可比产品成本降低率每增加 1‰ 时，销售利润平均增加 10.18 万元。

(4) $S_{y \cdot x} = \sqrt{\dfrac{\sum y^2 - a\sum y - b\sum xy}{n-2}}$ 〔或 $\sqrt{\dfrac{\sum (y - y_c)^2}{n-2}}$〕

$= \sqrt{\dfrac{3255.64 + 18.64 \times 136 - 10.18 \times 563.57}{8-2}}$

$= 2.99$。

(5) 当 $x = 6\%$ 时，估计的销售利润为 $y_c = -18.64 + 10.18 \times 6 = 42.44$（万元）；

$F(t) = 95.45\%$ 时，回归估计预测区间公式为 $\hat{y}_0 = a + bx_0 \pm 2S_{y \cdot x}$，

当 $x_0 = 6\%$ 时，得 $\hat{y}_0 = -18.64 + 10.18 \times 6 \pm 2 \times 2.99$，$36.46$（万元）$\leqslant \hat{y}_0 \leqslant 48.42$（万元）。

第 9 题（题略）

解 (1) $b = \dfrac{n\sum xy - \sum x \sum y}{n\sum x^2 - (\sum x)^2} = \dfrac{10 \times 2574 - 293 \times 81}{10 \times 9577 - 293^2} = 0.2023, a = \bar{y} - b\bar{x} = \dfrac{81}{10} - 0.2023 \times \dfrac{293}{10} = 2.1726$，则 $y_c = 2.1726 + 0.2023x$。

(2) $S_{y \cdot x} = \sqrt{\dfrac{\sum y^2 - a\sum y - b\sum xy}{n-2}}$

$= \sqrt{\dfrac{701 - 2.1726 \times 81 - 0.2023 \times 2574}{10-2}}$

$= 0.73$（元）；

当 $x = x_0 = 45$ 元时，$y_c = a + bx_0 = 2.1726 + 0.2023 \times 45 = 11.28$ 元；

$F(t) = 95.45\%$，则 y 的预测区间为：$y_c \pm 2S_{y \cdot x} = 11.28 \pm 2 \times 0.73$，$9.82$ 元 $\leqslant y \leqslant 12.74$ 元。

第 10 题（题略）

解 (1) 列出计算表

	资金 x	利润 y	xy	x^2	y^2
	18.6	2.7	50.22	345.96	7.29
	20.4	3.6	73.44	416.16	12.96
	19.4	1.8	34.92	376.36	3.24
	24.2	5.5	133.1	585.64	30.25
	24	5.2	124.8	576	27.04
	28.4	6.3	178.92	806.56	39.69
	37.2	1.3	48.36	1383.84	1.69
	56.8	8.4	477.12	3226.24	70.56
	26.4	4.6	121.44	696.96	21.16
	23.6	5.9	139.24	556.96	34.81
	45.4	7.1	322.34	2061.16	50.41
	24.6	4.1	100.86	605.16	16.81
合计	349	56.5	1804.76	11637	315.91

$$b = \frac{n\sum xy - \sum x \sum y}{n\sum x^2 - (\sum x)^2} = \frac{12 \times 1804.76 - 349 \times 56.5}{12 \times 11637 - 349^2} = 0.11,$$

$$a = \bar{y} - b\bar{x} = \frac{56.5}{12} - 0.11 \times \frac{349}{12} = 1.51, y 倚 x \text{ 直线回归方程为：} y_c = 1.51 + 0.11x.$$

$$b' = \frac{n\sum yx - \sum y \sum x}{n\sum y^2 - (\sum y)^2} = \frac{12 \times 1804.76 - 56.5 \times 349}{12 \times 315.91 - 56.5^2} = 3.24, a' = \bar{x} - b'\bar{y} = \frac{349}{12}$$

$- 3.24 \times \frac{56.5}{12} = 13.83, x 倚 y$ 直线回归方程为 $x_c = 13.83 + 3.24y$。

(2) $r = \sqrt{b \cdot b'} = \sqrt{0.11 \times 3.24} = 0.6$，中度正相关。

第11题（题略）

解（1）因为 $a = \bar{y} - b\bar{x}$，所以 $b = \frac{\bar{y} - a}{\bar{x}} = \frac{12 - 10.125}{10} = 0.1875, y_c = 10.125 + 0.1875x$。

(2) $r = \frac{\sigma_{xy}^2}{\sigma_x \sigma_y} = \frac{\overline{xy} - \bar{x}\bar{y}}{\sqrt{\frac{\sum(x-\bar{x})^2}{n}} \sqrt{\frac{\sum(y-\bar{y})^2}{n}}} = \frac{\overline{xy} - \bar{x}\bar{y}}{\sqrt{[\overline{x^2} - (\bar{x})^2][\overline{y^2} - (\bar{y})^2]}}$

$$= \frac{135 - 10 \times 12}{\sqrt{[180 - (10)^2][150 - (12)^2]}} = 0.68.$$

第13题（题略）

解 回归变差 = 总变差 − 剩余变差，剩余变差 $\sum(y - y_c)^2 = (n-2)S_{y \cdot x}^2 = (22 - 2) \times 3^2 = 180,$

可决系数 $R^2 = 1 - \frac{\sum(y - y_c)^2}{\sum(y - \bar{y})^2}, 0.64 = 1 - \frac{180}{\sum(y - \bar{y})^2},$

总变差 $\sum(y - \bar{y})^2 = \frac{180}{0.36} = 500,$

回归变差 $\sum (y_c - \bar{y})^2 = \sum (y - \bar{y})^2 - \sum (y - y_c)^2 = 500 - 180 = 320$。

第九章 统计推算和预测

第 1 题（题略）

解 该时间序列各期增长量大体相同，应拟合直线趋势方程。

分段平均法拟合：$\bar{t}_1 = \frac{1+2+3+4}{4} = 2.5$，$\bar{t}_2 = \frac{5+6+7+8}{4} = 6.5$，$\bar{y}_1 = \frac{250+320+390+465}{4} = 356.25$，$\bar{y}_2 = \frac{538+610+684+756}{4} = 647$，代入方程 $\frac{y - \bar{y}_1}{\bar{y}_2 - \bar{y}_1} = \frac{t - \bar{t}_1}{\bar{t}_2 - \bar{t}_1}$，得 $\frac{y - 356.25}{647 - 356.25} = \frac{t - 2.5}{6.5 - 2.5}$，直线趋势方程为：$y_c = 174.53 + 72.69t$。预测该地区 1999 年的人口数为 828.74 万人。

最小二乘法拟合：

年份	时间序号 t	年末人口数（万人）y	ty	t^2
1991	−7	250	−1750	49
1992	−5	320	−1600	25
1993	−3	390	−1170	9
1994	−1	465	−465	1
1995	1	538	538	1
1996	3	610	1830	9
1997	5	684	3420	25
1998	7	756	5292	49
合计	—	4013	6095	168

$b = \frac{\sum ty}{\sum t^2} = \frac{6095}{168} = 36.28$，$a = \frac{\sum y}{n} = \frac{4013}{8} = 501.63$，直线趋势方程为：$y_c = 501.63 + 36.28t$。预测该地区 1999 年的人口数为 828.15 万人。

第 2 题（题略）

解 （1）该时间序列各期环比增长速度大体相同，可拟合指数曲线方程 $y_c = ab^t$。

（2）最小二乘法拟合：

年份	t	产量（万件）y	$y' = \lg y$	ty'	t^2
1996	−2	25	1.3979	−2.7958	4
1997	−1	30	1.4771	−1.4771	1
1998	0	36	1.5563	0	0
1999	1	44	1.6435	1.6435	1
2000	2	53	1.7243	3.4486	4
合计	—	188	7.7991	0.8192	10

将指数曲线采用对数方法转化为直线方程得 $\lg y_c = \lg a + t \lg b$,设 $y'_c = \lg y_c$, $A = \lg a$, $B = \lg b$,则指数曲线化为 $y'_c = A + Bt$。$A = \dfrac{\sum y'}{n} = \dfrac{7.7991}{5} = 1.5598$, $B = \dfrac{\sum ty'}{\sum t^2} = \dfrac{0.8192}{10} = 0.0819$,对数直线趋势方程为 $y'_c = 1.5598 + 0.0819t$。

求 A, B 的反对数,得:$a = 36.2911$, $b = 1.2075$,指数曲线方程为 $y_c = 36.2911 (1.2075)^t$。预测该企业2001年的产品产量为63.89(万件)。

第4题(题略)

解 (1)分段平均法拟合:

$\bar{t}_1 = \dfrac{1+2+3}{3} = 2$, $\bar{t}_1^2 = \dfrac{1^2+2^2+3^2}{3} = 4.67$, $\bar{y}_1 = \dfrac{23.4+23.8+25}{3} = 24.07$;

$\bar{t}_2 = \dfrac{4+5+6}{3} = 5$, $\bar{t}_2^2 = \dfrac{4^2+5^2+6^2}{3} = 25.67$, $\bar{y}_2 = \dfrac{28+33+39.8}{3} = 33.6$;

$\bar{t}_3 = \dfrac{7+8+9}{3} = 8$, $\bar{t}_3^2 = \dfrac{7^2+8^2+9^2}{3} = 64.67$, $\bar{y}_3 = \dfrac{48.8+59.7+71.5}{3} = 60$;

将三组数值分别代入 $y_c = a + bt + ct^2$,得:$\begin{cases} 24.07 = a + 2b + 4.67c \\ 33.6 = a + 5b + 25.67c \\ 60 = a + 8b + 64.67c \end{cases}$

解方程组,得:$a = 26.6$, $b = -3.41$, $c = 0.94$,抛物线方程为:$y_c = 26.5 - 3.41t + 0.94t^2$。预测第10季度的产值为86.4万元。

最小二乘法拟合:

季度	序号 t	产量(万元)y	ty	t^2	$t^2 y$	t^4
1	-4	23.4	-93.6	16	374.4	256
2	-3	23.8	-71.4	9	214.2	81
3	-2	25	-50	4	100	16
4	-1	28	-28	1	28	1
5	0	33	0	0	0	0
6	1	39.8	39.8	1	39.8	1
7	2	48.8	97.6	4	195.2	16
8	3	59.7	179.1	9	537.3	81
9	4	71.5	286	16	1144	256
合计	—	353	359.5	60	2632.9	708

$b = \dfrac{\sum ty}{\sum t^2} = \dfrac{359.5}{60} = 5.99$,

$c = \dfrac{n \sum t^2 y - \sum t^2 \sum y}{n \sum t^4 - (\sum t^2)^2} = \dfrac{9 \times 2632.9 - 60 \times 353}{9 \times 708 - 60^2} = 0.91$,

$a = \dfrac{\sum y - c \sum t^2}{n} = \dfrac{353 - 0.91 \times 60}{9} = 33.16$,

求得抛物线方程为：$y_c = 33.16 + 5.99t + 0.91t^2$（方程原点在 5 季度）。预测第 10 季度的产值为 85.86 万元。

（2）

季度序号	产值（万元）y	分段平均法		最小二乘法	
		估计值 y_c	绝对误差 $|e_i|$	估计值 y_c	绝对误差 $|e_i|$
1	23.4	24	0.6	23.8	0.4
2	23.8	23.4	0.4	23.4	0.4
3	25	24.7	0.3	24.8	0.2
4	28	27.9	0.1	28.1	0.1
5	33	33	0	33.2	0.2
6	39.8	39.9	0.1	40.1	0.3
7	48.8	48.7	0.1	48.8	0
8	59.7	59.4	0.3	59.3	0.4
9	71.5	72	0.5	71.7	0.2
			2.4		2.2

分段平均法：平均绝对误差 $\text{MAE} = \frac{1}{n}\sum|e_i| = \frac{2.4}{9} = 0.27$；

最小二乘法：平均绝对误差 $\text{MAE} = \frac{1}{n}\sum|e_i| = \frac{2.2}{9} = 0.24$。

最小二乘法比分段平均法的预测误差小，采用最小二乘法拟合较好。

第 5 题（题略）

解 （1）该时间序列各期水平的二级增长量大体相同，即二次差近似相同，可拟合抛物线方程。

（2）因 $n = 9 < 15$，取 3 项加权平均。

年份	时间序号 t	投资额（百万元）y_i	权数 w_i	$y_i w_i$	3 项加权平均
1991	1	100	1	100	
1992	2	120	2	240	$R = \frac{820}{6} = 136.67$
1993	3	160	3	480	
				820	
1994	4	222	1	222	
1995	5	302	2	604	$S = \frac{2032}{6} = 338.67$
1996	6	402	3	1206	
				2032	
1997	7	520	1	520	
1998	8	658	2	1316	$T = \frac{4278}{6} = 713$
1999	9	814	3	2442	
				4278	

$$c = \frac{2(R+T-2S)}{(n-3)^2} = \frac{2\times(136.67+713-2\times338.67)}{(9-3)^2} = 9.57,$$

$$b = \frac{T-R}{n-3} - \frac{3n+5}{3}c = \frac{713-136.67}{9-3} - \frac{3\times9+5}{3}\times9.57 = -6.03,$$

$$a = R - \frac{7}{3}b - 6c = 136.67 - \frac{7}{3}\times(-6.03) - 6\times9.57 = 93.32,$$

抛物线预测方程为：$y_c = 93.32 - 6.03t + 9.57t^2$。

2000 年投资额的预测值为 990.02(万元)。

第 6 题(题略)

解 (1) 简单移动平均法：$\hat{y}_{t+1} = \frac{y_t + y_{t-1} + y_{t-2}}{n} = \frac{14.5+14.2+13.1}{3} = 13.9$(千台)。

预测 1999 年的产量为 13.9(千台)。

加权移动平均法：

$$\hat{y}_{t+1} = \frac{y_t f_t + y_{t-1} f_{t-1} + y_{t-2} f_{t-2}}{f_t + f_{t-1} + f_{t-2}} = \frac{14.5\times1.5 + 14.2\times1 + 13.1\times0.5}{1.5+1+0.5} = 14.2(千台)。$$

预测 1999 年的产量为 14.2(千台)。

(2) 指数平滑法：$\alpha = 0.3, \hat{y}_1 = 12.2$, 1992 年至 1999 年时期序号为 1 至 8。

$\hat{y}_8 = \alpha y_7 + \alpha(1-\alpha)y_6 + \alpha(1-\alpha)^2 y_5 + \alpha(1-\alpha)^3 y_4 + \alpha(1-\alpha)^4 y_3 + \alpha(1-\alpha)^5 y_2 + \alpha(1-\alpha)^6 y_1 + (1-\alpha)^7 \hat{y}_1$

$= 0.3\times14.5 + 0.3\times0.7\times14.2 + 0.3\times0.7^2\times13.1 + 0.3\times0.7^3\times12.5 + 0.3\times0.7^4\times13.4 + 0.3\times0.7^5\times12 + 0.3\times0.7^6\times12.2 + 0.7^7\times12.2 = 13.5$(千台)。

预测 1999 年的产量为 13.5(千台)。

$a = 0.8, \hat{y}_1 = 12.2$，则

$\hat{y}_8 = 0.8\times14.5 + 0.8\times0.2\times14.2 + 0.8\times0.2^2\times13.1 + 0.8\times0.2^3\times12.5 + 0.8\times0.2^4\times13.4 + 0.8\times0.2^5\times12 + 0.8\times0.2^6\times12.2 + 0.2^7\times12.2 = 14.4$(千台)

预测 1999 年的产量为 14.4(千台)。

第 7 题(题略)

解 本题可采用线性插值法推算。

$$y = y_0 + \frac{y_1 - y_0}{x_1 - x_0}(x - x_0) = 35 + \frac{33.25 - 35}{135 - 150}\times(180 - 150) = 38.5(万元)。$$

丙企业年利润额估计为 38.5(万元)。

第 8 题(题略)

解 根据一次指数平滑的预测公式 $\hat{y}_{t+1} = \alpha y_t + (1-\alpha)\hat{y}_t$ 分别求出当 $\alpha = 0.1$ 时和 $\alpha = 0.6$ 时，各年的预测值及误差值，列表如下：

年 份	棉花产量(吨)	一次平滑值		误差值$\|e_i\|$	
		$\alpha=0.1$	$\alpha=0.6$	$\alpha=0.1$	$\alpha=0.6$
1993	161	—	—	—	—
1994	172	161	161	11	11
1995	166	162.1	167.6	3.9	1.6
1996	175	162.5	166.6	12.5	8.4
1997	181	163.8	171.6	17.2	9.4
1998	178	165.5	177.2	12.5	0.8
1999	192	166.8	177.7	25.2	14.3

计算平均绝对误差,比较预测误差大小。

$\alpha=0.1$ 时,平均绝对误差 $\mathrm{MAE}=\frac{1}{n}\sum|e_i|=\frac{82.3}{6}=13.7$;

$\alpha=0.6$ 时,平均绝对误差 $\mathrm{MAE}=\frac{1}{n}\sum|e_i|=\frac{45.5}{6}=7.6$。

故应选 $\alpha=0.6$ 预测 2000 年棉花产量 $\hat{y}_{2000}=0.6\times192+0.4\times177.7=186.3$(吨)。

第 9 题(题略)

解 (1) 1998 年趋势值 $y_c=47.14+12.5\times2=72.14$ 万元。

(2) 由月转换公式 $T_t(y_c)=\frac{a\text{年}}{12}-5.5\left(\frac{b\text{年}}{144}\right)+\frac{b\text{年}}{144}t$,求得

$T_t=\frac{47.14}{12}-5.5\left(\frac{12.5}{144}\right)+\frac{12.5}{144}t$,整理得 $T_t=3.45+0.09t$(起始点在 1996 年 1 月中)。

(3) 根据趋势季节模型 $\hat{y}_t=T_t\times SI$,可求得 $\hat{y}_{(1998年3月)}=(3.45+0.09\times26)\times120\%=6.95$(万元)。

第 10 题(题略)

解 (1) 由已知资料计算如下表:

年份	时间序号 t	产量(百吨)x	生产费用(百万元)y	xy	x^2	tx	t^2
1996	−2	10	2	20	100	−20	4
1997	−1	12.4	2.8	34.72	153.76	−12.4	1
1998	0	14.5	3.6	52.2	210.25	0	0
1999	1	16	4.3	68.8	256	16	1
2000	2	19.5	6	117	380.25	39	4
合计	—	72.4	18.7	292.72	1100.26	22.6	10

$b=\dfrac{n\sum xy-\sum x\sum y}{n\sum x^2-(\sum x)^2}=\dfrac{5\times292.72-72.4\times18.7}{5\times1100.26-(72.4)^2}=0.42$,$a=\bar{y}-b\bar{x}=\dfrac{18.7}{5}-$

$0.42\times\dfrac{72.4}{5}=-2.34$,直线回归方程为 $y_c=-2.34+0.42x$。

(2) $b = \dfrac{\sum tx}{\sum t^2} = \dfrac{22.6}{10} = 2.26, a = \dfrac{\sum x}{n} = \dfrac{72.4}{5} = 14.48$,直线趋势方程为 $x_c = 14.48 + 2.26t$(方程起始点在 1998 年中)。2002 年的产量 $x_{2002} = 14.48 + 2.26 \times 4 = 23.52$(百吨)。

(3) 2002 年的生产费用 $y_{2002} = -2.34 + 0.42 \times 23.52 = 7.54$(百万元)。

第 11 题(题略)

解 (1) 设双曲线方程类型为 $\dfrac{1}{y} = a + bx$,令 $\dfrac{1}{y} = y'$,可化为一元线性回归方程 $y' = a + bx$。由最小二乘法求参数 a 和 b,可得有关中间过程的数据资料有:$\sum xy' = 7.175$,$\sum x = 22$,$\sum y' = 2.417$,$\sum x^2 = 71$,则:

$$b = \dfrac{n\sum xy' - \sum x \sum y'}{n \sum x^2 - (\sum x)^2} = \dfrac{8 \times 7.175 - 22 \times 2.417}{8 \times 71 - 22^2} = 0.0503, a = \overline{y'} - b\bar{x} = \dfrac{2.417}{8} - \dfrac{22}{8} \times 0.0503 = 0.1638,$$

得直线回归方程为 $y'_c = 0.1638 + 0.0503x$。

得双曲线方程为 $\dfrac{1}{y_c} = 0.1638 + 0.0503x$。

(2) 当下期生产批量为 5 千件时,单位成本预测值为 2.4 元。

第 14 题(题略)

解 (1)

y	x_1	x_2	x_1^2	$x_1 x_2$	$x_1 y$	x_2^2	$x_2 y$
4	5	2	25	10	20	4	8
4.2	5.3	2.1	28.09	11.13	22.26	4.41	8.82
4.4	5.7	2.2	32.49	12.54	25.08	4.84	9.68
4.9	6.1	2.3	37.21	14.03	29.89	5.29	11.27
5.3	6.5	3.1	42.25	20.15	34.45	9.61	16.43
5.8	7.2	3.4	51.84	24.48	41.76	11.56	19.72
6.5	8.1	5.2	65.61	42.12	52.65	27.04	33.8
7.2	8.8	5.8	77.44	51.04	63.36	33.64	41.76
6.9	9.5	3.5	90.25	33.25	65.55	12.25	24.15
7.2	10.2	3.1	104.04	31.62	73.44	9.61	22.32
56.4	72.4	32.7	554.22	250.356	428.44	122.25	195.95

$$\begin{cases} na + b_1 \sum x_1 + b_2 \sum x_2 = \sum y \\ a \sum x_1 + b_1 \sum x_1^2 + b_2 \sum x_1 x_2 = \sum x_1 y \\ a \sum x_2 + b_1 \sum x_1 x_2 + b_2 \sum x_2^2 = \sum x_2 y \end{cases}$$

将表中资料代入上式,得

$$\begin{cases} 10a+72.4b_1+32.7b_2=56.4 \\ 72.4a+554.22b_1+250.36b_2=428.44 \\ 32.7a+250.36b_1+122.25b_2=195.95 \end{cases}$$

解得 $a=0.84, b_1=0.55, b_2=0.25$。则二元线性回归方程为:$y_c=0.84+0.55x_1+0.25x_2$。

(2) 如 $x_1=11.8, x_2=2.9$,则 $y_c=0.84+0.55\times11.8+0.25\times2.9=8.06$。

计算题 15(题略)

解 滞后一期变量分别为

| y_t | 102 | 104 | 108 | 109 | 116 | 122 |
| y_{t-1} | — | 102 | 104 | 108 | 109 | 116 |

自回归模型为 $\hat{y}_t=a+by_{t-1}$,由最小二乘法标准方程,可得

$$b=\frac{n\sum y_t y_{t-1}-\sum y_t \cdot \sum y_{t-1}}{n\sum y_{t-1}^2-(\sum y_{t-1})^2}=\frac{5\times 60408-539\times 559}{5\times 58221-290521}=1.27, a=\hat{y}_t-b\hat{y}_{t-1}=$$

$111.8-1.27\times107.8=-25.11$,得自回归方程式为 $\hat{y}_t=-25.11+1.27y_{t-1}$。当 $y_{t-1}=122$ 时,$\hat{y}_t=-25.11+1.27\times122=129.83$(亿元)。2001年该地农业总产值预计可达129.83亿元。

综合测试题(1)

计算题 2(题略)

解 设总人口数为 A,总人口中劳动者比重为 B,劳动生产率为 C,相对数指数体系分析:

$$\frac{A_1B_1C_1}{A_0B_0C_0}=\frac{A_1}{A_0}\times\frac{B_1}{B_0}\times\frac{C_1}{C_0}$$

$$\frac{11781}{10000}=\frac{10.2}{10}\times\frac{0.55}{0.50}\times\frac{2100}{2000}$$

$$117.81\%=102\%\times110\%\times105\%$$

绝对数指数体系分析

$(A_1B_1C_1-A_0B_0C_0)=(A_1-A_0)B_0C_0+A_1(B_1-B_0)C_0+A_1B_1(C_1-C_0)$,

$11781-1000=(10.2-10)\times0.5\times2000+10.2\times(0.55-0.5)\times2000+10.2\times0.55\times(2100-2000)$,

$1781(万元)=200(万元)+1020(万元)+561(万元)$。

计算题 3(题略)

解 (1) $\bar{x}=\sqrt[n]{R}=\sqrt[4]{\frac{2.10}{1.10\times1.125\times1.13\times1.16}}=106.67\%$,平均增长速度 $=106.67\%-100\%=6.67\%$。

(2) $\bar{x}=\sqrt[n]{\frac{a_n}{a_0}}$，$1.0667=\sqrt[n]{4}$，$\lg 1.0667=\frac{1}{n}\lg 4$，$n=\frac{\lg 4}{\lg 1.0667}=\frac{0.6021}{0.0280}=21.5$（年）。

计算题 4（题略）

解 $p=\frac{180}{900}=0.2$（或 20%），$\mu_p=\sqrt{\frac{p(1-p)}{n}\left(1-\frac{n}{N}\right)}=\sqrt{\frac{0.2\times0.8}{900}\left(1-\frac{1}{10}\right)}=1.26\%$，$\Delta_p=t\mu_p=2\times1.26\%=2.52\%$，$p-\Delta_p\leqslant P\leqslant p+\Delta_p$，$0.2-0.0252\leqslant P\leqslant 0.2+0.0252$，$17.48\%\leqslant P\leqslant 22.52\%$。

计算题 6（题略）

解 （1）设起始点在 1994 年，则 $\bar{t}_1=\frac{1+2+3}{3}=2$，$\bar{t}_2=\frac{4+5+6}{3}=5$，$\bar{y}_1=\frac{9.5+12.5+14}{3}=12$，$\bar{y}_2=\frac{16+17+21}{3}=18$，$\frac{y_c-\bar{y}_1}{\bar{y}_2-\bar{y}_1}=\frac{t-\bar{t}_1}{\bar{t}_2-\bar{t}_1}$，$\frac{y_c-12}{18-12}=\frac{t-2}{5-2}$，整理得 $y_c=8+2t$。2001 年的入库量预测值 $=8+2\times 7=22$（万吨）。

(2)

年份	1995	1996	1997	1998	1999	2000	合计
y	9.5	12.5	14	16	17	21	90
y_c	10	12	14	16	18	20	90
$y-y_c$	−0.5	0.5	0	0	−1	1	0

$\sum(y-y_c)=0$，即各趋势值与对应的实际值之间会有一定的离差，但其离差总和等于 0，这就是分段平均法的数学依据。

综合测试题（2）

计算题 2（题略）

解 第一季度平均每月商品流转次数 $=\frac{(11.7+12+13.7)\div 3}{\left(\frac{6.5}{2}+6.7+6.9+\frac{7.1}{2}\right)\div 3}=1.83$（次）；

第一季度平均每月商品流通费用率 $=\frac{0.95+1+1.04}{11.7+12+13.7}=7.99\%$。

计算题 4（题略）

解 （1）$a=\frac{\sum y}{n}=\frac{108}{4}=27$，$b=\frac{\sum ty}{\sum t^2}=\frac{96}{20}=4.8$，$y_c=27+4.8t$（方程起始点在 1996 年底，$t$ 单位为半年）。

由直线趋势方程可求出各年的趋势值：

年份	1995	1996	1997	1998
y_c	12.6	22.2	31.8	41.4

(2) 2000 年 1 季度的预测值为 $\frac{60.6}{4}\times 0.95=14.39$（万吨）；

2000年2季度的预测值为 $\frac{60.6}{4} \times 1.20 = 18.18$(万吨);

2000年3季度的预测值为 $\frac{60.6}{4} \times 1.40 = 21.21$(万吨);

2000年4季度的预测值为 $\frac{60.6}{4} \times 0.45 = 6.82$(万吨)。

计算题6(题略)

解 (1) $r = \dfrac{n\sum xy - \sum x \sum y}{\sqrt{n\sum x^2 - (\sum x^2)^2}\sqrt{n\sum y^2 - (\sum y)^2}}$

$= \dfrac{6 \times 1481 - 21 \times 426}{\sqrt{6 \times 79 - (21)^2}\sqrt{6 \times 30268 - (426)^2}} = -0.91;$

$b = \dfrac{n\sum xy - \sum x \sum y}{n\sum x^2 - (\sum x)^2} = \dfrac{6 \times 1481 - 21 \times 426}{6 \times 79 - (21)^2} = -1.82。$

(2) 因为 $r^2 = b \cdot b'$,所以 $b' = \dfrac{r^2}{b} = \dfrac{(-0.91)^2}{-1.82} = -0.46$。

综合测试题(3)

计算题1(题略)

解

销售额分组 (元)	商业网点 (个) x	总销售额 (万元) y	比率(%) 商业网点 P_i	比率(%) 总销售额 I_i	累计比率(%) 商业网点 M_i	累计比率(%) 总销售额 V_i
500以上	9	5500	6	20	6	20
300~500	18	7500	12	27.27	18	47.27
200~300	30	7200	20	26.18	38	73.45
100~200	27	4000	18	14.55	56	88
50~100	30	2200	20	8	76	96
50以下	36	1100	24	4	100	100
合计	150	27500	100	100	—	—

基尼系数 $G = \left|\sum_{i=1}^{n-1}(M_i V_{i+1} - M_{i+1} V_i)\right| = |(0.06 \times 0.4727 - 0.18 \times 0.2) + (0.18 \times 0.7345 - 0.38 \times 0.4727) + (0.38 \times 0.88 - 0.56 \times 0.7345) + (0.56 \times 0.96 - 0.76 \times 0.88) + (0.76 \times 1 - 0.96 \times 1)| = |-0.4632| = 0.4632$。

计算说明销售额在各商业网点之间分布不均衡,存在显著性差异。

计算题3(题略)

解 (1) 物价指数 $K_p = \dfrac{\sum P_1 Q_1}{\sum P_0 Q_1} = \dfrac{\sum Q_1 P_1}{\sum Q_0 P_0} \div \dfrac{\sum Q_1 P_0}{\sum Q_0 P_0} = 1.10 \div 1.07 = 1.028 =$

102.8%。

(2) $\sum Q_0 P_0 = \sum Q_1 P_1 \div \dfrac{\sum Q_1 P_1}{\sum Q_0 P_0} = 5000 \div 1.10 = 4545.45$(万元)，$\sum Q_1 P_0 = \sum Q_1 P_1 \div \dfrac{\sum Q_1 P_1}{\sum Q_1 P_0} = 5000 \div 1.028 = 4863.81$(万元)，$\sum Q_1 P_1 - \sum Q_0 P_0 = (\sum Q_1 P_0 - \sum Q_0 P_0) + (\sum Q_1 P_1 - \sum Q_1 P_0)$，

$5000 - 4545.45 = (4863.81 - 4545.45) + (5000 - 4863.81)$，$454.55$(万元)$= 318.36$(万元)$+ 136.19$(万元)。

计算题 4(题略)

解 (1) $\mu_{\bar{x}} = \dfrac{\sigma}{\sqrt{n}} = \dfrac{18}{\sqrt{36}} = 3$(天)，$P\left[\left(\dfrac{44-50}{3}\right) \leqslant Z \leqslant \left(\dfrac{56-50}{3}\right)\right] = P(-2 \leqslant Z \leqslant 2) = 0.9545 = 95.45\%$。

(2) $\Delta_{\bar{x}} = t\mu_{\bar{x}} = 3 \times 3 = 9$(天)

计算题 5(题略)

解 (1) $\sum (y - y_c)^2 = (n-2) S_{y \cdot x}^2 = 38 \times 2^2 = 152$，$\sum (y_c - \bar{y})^2 = \sum (y - \bar{y})^2 - \sum (y - y_c)^2 = 900 - 152 = 748$。

(2) $R^2 = \dfrac{\sum (y_c - \bar{y})^2}{\sum (y - \bar{y})^2} = \dfrac{748}{900} = 0.83$，$R = -0.91$($R$ 的符号与 b 的符号一致)。

计算题 6(题略)

解 (1) 简单移动平均法预测 $\hat{y}_{2001} = \dfrac{y_{2000} + y_{1999} + y_{1998}}{3} = \dfrac{16 + 15 + 13}{3} = 14.67$(百万元)；

加权移动平均法预测 $\hat{y}_{2001} = \dfrac{y_{2000} \times 3 + y_{1999} \times 2 + y_{1998} \times 1}{3 + 2 + 1} = \dfrac{16 \times 3 + 15 \times 2 + 13 \times 1}{3 + 2 + 1} = 15.17$(百万元)。

(2) 采用上述同样方法，对各年资料求出预测值：

简单移动平均法各年预测值及误差值列表如下

年份	1997	1998	1999	2000
预测值	11.33	12.33	13	14
$\lvert e_i \rvert$	2.67	0.67	2	2

加权移动平均法各年预测值及误差值列表如下

年份	1997	1998	1999	2000
预测值	11.5	12.83	13.17	14.17
$\lvert e_i \rvert$	2.5	0.17	1.83	1.83

简单移动平均法 $\mathrm{MAE} = \dfrac{1}{n}\sum |e_i| = \dfrac{2.67+0.67+2+2}{4} = 1.84$；

加权移动平均法 $\mathrm{MAE} = \dfrac{1}{n}\sum |e_i| = \dfrac{2.5+0.17+1.83+1.83}{4} = 1.58$。

因为 1.58<1.84，故采用加权移动平均法预测效果较好。

综合测试题(4)

计算题 2(题略)

解 (1) 1996 年～2005 年平均增长速度 $= \sqrt[10]{\dfrac{3160}{1580}} - 1 = 7.2\%$。

(2) 1998 年～2005 年平均发展速度 $= \sqrt[8]{\dfrac{3160}{1580\times(1.05)^2}} = 107.7\%$。

(3) 1996 年～2003 年平均发展速度 $= \sqrt[8]{\dfrac{3160}{1580}} = 109.1\%$。

(4) 2005 年总产值 $= 1580\times(1.091)^{10} = 3775$(万元)。

(5) 2006 年总产值 $= 1580\times(1.05)^2\times(1.077)^3 = 2176$(万元)。

计算题 3(题略)

解 (1) 设平均工资为 X，工人数为 f，则该企业平均工资指数为

$$\dfrac{\sum X_1 f_1}{\sum f_1} \div \dfrac{\sum X_0 f_0}{\sum f_0} = \dfrac{199200}{240} \div \dfrac{162000}{220} = \dfrac{830}{736.4} = 112.71\%;$$

该企业工人平均工资增加值 $= 830 - 736.4 = 93.6$(元)。

(2) 剔除结构变动，计算固定构成指数

$$\dfrac{\sum X_1 f_1}{\sum f_1} \div \dfrac{\sum X_0 f_1}{\sum f_1} = \dfrac{199200}{240} \div \dfrac{600\times 72 + 900\times 168}{240} = \dfrac{830}{810} = 102.47\%;$$

工人纯平均工资水平增加值 $= 830 - 810 = 20$(元)。

计算题 4(题略)

解 (1) $n_p = \dfrac{Nt^2 p(1-p)}{\Delta_p^2 N + t^2 p(1-p)} = \dfrac{5000\times 2^2\times 0.2\times 0.8}{(0.08)^2\times 5000 + 2^2\times 0.2\times 0.8} = 98.04 \approx 98$(户)。

(2) $\Delta_p' = 0.7\Delta_p = 0.7\times 0.08 = 0.056$，

$n_p = \dfrac{Nt^2 p(1-p)}{\Delta_p'^2 N + t^2 p(1-p)} = \dfrac{5000\times 2^2\times 0.2\times 0.8}{(0.056)^2\times 5000 + 2^2\times 0.2\times 0.8} = 196.08 \approx 196$(户)。

计算题 5(题略)

解 (1) $r = \dfrac{n\sigma_{xy}^2}{\sqrt{\sum(x-\bar{x})^2}\sqrt{\sum(y-\bar{y})^2}} = \dfrac{20\times 26}{25\times 28} = 0.74$。

(2) $S_{y\cdot x} = \sqrt{\dfrac{\sum(y-y_c)^2}{n-2}} = \sqrt{\dfrac{28^2 - 598}{20-2}} = 3.21$。

综合测试题(5)

计算题 1(题略)

解 $\overline{X}_A = \dfrac{\sum X}{N} = \dfrac{12.2+12.5+13+14.1+14.8}{5} = 13.32$(百件);

$\overline{X}_G = \sqrt[N]{\prod X_i} = \sqrt[5]{12.2 \times 12.5 \times 13 \times 14.1 \times 14.8} = 13.28$(百件);

$\overline{X}_H = \dfrac{N}{\sum \dfrac{1}{X}} = \dfrac{5}{\dfrac{1}{12.2}+\dfrac{1}{12.5}+\dfrac{1}{13}+\dfrac{1}{14.1}+\dfrac{1}{14.8}} = 13.16$(百件)。

计算结果表明,根据同一资料计算这三种平均数,必定有 $\overline{X}_A \geqslant \overline{X}_G \geqslant \overline{X}_H$。

计算题 3(题略)

解 (1)

年份	季度	销售量(百件)y	四项移动平均	两项移正平均趋势值 y_c
1996	1	20	—	—
	2	24	—	—
	3	29	27	27.5
	4	35	28	28.63
1997	1	24	29.25	29.88
	2	29	30.5	31.38
	3	34	32.25	32.88
	4	42	33.5	34.25
1998	1	29	35	35.88
	2	35	36.75	37.75
	3	41	38.75	39.25
	4	50	39.75	40.38
1999	1	33	41	41.88
	2	40	42.75	43.75
	3	48	44.75	—
	4	58	—	—

(2) 将销售量 y 减去趋势值 y_c 后,按季列入下表求得季节变差:

年份 \ 季度	一	二	三	四
1996	—	—	1.5	6.37
1997	−5.88	−2.38	1.12	7.75
1998	−6.88	−2.75	1.75	9.62
1999	−8.88	−3.75	—	—
合 计	−21.64	−8.88	4.37	23.74
季平均数	−7.21	−2.96	1.46	7.91
调整数	0.2	0.2	0.2	0.2
季节变差	−7.01	−2.76	1.66	8.11

计算题 4（题略）

解 （1）三种产品的平均单位成本指数：

$$K_z = \frac{\sum q_1 z_1}{\sum q_1} \div \frac{\sum q_0 z_0}{\sum q_0} = \frac{88000}{12000} \div \frac{79000}{10000} = \frac{7.33}{7.90} = 92.78\%;$$

三种产品的平均单位成本降低额：

$$\frac{\sum q_1 z_1}{\sum q_1} - \frac{\sum q_0 z_0}{\sum q_0} = 7.33 - 7.90 = -0.57(元)。$$

（2）三种产品固定构杨的平均单位成本指数：

$$K_z = \frac{\sum z_1 q_1}{\sum q_1} \div \frac{\sum z_0 q_1}{\sum q_1} = \frac{88000}{12000} \div \frac{100000}{12000} = \frac{7.33}{8.33} = 88\%;$$

三种产品固定构成的平均单位成本降低额：

$$\frac{\sum z_1 q_1}{\sum q_1} - \frac{\sum z_0 q_1}{\sum q_1} = 7.33 - 8.33 = -1(元)。$$

计算题 6（题略）

解 （1）$\mu_{\bar{x}} = \sqrt{\frac{\sigma^2}{n}\left(1 - \frac{n}{N}\right)} = \sqrt{\frac{9^2}{100}\left(1 - \frac{100}{1200}\right)} = 0.86(千克)$，$\Delta_{\bar{x}} = t\mu_{\bar{x}} = 2 \times 0.86 = 1.72(千克)$，$\bar{x} - \Delta_{\bar{x}} \leqslant \overline{X} \leqslant \bar{x} + \Delta_{\bar{x}}$，$60 - 1.72 \leqslant \overline{X} \leqslant 60 + 1.72$，$58.28(千克) \leqslant \overline{X} \leqslant 61.72(千克)$。

（2）$\Delta'_{\bar{x}} = \frac{1}{2}\Delta_{\bar{x}}$，$n = \frac{t^2 \sigma^2 N}{N\Delta'^2_{\bar{x}} + t^2 \sigma^2} = \frac{2^2 \times 9^2 \times 1200}{1200 \times \left(\frac{1}{2} \times 1.72\right)^2 + 2^2 \times 9^2} = 321(人)。$

图书在版编目(CIP)数据

统计学原理学习指导与习题解析／邢西治编著．—2版．—南京：南京大学出版社，2020.7(2023.7重印)
ISBN 978-7-305-20699-3

Ⅰ.①统… Ⅱ.①邢… Ⅲ.①统计学－高等学校－教学参考资料 Ⅳ.①C8

中国版本图书馆CIP数据核字(2018)第176520号

出版发行	南京大学出版社		
社　　址	南京市汉口路22号	邮　编	210093
出版人	金鑫荣		

书　　名　**统计学原理学习指导与习题解析**
编　著　邢西治
责任编辑　蔡文彬　　　　　　编辑热线　025-83592315

照　　排　南京南琳图文制作有限公司
印　　刷　南京人民印刷厂有限责任公司
开　　本　787×1092　1/16　印张 14　字数 323千
版　　次　2020年7月第2版　2023年7月第3次印刷
ISBN 978-7-305-20699-3
定　　价　35.00元

网址：http://www.njupco.com
官方微博：http://weibo.com/njupco
官方微信号：njupress
销售咨询热线：(025) 83594756

＊版权所有，侵权必究
＊凡购买南大版图书，如有印装质量问题，请与所购
　图书销售部门联系调换